富养女孩的100个细节

Fuyang
nvhai de 100ge xijie

吴海溪 编著

九州出版社
JIUZHOUPRESS

图书在版编目（CIP）数据

富养女孩的100个细节/吴海溪编著. —北京：九州出版社，2009.11

ISBN 978－7－5108－0232－4

Ⅰ. 富…　Ⅱ. 吴…　Ⅲ. 女性－家庭教育　Ⅳ. G78

中国版本图书馆CIP数据核字（2009）第205470号

富养女孩的100个细节

作　　者　吴海溪　编著
出版发行　九州出版社
出 版 人　徐尚定
地　　址　北京市西城区阜外大街甲35号（100037）
发行电话　（010）68992190/2/3/5/6
网　　址　www.jiuzhoupress.com
电子信箱　jiuzhou@jiuzhoupress.com
印　　刷　三河市三佳印刷装订有限公司
开　　本　710×1040毫米　16开
印　　张　22.75
字　　数　300千字
版　　次　2010年1月第1版
印　　次　2010年1月第1次印刷
书　　号　ISBN 978－7－5108－0232－4
定　　价　38.00元

序

不同的性别就要用不同的养育方式

古话说得好："从来富贵多淑女，自古纨绔少伟男。"这就告诉我们，不同性别的孩子就要采用不同的养育方式，女孩就要富着养。

人们认为女孩是千金，是公主，只有在一个物质相对宽裕的环境下，我们才能养育出一个大方、知性、高贵的女孩。也只有在这样的环境下，我们才能尽最大努力为女孩提供各种机会，让女孩见多识广，经历丰富。

与此同时，教育界还有一种完全不同的观点，就是"再富也不能富孩子"。因为太安逸的生活会让女孩变得娇气、脆弱、难以面对生活中的各种挫折，各种能力也会退化，会直接影响女孩未来的素质。而著名作家斯迈尔斯在《品格的力量》里也说过："女性的素质决定着整个民族的素质。"

表面上看来，"富养女孩"与"再富也不能富孩子"似乎都有道理，但是仔细琢磨，我们就会发现，人们往往把"富养"的"富"定义得太狭窄了，将其直接等同于金钱和物质。

我们这里所说的"富养"，绝不是用大把的金钱培育一个十足的千金。这里的“富”是“富足”，是“丰裕”；它不光是金钱上的投入，更是爱心的呵护，高品质的精心培育。

也许我们的家境不错，能让女孩穿最漂亮的衣服，吃最好的美味，接受最好的教育；也许我们的家境一般，粗茶淡饭能填饱肚子就行，衣服不求太好穿着大方就行；也许我们的家境非常窘迫，一分一厘都要仔细算计……

无论我们的家境如何，面对女孩这天赐的宝贝，我们都可以做到“富养”，通过感情上的关怀、精神上的培育，让女孩形成一种安然自若的形象，举手投足间优雅不凡，一颦一笑尽显淑女风范。即使没有丰富的资产，我们也可以随处找到更多的教育资源。这是一个开放的世界，到处都有教育的契机。

女孩，本是一个天赐的宝贝。无论女孩长什么样、有什么样的性格，她的身上都有着先天的优势和生命密码。

我们的教育不是改造女孩，把女孩打造成我们理想中的样子，而是要挖掘女孩的潜力优势。这就像一个高明的雕塑家，依照大理石的形状和特质来雕塑，而不是臆想一通、乱刻一气。富养女孩，正是这样的“雕塑”方式，也是完美女孩的培养方式。

富养，就是根据女孩独特的生理和心理特征进行教育，观察女孩与男孩的种种不同之处，了解女孩大脑的结构，认识到荷尔蒙对女孩的种种影响，接受女孩与生俱来的一些特征，从而有针对性、有目的地对女孩进行相关的教育。

女孩与男孩在生理上有所不同，而不同的生理也会生发不同的心理。当然，我们不主张夸大女孩的娇弱性，但同样不主张培养一个“假小子”。事实表明，那些拥有从容自信、优雅大度、乐观开朗、雍容华贵气质的女性，幸福感往往更强。

富养女孩，就要给女孩提供更多的教育资源，让女孩这朵娇嫩的鲜花得到最细心的呵护，使女孩从内心深处感到温暖、安全，从而让女孩完成对父母的依恋阶段，并在女孩有独立意识时，给她一个自由的成长空间。

富养女孩，就是要从精神上给予女孩动力和支持，在品质上对女孩加以培养，让女孩成为一个有着极强道德感的人。

本书正是基于对教育和女孩特性的认识，把传统的“富养女孩”的理念进行了提升，让其与时俱进，既给予女孩丰富的资源，又让女孩形成高贵优雅的气质，同时又防止女孩养成奢靡的习惯及过度娇弱的个性。

只要我们吃透“富养女孩”的教育理念，自然能够找到教育女孩的素材，而不会有心有余而力不足的感觉。

教育本是快乐的，而不是痛苦的。它不需要我们为女孩牺牲自我，更不需要我们如临大敌，诚惶诚恐，生怕某个教育环节不到位，导致意想不到的事情发生。

教育本是轻松的，生活中的一件事、一句话、一样东西，都是教育女孩的最好的道具，只要我们按照富养女孩的理念去琢磨，去品味，自然能找到合适的教育方法。

事实上，在本书的富养女孩的教育理念中，到处都渗透着父母的乐观、快乐、幽默。

相信我们的女孩在父母的“富养”下，都能够健康而快乐地成长，并能体会到真正的幸福。在女孩长大成人的那一天，她能够感谢父母给了她最好的教育！

目　录

第三章　富养，才能养育出最完美的女孩

第四章　富养关键之一：高贵品格决定女孩的一生

第一章 女孩、男孩到底有什么不一样

为什么女孩安静、乐于与人合作，喜欢“甜甜”的东西；而男孩子调皮好动，爱惹是生非，爱冒险？难道真是像那首古老的摇篮曲中所唱的那样：“小女孩是由糖、香料和所有美好的东西做成的；小男孩是用剪刀、青蛙和小狗尾巴做成的”？

科学研究告诉我们：由于大脑的细微差别和 X、Y 染色体的不同，注定了女孩和男孩天生就有着种种不同。当一个粉雕玉砌的女孩刚刚降临人世时，决定女孩性别的“X”染色体，就早已为她画好了一张充满女性色彩的生命蓝图。

细节 1：女孩、男孩天生就不同

在过去的很长一段时间里，大约从 1965 年到 1990 年，人们一直认为，女性和男性在神经、性情、生理、心理等方面没有显著的不同。

在 20 世纪 70 年代，即使那些专门从事生理学研究的学者，接受的知识也是“男人和女人是没有不同的”。与此同时，由格洛丽亚·斯泰纳姆、贝蒂·弗里丹和其他一些人，发起了一场女权主义运动，并公开表示：女人之所以成为女人，完全是后天教育的结果。

这等于说，女孩和男孩只是生理结构略有差别，在后天的环境中，由于家庭、社会的教育不同，而形成了不同的性格特点。难道，造物主赋予女孩的“外部构造”只是一个摆设？

曾有一位妈妈在博客中写道：

一直以来，我都认为男孩和女孩的不同，完全是由父母的教育方式决定的。然而，在我有了一个女儿之后，我发现了很多奇怪的事。比如，她喜欢和维尼熊玩“过家家”，用碎布给维尼熊做小衣服。而我，从来没告诉她，女孩子就适合玩这些游戏。

在我们眼里，她是个乖乖女，从不惹是生非，但她也爱哭，也有小脾气。有一次，她还向我抱怨，她的衣服没有燕燕的好看，因为燕燕的衣服上有一个美羊羊的图案。这太让我意外了：我从来没有告诉她，有美羊羊图案的衣服好看啊！

这位妈妈的话说明了什么呢？这说明，女孩有自己的个性，而且非常明显。

女孩之所以成为女孩，并不是后天的教育方式决定了一切。相反，在她们的身体深处，早有一个声音在呼唤：我是女孩，我应该这么做！

这就是来自本性的呼唤，本性告诉我们：女孩和男孩天生就不一样。在古老的年代里，女孩与男孩的天性差别不仅被认为是自然的，而且也被认为是固有的。甚至，这种差别对女孩的一生都是神秘而重要的。

在生活中，我们不难看到女孩和男孩的种种不同——

女孩大都是爱哭的“小天使”，一点小事就能让她泪流满面；而男孩即使在地上摔个大跟头，爬起来就接着玩了，好像什么事都没发生过。这是因为女孩的五种感觉——视觉、听觉、触觉、嗅觉、味觉都比男孩敏感。刚出生的女婴，对噪声比男婴更容易产生不舒服的感觉。

女孩喜欢在一起玩跳皮筋、跳房子，游戏比较有秩序，一个接一个地来，每一个步骤都有明确的规定，也不存在明显的竞争性。说白了，她们只是喜欢“一起玩”的感觉而已。男孩的游戏则充满争斗的色彩，几个小男孩在一起玩“奥特曼”与“怪兽”的游戏，谁输谁赢一目了然；即使是最简单的纸牌游戏也充满了竞争的味道。

在学习上，女孩的语文都学得比较棒，因为女孩的语言能力比男孩好，口齿伶俐。小学阶段，“一班之长”大都是女孩子，“指挥”着一帮男孩子。这种现象到了中学之后才会换过来。但男孩的空间识别能力比女孩强，看地图时男孩很容易找到要去的地方，女孩则需要仔细观察一阵，确定了正确的方向，才能找到。

在记忆上，女孩对毫无联系的人名、地点、数字等会记得非常清楚，在背诵时一般能逐字逐句地从头背到尾。在小学阶段，用机械记忆的背诵比较多，就显得女孩的记忆比男孩要好。但是，女孩记忆时不注意其中的逻辑联系，而男孩在这一点上比较拿手。

女孩喜欢粉色或者色彩柔美的衣服，她们的装饰也以粉色为主。女孩对漂亮的衣服有一种天生的喜好，几岁的小女孩就会偷偷穿上妈妈的衣服，挎上妈妈的提包，甚至蹬上妈妈的高跟鞋，“臭美”一回。而男孩则更喜欢天空蓝、国旗红或白色的衣服，也不在乎衣服的款式、质量。很多时候，一件做工精致的衣服，与一件做工粗糙印有“奥特曼”的衣服相比，男孩往往更喜欢后者。

女孩注重亲密的人际关系，在身体上也没有男孩那么富有"侵略性"。女孩更喜欢与一两个好朋友密切往来，互相诉说"心里话"。换句话说，人际关系对女孩来说更加重要，因此她们在人际问题的解决上要比男孩显得出色。交际行为使女孩对他人的感受性更强，她们也能比男孩更多地表达对他人的关心和同情。而男孩往往成群结队，形成较大的团体，大都处于"泛泛之交"，有着更强的社会性。

以上这些事实也说明，与其说是周围的社会文化塑造了一个女孩，影响了女孩的兴趣、情绪、态度、自信心，以及人际交往的方式，倒不如说正是女孩自身的神经生理影响到了女孩的社会角色。

科学研究也表明，大脑结构、荷尔蒙、染色体决定了女孩和男孩的不同。女孩的生理与男孩有很大的不同，因为女孩和男孩的大脑结构和功能是不同的。

4 个月大时，女孩就能比男孩更好地识别照片里家庭成员的面孔。而男孩要做到这点就很困难。出生一周的女孩，就能比男孩更好地区分其他婴儿的哭声。全世界的研究都表明，小女孩的大脑与小男孩的大脑在很多区域的发育是非常不同的。

到 4 岁半时，男孩才能讲清楚 99 %想要表达的东西，而女孩在 3 岁时就做到了。因此，男孩更多地借助于他的身体和运动来娱乐、学习和交流。同时，女孩的感觉、记忆、喜好和个人的需求与欲望和男孩也是不同的。决定了她们对世界、人际关系、精神世界的感受也是不同的。

事实上，虽然男孩和女孩有一些相同的荷尔蒙，但是受到的影响并不相同。也就是说，女孩和男孩天生就是不同的。

细节 2：女孩和男孩在大脑结构上的差别

种种现象表明，女孩和男孩天生就是不同的，那么女孩和男孩的大脑结构到底有哪些差异呢？

要了解这些差异，我们先了解一下大脑。大脑是人日常行为的物质基础。它既是人们行为的内在原因，也是外在的表现。

人类的大脑基本上分为三部分：大脑皮层、边缘系统和脑干。大脑皮层位于脑的顶端，共分为 4 叶，在人的发育中是进化最晚的；边缘系统，在脑的中间，比大脑皮层进化早；脑干，在脑的基部，是最先进化的。

大脑皮层主要关系到我们的思维、决定、想象和语言创造。脑干是我们对选择反抗还是选择逃跑作出反应（我应该逃跑还是还击）的部位，它还有控制呼吸和消化的基本功能。边缘系统担负着情感的加工处理和直接控制的功能，如同空中交通的总指挥一样，控制着我们的知觉、记忆、压力和其他的刺激。边缘系统主要通过位于它内部的视丘下部腺体，控制着体温、睡眠周期和月经周期等。

据科学家们的研究，数百万年前，人类只有脑干，后来脑干周围出现了边缘系统，接着出现了大脑皮层。我们喜欢将大脑皮层称为“灰色物质”，它分为 4 叶：枕叶、顶叶、颞叶和额叶，每叶都是由几十亿个细胞结合在一起的。

大脑皮层的 4 叶在生理学上被分为左右半球，两个半球间有一束神经连接。在这 4 叶中，还有更小的一叶，称为“前额叶”，它是作为这 4 叶的其中一部分的，在前额的后面，它控制着人的道德和行为规范。

科学研究表明，女孩和男孩大脑结构的差异主要表现在两个半球、大脑皮层物质、海马趾上。

女孩与男孩的大脑，是从相同地方开始发育的——额叶、颞叶、前额叶、边缘系统等等，但它们的发育又是很不同的。女孩出生前，她的大脑就一直在发育，脑干上形成边缘系统，在边缘系统上形成新大脑皮层。在女孩出生时，她的大脑是一团有着数百万细胞通过神经递质相互联系、相互作用形成的物质。它的结构是由遗传决定的。比如，它有左右两个半球等，它的结构也有个体自身的不同。

当然，男孩的大脑也是右半球先发育，然后是左半球。但是，女孩的大脑从右向左发育的速度比男孩的快。这就不难解释为什么小女孩比小男孩更早学会说话，因为大脑的左半球负责“掌管”语言中枢。

当女孩学走路时，大脑皮层的枕叶会得到更快的发展，这使得她们能够接受更多的感性材料。比如，小女孩能够从一大堆噪音中准确地分辨出爸爸妈妈的声音，因为她们对噪音比男孩更敏感。

同时，女孩具有比男孩更灵敏的触觉、听觉、味觉，并能更好地享受这些感觉；她们有着比男孩更感性的内心世界。这个现象，也能解释为什么女孩能抱着洋娃娃玩更久。

与女孩相比，男孩的大脑随着年龄变化而不同。男孩大脑的右半球更有优势，这使得他们更缺少感性，而更具有空间感。小男孩都不肯老实地坐着，喜欢到处乱跑。他们看到一样东西就想抓着玩，喜欢蹦蹦跳跳，学走路也较女孩快。

在女孩和男孩的大脑中，大脑通过神经递质的传递来完成学习和工作，但是他们的神经递质的性质不太一样。比如，女孩的大脑比男孩的大脑分泌了更多的5—羟色胺（serotonin），它能够控制人的情绪冲动。这也是为什么两三岁的女孩比同龄的男孩子更安静的原因。

女孩的大脑还能分泌更多的催产素，这种物质与照顾孩子有直接关系。生活中，不管是哪个年龄段的女孩都更喜欢玩洋娃娃。一项最新的科学研究还发现，不光是人，那些雌性的灵长类动物。在接近婴儿、小动物或者其它需要它们照顾的对象时，大脑也会分泌催产素。

到八九岁时，大脑的另一个部分——海马趾开始活跃起来了。所谓海马趾，就是位于每一侧脑室的下沿，形如海马一般的突起。它的最大功能就是储存记忆。研究表明，女孩的海马趾比男孩的大。更重要的是，女性海马趾中的神经元的数量和神经传递的速度也超过男性。

生活中，我们不难发现小女孩的记忆力要好过小男孩。比如，两个同为8岁的女孩和男孩，同时被要求去叠被子、擦桌子、倒垃圾。你会发现，女孩不需要你再次提醒就能做完这三件事，而男孩可能擦了桌子却忘了倒垃圾，倒完垃圾又忘了叠被子了。女孩与男孩在海马趾的结构上为什么会有这么多不同呢？从科学上的观点来看，答案就在于进化。

数百万年前，女性负责照顾孩子，而男性则外出打猎，这种情况一直持续到一万年前。男女分工的不同，也促成了大脑结构的差异。为了更好地照顾孩子，女性需要更好地发展大脑的左半球，以产生语言和声音；需要更好地发展海马趾，以帮助她们记住那些复杂而琐碎的事情。为了能在第一时间内听到孩子的哭声，她们变得更敏感；为了在遇到危险时保护孩子，她们变得比男人更容易冷静，能沉着思考，再行动。

与此相反，男性在打猎时不需要顾虑太多，这是一个空间上的任务，不需要太多的语言，而需要更多的行动。这也决定了男性为什么冲动、好斗，因为无论是打猎还是战争，都需要这些。

在进入青春期后，女孩大脑的更多区域比男孩变得更活跃。表现之一，就是女孩考虑事情时注重细节，并且带有强烈的主观色彩。而男孩则倾向于用逻辑去推理，也不会把各种细节考虑进来。

在这个时期里，女孩面对压力时，大脑中会出现更多的促肾上腺皮质激素释放因子，这是大脑中一种增加压抑反应的化学物质。这种物质会让女孩变得沉默、自闭，不爱和人打交道。而男孩面对压力，大脑会表现出更强的反应。他们往往会用暴力来发泄内心的压抑，或者像抽烟、喝酒之类的行为，以及更危险的举动。

当女孩的额叶、顶叶、枕叶、颞叶学会很好地和边缘系统相互协调作用时，她的大脑皮层正在经历脑髓的发育过程。

所谓脑髓，就是大脑里面的白色黏稠状物质，它可以帮助神经传递和神经突触更快地工作。到女孩 20 岁左右时，脑髓发育完成了，女孩的大脑几乎完全形成了。与女孩相比，男孩的脑髓发育过程较慢，这也使得他们的大脑结构有了更多的差别。

事实上，男女大脑结构的差别在 17 岁左右就非常明显了：

女孩的胼胝体比男孩大 25%，这束神经纤维连接着大脑的两个半球，这就使女孩更容易用语言来表达自己的感情。同时，女孩的额叶比男孩更活跃，因此她们更倾向于全面考虑结果，在写作上能够使用丰富的词汇。

女孩的枕叶让女孩对光敏感度的范围更广，从而让她们在暗处能更好地看清东西，并且让她们具备“察言观色”的本领，读懂别人脸上的细微表情。

女孩的顶叶能够接收更多的数据，而顶叶与身体的触觉和痛觉有关。这就不难理解为什么女孩子怕“疼”，同时更喜欢与别人发生触觉上的接触，比如小女孩都喜欢帮别人梳头发。

女孩颞叶上的神经连接比男孩强，使得女孩有着更强的听力。同时，颞叶与海马趾的共同作用，使得女孩在情感上的记忆比男孩更好，她关心自己“在别人眼里什么样”，从而让自己变得更吸引人。

此外，女孩前额叶的基本发育比男孩完成得早，这使得一个18岁女孩的为人处世都会比一个21岁的男人更成熟。

总而言之，了解了女孩和男孩大脑结构的差异，我们才能更好地了解女孩，从而为富养女孩做好准备。

细节3：与生俱来，谈谈女孩的优势和劣势

在女孩的脑发育过程中，有几个年龄段比较显著，并且女孩在这几个年龄段中的优势和劣势也比较明显。

女孩5岁时，大脑的脑干边缘系统、大脑皮层的4叶、两个半球，还有海马趾以及数不清的脑的其他结构，就已经很好地形成了。5岁，也是一个比较奇妙的年龄段。有人甚至指出：“如果女孩在5岁时没有受到很好的教育，没有学会应该学会的知识，那么以后再怎么教也不起作用了，她长大以后也会比别人差半截的。”

果真如此吗？虽然这些话听起来就像童话故事里的咒语一样，但也说明从婴儿时期到5岁是女孩大脑发育的关键时期，也是女孩大脑发育的基础。女孩的大脑正在一步步建造“地基”。这个时候，我们要经常教给女孩一些美好的情感，并且让她们远离那些不良的信息和危险的东西。

到了5岁，女孩大脑的生长就减速了，这时女孩已经拥有了一个更强大和更灵活的大脑。“地基”打好了，接下来就是盖房子了。这时，女孩大脑的边缘系统也日趋成熟了，比如，大脑的4叶出现越来越多的感性信息。

2岁时，这些感性信息主要经过脑干和边缘系统的加工处理，从女孩的声音、手和腿的动作表现出来。而生活中，我们也经常看到2岁的小女孩一遇到不顺心的事就会发脾气。

五六岁时，女孩受到伤害或者生气时，她可能已经学会了控制、思考，甚至用语言来表达自己的想法。这种能力在接下去的5年里会变得越来越强。不过，由于激素水平的变化，女孩在9岁或10岁时可能再次受到困惑，但在10岁半以后，她们很少会像2岁时那样发脾气了，她们会更像一个年轻的女人那样去表达自己。

10岁时，女孩的大脑开始渴望获得更多的知识、信息、新的情感刺激。她开始希望有更多的朋友，渴望能有更多的时间和爸爸或者妈妈单独待在一起。这个时候，女孩对自己的性别有了很强的意识，也有了很强的人际交往的欲望。10岁的女孩会有不少小小的困惑，比如“我是否受人欢迎”、“我是否受人喜欢”、“我长得好看不好看”等。

从11岁开始，女孩迎来了“二次成长”。从11岁到15岁，女孩将迎来一个质的飞跃。大约从10岁一直持续到12岁，女孩大脑额叶生长的速度几乎与婴儿期时一样快。在边缘系统的其他部分和大脑皮层，灰色物质在这一短短的时期内倍增。这一时期又重复了婴儿期的生长。

你还记得女孩在6个月或者12个月大的时候，那些不可思议的变化吗？虽然女孩在10岁到12岁时，大脑的生长和婴儿时期是一样的，但表现得不明显，一来你不再守在她身边，二来她也不像婴儿时期那样真实地表现自己了。

大约12岁时，女孩的大脑开始自动“减除”多余的灰色物质，特别是那些未经使用的大脑区域。因为那些经常使用的大脑区域会有更多的神经传递，而那些不经常使用的大脑区域则没有。举个例子，如果女孩在10岁时受到很好的美术熏陶，那么大脑对这部分神经细胞比对其他部分神经细胞清除得就要少。

这就不难理解，为什么一个女孩在11岁时学过舞蹈，她就有可能在以后的生活中都保持良好韵律感的原因。如果一个女孩在12岁的时候看过很多书，那么她就可能一生都喜欢看书。如果一个女孩10岁时生活在一种平稳的家庭关系中，那么她就会在以后的生活中有足够的安全感。

同样的道理，女孩在这个年龄段所经历的亲情、美术、音乐活动和体育运动，以及所学到的理论知识，很有可能会在她以后的生活中“保持”或者至少“重现”，这和她们的大脑在这段时期内的迅速发育有很大的关系。

也就是说，女孩在这个年龄没做过的事，以后就不会做得很好。虽然我们不愿意说得这么“绝对”，但事实确实是这样的。有一位足球教练，发现班上那些在10岁左右没有接触过足球的女孩，在20岁左右时再学习细微的足球步法实在是一件很困难的事。

在这段时间里，一方面，女孩大脑的生长让她更好地学会新东西，接受新观点，理解新的概念，学会了新的思考方式而与我们“辩论”；另一方面，女孩也会产生“信心危机”，对自己的信心不足，表现在说话办事上会出现一些失误。

这个时候的女孩，需要爸爸妈妈更多的关爱，这样她们的大脑会得到更好的生长，她们也会更坚强，更有竞争力。这个时候，她不仅仅是“女孩”了，她也是一个青春期少女了。她开始面对生理上的种种变化，对这个世界也充满了“悲观”的情绪。

事实上，青春期或许是女孩一生所经历的最令她们害怕和无助的一个时期。在这个时期里，女孩的内心和周围的事物都是不断变化的，而她们自己却是静止的，基本上是一个需要照顾的孩子。

与此同时，女孩的大脑自身会不断地产生细胞使智力得到发育，从而使女孩能更好地去应对压力。等到女孩20岁左右时，当她们开始初涉爱河，尽情享受喜欢的活动带来的乐趣，专注于自己的学业和未来时，她们就会发现生活变得更容易了。

了解女孩在脑发育中所具有的优势和劣势，能帮助我们更好地认识女孩的各个年龄段，从而采取最合适的富养方式。

细节4：“雌性激素”、“孕激素”——主宰女孩一生的秘密

前边说过，大脑结构、荷尔蒙、染色体决定了女孩和男孩的不同。其中，荷尔蒙是通过连接到大脑细胞里的受体位置，来告诉女孩体内上百万的细胞该做些什么。

在大脑细胞里有雌激素受体、孕激素受体、睾丸激素受体，此外还有其他激素的受体等。这些荷尔蒙通过连接到与之相对应的位置，从而影响着大脑里的神经递质，随后又影响着身体里的活动。

女孩在8岁以前，受荷尔蒙的影响还不是很大。和男孩一样，主要是受生长激素的影响。8岁或者10岁以后，当女孩的卵巢开始产生和成年女性相同剂量的荷尔蒙时，荷尔蒙就开始为女孩编排独特的“舞曲”了，其中对女孩影响最大的激素就是雌性激素和孕激素。

一个女孩要成长为一个真正的女人，无论是身体上的变化还是

心理上的变化，都要依赖体内的激素将其激活，所以雌性激素和孕激素是描绘女孩生长蓝图的关键。

一般人都认为雌性激素是一种荷尔蒙，事实上它是一个家族的统称，其中包括雌三醇、雌二醇和雌酮，以及其他至少 5 类相似的雌激素类型的分子。虽然这些成员在结构上都有些差异，但它们都以雌激素的名义共同活动，在具体的功能上略有不同。它们一起组成了雌性激素，这种被认为是具有最重要力量的物质之一。

雌性激素对女孩而言，是最有影响力的一种荷尔蒙，直接影响到女孩的身体、精神以及情感。此外，雌性激素还控制着 4 种重要的神经递质的传递，即去甲肾上腺素、5—羟色胺、多巴胺以及乙酰胆碱。

女孩情绪的稳定与否、思考问题的过程、理解事物的程度、记忆力的好坏都要受到这些神经递质的控制。此外，女孩的喜好、面对压力的反应、性冲动等也离不开这些激素的作用。另外，雌性激素还可以增强谷氨酸盐的活性，这是一种能够促进大脑神经之间联络的神经递质。

这种促进作用带来的直接影响非常大，而女孩子情绪的稳定、对于亲密关系的渴望以及她在测验上所取得的成绩仅仅只是一个开始。同样地，雌性激素减少时，所带来的减速作用也有着很深的影响。

雌性激素对女孩而言，是一种“亲近的”荷尔蒙，它让女孩自我感觉不错，并为自己拥有亲密的人际关系而感到高兴，同时对生活充满了热情。为什么雌性激素会有如此奇妙的作用呢？那是因为雌性激素连接到大脑里的受体时，发出了这样的“信号”。

雌性激素还能和大脑里的其他化学物质相互作用，比如前边提到的 5—羟色胺。两者的结合可以增加女性与家庭、爱人、小孩和朋友之间相处的舒适感觉。

在女孩的生理期的前半段时间，雌性激素水平会升高，而5-羟色胺同样会填满神经细胞里的空隙。这样，女性的神经传递和她的知觉、情绪以及行为开始变得很有活力，充满了热情。这个时候，她希望从朋友、亲人及认识的人当中得到更多的关注，而周围的人也会感受到她那种舒适、愉快、安全的感觉。

另外，雌性激素对乙酰胆碱、去甲肾上腺素、多巴胺和神经细胞的影响有着类似的作用。当神经传递填满了以上所有这些物质时，女孩会从内心里感受到友谊的美好，并且会十分渴望得到友谊。

孕激素与雌性激素很相似，但是只有雌性激素及它的激素家族才是女性主要的荷尔蒙。孕激素被认为是一种和雌性激素“相互对抗”的激素。最初，这个说法是合理的，因为它们有着相反的物理结构。

同时，当孕激素在每个月的生理期里增加的时候，它会特意地“指导”细胞产生较少的雌性激素，从而阻碍了雌性激素的作用。这样做，是为了保证繁殖的顺利进行，如果雌性激素没受到阻止，繁殖也是不可能的。

孕激素还被称作是“具有结合能力”的激素，它能让受精卵准确地附着在子宫壁上。一些科学家也认为，女孩之所以非常看重“人与人之间的关系”，就是受了孕激素的影响，尤其是在孕激素增加了其他的化学物质如催产素的含量。

正如前边所说，女性喜欢抱小孩、逗小孩以及喜欢照顾小动物的天性是和催产素联系在一起的。

在每个月的生理期内，雌性激素水平会降低而孕激素水平会增加。这样一来，女孩们的生活发生了改变，经常“变得乱七八糟”，因为她们感到很孤独、急躁、失落。为了让女孩的心里感到平衡，孕激素和雌性激素需要处于平衡状态。一般来说，这种平衡是十分脆弱的，而且在每个月的生理期里会更加脆弱。

同时，孕激素结合到大脑里的g一氨基丁酸受体上，而且还和5一羟色胺相互作用，这会增加女孩对亲密关系的"美好感觉"，尤其是不断提高了对这种关系的放心程度。

女孩会不断地问自己："我和她的关系还好吗?""我们相处得怎么样呢?"

这就提醒我们，每一个女孩都是一个独立的个体，有着自己的"激素效应"。也就是说，一些女孩受到孕激素水平高低的影响很大，每次生理期前后都会感到"莫名的害怕"；而另一些女孩则很少会在生理期前后感到害怕。

在女孩的一生中，雌性激素和孕激素及其他荷尔蒙的共同作用，使女孩在很多方面都受到影响，比如——

女孩的情绪，无一不是激素作用的结果。

女孩那些丰富的情感，如快乐、难过、生气、痛苦，离不开激素的作用。

激素能让女孩"爱憎分明"，并对自己喜欢的人和事物采取合理的行动。

女孩能够依靠激素的作用，在不使用语言的情况下，依然与外界保持畅通的联络。

女孩会在激素的"指挥"下，决定自己要吃多少东西，如何应付考试，如何去努力实现自己的理想。

当然，女孩身上的这些影响都是"大的"影响，是容易为我们所察觉的。而一些我们不太注意的小事，不仅会被重要的荷尔蒙影响，也会为次要的荷尔蒙所影响。

总的来说，雌性激素和孕激素主宰了女孩的一生，让女孩的生命充满各种各样的挑战和变化。

细节5：女孩也有令人惊叹的睾丸激素

看到这个题目，你可能会问：睾丸激素不是男孩特有的吗？其实不然，女孩也有这种激素，也就是被称为“雄性激素”的荷尔蒙。

随着“睾丸激素”这个词融入我们的大众文化，人们已经习惯于称女孩子身体中的“雄性激素”为“睾丸激素”了。

前边说过，女性体内主要的性激素是“雌性激素”和“孕激素”，但也会有少量雄性激素，即睾丸激素；男性体内以睾丸激素为主，但也会有少量雌性激素，即雌二醇。男女身上这些“异性激素”都来源于同一个器官：肾上腺，当然，女性体内所含的睾丸激素比男性少得多。

科学研究表明，睾丸激素水平的高低会产生种种影响——

无论是男性还是女性，高水平的睾丸激素将意味着极少会出现消沉状态；

无论是男性还是女性，高水平的睾丸激素将意味着更大程度上的攻击与侵略；

无论是男性还是女性，高水平的睾丸激素将意味着性欲更加旺盛。

事实上，睾丸激素是一种具有侵略性的性激素。在男性血液里，睾丸激素的含量每天都会有所变化，但是不会呈现出一个明显的周期。女孩体内的睾丸激素只有男孩的1/20，因此女孩不存在较强的攻击性，但也比男孩更容易抑郁，因为睾丸激素有助于保持愉快的心情。

有些女孩因为先天肾上腺增生的缘故，还在母体子宫内发育时，体内就含有过多的睾丸激素。不过，在她们出生后，这种情况会得到矫正。但在她们的生长过程中，仍然受到过多睾丸激素的影响。比如，她们在体育运动方面的表现超过一般的女孩，她们更乐意和男孩一起玩，偏爱玩具汽车和小手枪，喜欢穿男孩样式的衣服。这样的女孩被称作“中性女孩”。

当女孩体内的雌性激素、孕激素和催乳激素分别和大脑中的化学物质发生作用的时候，它们控制着女孩对人际关系的渴望、对别人的同情和安慰。而睾丸激素倾向于指导它的宿主更加独立和更具有侵略性。

科学家曾做过很多实验以证明这种观点，比如，科学家曾经给雌性的小白鼠注射睾丸激素，结果如何呢？这些雌性的小白鼠竟然试图和同性进行交配，彼此之间还会互相撕咬！

科学研究也证明，当女性体内睾丸激素含量上升的时候，她们会失去一些对亲密关系的需求，而变得更加雄心勃勃，更加独立。她们很少会再依赖别人的观点，而且她们的行为会更加“男性化”。

正如睾丸激素影响着男性一样，它也影响着女性在社会上的雄心壮志。一般来说，那些在现代社会中有着较高社会地位的女性，她们的体内都有很高水平的睾丸激素。曾有一家调查机构，针对不同职业的女性进行了一次睾丸激素水平的测试，结果发现那些有着高职务的女性睾丸激素水平要比那些待在家里的女性、或者干着文秘工作的女性高得多。

当然睾丸激素不是导致上述这些情况的唯一因素，但是它的确是一个重要因素。了解睾丸激素对女孩的影响，是我们帮助女孩的一个途径。虽然性别差异天生就存在，但是如果没有情感的影响和外界的刺激，女孩就不能顺利成长为一个女人，我们也不可能把女孩的潜力全部发挥出来。

要富养女孩，我们就必须懂得相关的养育知识和技巧，这样才能帮助女孩健康、快乐地成长。

细节6：X染色体——决定女孩一生的成长轨迹

生女孩还是生男孩，到底是由什么决定的呢？答案就是染色体。

说到染色体，就不能不提到DNA。平时，DNA散乱地分布在细胞核中，当细胞准备分裂时，DNA便与组织蛋白结合，然后缠绕成巨大的染色体。所以，染色体是遗传信息的主要携带者，是遗传基因DNA的载体。

人类细胞内的46条染色体按其大小、形态配成23对，每对均来自亲代双方，称作同源染色体。第1对到第22对叫作常染色体，为男女共有；第23对是一对性染色体，就是决定女孩性别的X染色体和决定男孩性别的Y染色体。

不要小看这小小的X染色体，它不仅决定了女孩一生的成长轨迹，还为我们塑造了一个个独一无二的女孩。

2005年3月17日，英国的《自然》杂志发表了一份研究报告说，从基因的角度讲，女人比人们想象的要复杂，而男人却是一群简单的生物。如果你结识了一个男人，那你已经结识了所有的男人。

据这项研究的作者，杜克大学基因学家亨廷顿·韦拉德博士说：“我们这群可怜的男人只有 45 条染色体在运作，女人们则有完完整整的 46 条染色体让她们尽情地展现她们的女性魅力。值得一提的是，她们的第 46 条染色体，即性染色体，又是一个 X 染色体，它的存在更是超乎常人想象的让女人们大放异彩。”

亨廷顿·韦拉德博士和他的合作者劳拉·卡瑞尔认为，他们的这一发现能够帮助人们了解男女行为、特征差异的原因。究其原因不仅在于她们的神经系统和身体系统的“软件”复杂，更在于她们有比男人们更复杂的“硬件”物质基础。

研究发现，女性要比人们以前所认为的更难以捉摸，从基因角度来看，她们也要比男性复杂得多。

英国韦尔科姆基金会桑格研究所马克·罗斯博士指出：“从 X 染色体的遗传模式、独一无二的生理特性以及与人类疾病联系等方面来看，X 染色体绝对是人类基因组中最不同寻常的。”

这也正好验证了一代文豪莎士比亚的话：“女人不仅同男人有天壤之别，女人们之间的区别也匪夷所思！女人啊，真是变幻莫测的生物。”

女孩身上这条不同寻常的 X 染色体有很多特点：

基因序列证明：X 染色体上一旦出现某个基因，就不会在进化中再失去它。

从 X 染色体基因序列草图看，人类 X 染色体上有许多片断与鸟类常染色体上的片断一致，从而证明了 X 染色体是从一般的染色体进化而来的。

X 染色体比较合群，每当哺乳动物的卵巢制造卵子时，每个 X 染色体都会与它的 X 伙伴交换基因，借此提升自我。X 染色体不像 Y 染色体，它并不热衷于隐居生活。在每个雌性哺乳动物体内，X 染色体都会自由自在地彼此互动。因此，摧毁 Y 的退化现象并未发生在X染色体上。

科学研究还表明，人类的智力基因集中在女性的X染色体，男人的智力来自女人。

小小的X染色体，不仅是女孩性别的决定者，还是女孩成长轨迹的制定者，这本身就是一件无比奇妙的事。当然，为了完成女孩的成长轨迹，X染色体还需要雌性激素的“帮助”。正是在雌性激素的帮助下，女孩将表现出很多女性的特质——进入青春期后出现第二特征，最终成长为一个成熟的女性。

生活中，我们对女孩的印象也侧重于“安静，乖巧”，她们多半文静，懂事。

同龄的女孩往往比男孩要听话，在学校里个个都是好学生，在家里也是乖乖女。女孩大都喜欢与人交往，在陌生的环境中能很快融入新环境。女孩都有很多朋友，而且女孩也很会讨家长和老师的欢心，这不正好说明了女孩身上的X染色体很“合群”吗？此外，X染色体不仅强化了女孩天生具有的这些女性特征，也让女孩具有了很多天生的弱点。

雯雯很敏感，特别爱哭。有时候，爸爸妈妈和她说话的口气稍微重一些，她的眼泪就会如同断了线的珠子一样，怎么也停不下来。

晴晴很怕黑，晚上不敢关灯睡觉，也害怕一个人睡觉，总得妈妈陪着才能入睡。

兰兰很“软弱”，只要别人有不同的意见，她就立即放弃自己的想法。

小若特别在乎朋友，总担心朋友和她关系不好了。

……

女孩之所以会有这么多弱点，究其原因在于X染色体“比较合群”、“并不热衷隐居生活”。正因为这样，女孩非常注重人与人之间的关系，害怕自己与别人的关系破裂，所以她们常常会放弃自己的立场，委曲求全。这样，她们身上那些“胆小”、“软弱”、“敏感”的弱点也暴露无遗。

了解 X 染色体，能让我们更好地了解女孩。正因为这小小的 X 染色体，女孩才那么看重我们对她的评价，那么关心爸爸妈妈是否爱自己。因为女孩要用这些来衡量自己与爸爸妈妈之间的关系。如果女孩认为爸爸妈妈不爱她了，那么她就会产生强烈的不安全感。如果一个女孩长期处在这种不安全感中，那么她的心理就会受到很大的影响。

女孩的这个特点，也与本书的主题“富养”不谋而合，一个女孩只有在一个充满安全感、精神“富足”的环境中长大，才能从内心里感到幸福和安宁，这也是富养女孩的一个基本条件。

细节 7：“大千金”、“小公主”——从称谓看“富养”女孩

人们对女孩有很多甜蜜的称呼，其中“千金”与“公主”是两个不可或缺的代名词，也是富养女孩的代名词。

先来看看“千金”的来历。所谓“千金”，要从我国的古代货币单位说起。

两千年前，秦朝以一镒为一金。“镒”是古代的重要单位，一镒为二十两或二十四两，汉朝则以一斤金子为一金。秦汉时的金多指黄铜，“千金”其实应为“铜千金”。后人借“千金”来表示贵重，如“一字值千金”、“一言千金”、“一笑千金”“一刻千金”、“一诺千金”、“一物千金”等词语中的“千金”都是这个意思。

"千金"用来指代人，则是南朝时的故事了。

南朝梁司徒谢朏从小就很聪慧，深受父亲谢庄的喜爱。谢庄经常把他带在身边，加以点拨。谢朏自己也非常争气，10岁时就能写出很不错的文章。后来，谢朏跟随父亲游土山，受命作一篇游记，他提笔一气呵成，文不加点。

宰相王景文对谢庄夸奖说："贤子足称神童，复为后来特达。"

谢庄也手扶儿子的背说："真是我家千金啊。"

这是"千金"第一次用来指代人，从谢朏被称为"千金"开始，历史上有很长一段时间都用这两字比喻出类拔萃的少年男子。至于把少女称做千金或千金小姐，则是元明以后的事。这里的基本含义也与当年谢庄夸赞谢朏时大致相同。

元曲作家张国宾在杂剧《薛仁贵荣归故里》中写道："你乃是官宦人家的千金小姐，请自稳便。"

明清以后的话本小说中称女孩为"千金"的就更多了。久而久之，"千金"一词便成为了女孩的专称。可见，称女孩为"千金"，正是对女孩成长的一种期望。

著名作家塞缪尔·斯迈尔斯在《品格的力量》一书中指出："女性的素养决定了一个民族的素养。"换句话说，女性的影响在世界各地都是一样的。不管在哪个国家中，她们的状况影响着这个民族的道德、行为方式和品格。因此，用"千金"来称呼女孩，实在是当之无愧。

至于"公主"的称呼，历来是天下父母养育女孩的心愿。所谓"公主"，并不是说女孩一定生在"宫廷"之中，拥有尊贵的身份，有着丰厚的家产，而是指女孩要具有某种特性。这种特性，可以是一种少有的尊贵，可以是一种卓尔不群，也可以是一种灵性。只有拥有这种特性的女孩才是一个真正的小"公主"，才是一个真正被富养出来的女孩。

一项针对全球三百多位成功女性的调查研究表明，她们身上大都具有“公主”般的性格特征，如高贵大气、乐观向上、镇定自若等，而这些性格特征的形成，与她们的父母所营造的环境是息息相关的。

从婴儿时期开始，“公主”的成长过程就像编织一幅大而复杂的挂毯，女孩自己处于中心，但不是以“自我”为中心。相反，“公主”们要学习随着与别人的关系网的扩大，在不断复杂的关系中发展自我。在这个过程中，“公主”能形成什么样的性格与气质，要看爸爸妈妈起到了什么样的作用，是推动“公主”向前的，还是阻碍女孩向后的。

如今，“独立和自主”的观点已经深入人心，许多父母也按这个观点来教育女孩，要求女孩必须学会“自己做决策”。然而，这种成长标准并不适合女孩，更不利于培养一个真正的“小公主”。

女孩与男孩的不同之处就在于，她们是在人际关系之中成长起来的，她们在婴儿时期就被妈妈、爸爸或者其他重要的看护人的情感所影响，从而形成自己的情感观点。因此，对待女孩，要永远把她当成一个处于中心的“小公主”，给她支持，给她动力，而不能用冷淡的态度，像对待男孩一样，让女孩孤立、无助，那样会破坏女孩身上的“公主”特质。

一个女孩能成长为一个什么样的人，取决于四种强大的力量——生物的、心理的、文化的和女性心灵深处的力量。由此可见，除了天生注定的“生物的力量”，女孩能不能健康发展，要看女孩在日益复杂的人际关系和社会文化中，有没有一个健康的自我意识，并由此影响到内心深处的力量。对女孩来说，爸爸妈妈是她一生最安全的港湾，也是她最钟情的依靠，更是她的性格的领航者和人生的指路人。

无论是贵为“千金”的称呼，还是娇如“公主”的代称，都说明了女孩是天赐的，她生来就是尊贵与荣耀的代言。同男孩相比，女孩是娇弱的，也是敏感的。没有爸爸妈妈的爱心与支持，没有后天的精心培育，女孩很难走向成功。

一句话，要打造一个真正的“千金”与“公主”，需要父母找到对女孩成长有利的需求点，尽量满足她，并且给予女孩最深厚的爱，让她在爱的氛围中找到自己、发现自己，并最终成全自己。

细节8：培养女孩，警惕性别思维定势

了解女孩与男孩的种种不同之处，是富养女孩的一个前提。这样，我们可以理解女孩在成长过程中遇到的种种困惑，并采取相应的方法来帮助我们的女孩。但是，这并不是说我们一定要“照本宣科”，严格地遵照这些“金科玉律”去养育一个女孩，那样反而容易陷入性别思维定势的误区。

一般而言，女孩在语言、书写和记忆方面的能力更强，在数理逻辑、机械操作及解决问题等方面的能力比较弱。然而，这并不是绝对的，更不是一成不变的。女孩将来的能力并不因为她是女孩就定性了。

比如，很多人都认为女孩在低年级的学习成绩比较好，到了初中及高中就比不上男孩了。按照这种观点，升入大学的女孩更是“屈指可数”了。现实果真如此吗?

一份来自中国教育统计网的报告显示，1997年，普通高校在

校生中女生的比例为37.32%，2005年，这一比例达到了47.04%，并呈现出逐年上升的趋势。“高校女生潮”可谓是来势汹汹。事实上，女多男少的现象正从语言类、师范类院校逐渐向综合型大学蔓延，包括一些理工科院校，女生的比例也在逐年攀升。

王瑞从复旦大学毕业已经6年了，2006年有事回了趟学校，见到的情景让他着实很惊异。进了校园，感觉到处是“姹紫嫣红”，走在路上，迎面而来的多是女生。

王瑞学的是历史专业，虽然是文科专业，但那时男女比例并没有现在这么夸张，全校男女生人数大体相等，男生略多一些。那时候，女生，尤其是理工科专业的女生，常常被“众星捧月”——班里的男生都会主动帮女生去买东西；上热门课时，教室里第一排位置都让给女生；节假日，男生都会组织好各类活动；毕业时，理工科班级的男生会集体站在女生楼下为班里仅有的几个女生唱歌……

王瑞后来和朋友笑称：“按现在这个情形，估计是男生想帮忙也帮不过来了。”

据了解，2006年，在复旦大学录取的3871名新生中，男生1847名，占47.7%；女生2024名，占52.3%，这是该校历史上女生人数首次超过男生。

事实上，女生的学业优势实际上已经成为全球性话题。在那些曾经被男性所主导的领域里，也出现了越来越多的女性的身影。当然，高校女生比例提高的原因比较复杂。比如，可以看成是社会进步、教育公平的表现，说明女性享有充分的受教育的权利。但也从另一个侧面说明，女孩完全可以在自己的弱势领域得到很好的发展，也能够承担起重要的责任。

这就需要父母克服对女孩性别上的种种思维定势，一方面接受女孩的性别特点，给予女孩足够的关爱和支持；一方面又不能完全局限于这些特点，要知道女孩与男孩的差别只是一种发展趋势，这些差别并不适合于每一个女孩。

性别本身没有优劣，但每个女孩却有着自己的优劣势。身为父母，应该明白这一点。父母在培养女孩时，应当给她提供与男孩玩耍、自然交流的机会，这样女孩能够从中培养勇气、自立精神及坚强的心理素质。

女孩应在发挥自己“性别”优势的同时，注意向异性学习，克服自己性格上的弱项，促进身心的全面发展和人格的完善。但是，这并不等于抹去女孩的性别特征，把女孩当成男孩养，那样也是很危险的。女孩和男孩固然有天生的差别，但后天的练习能帮助大脑建立起更多的联系。如果把一个女孩用男孩的方式养育，那么她长大后会有很多男孩的行为。

小路的爸爸是一个乡下干部，不喜欢女孩的那种矫揉造作，从小对小路严格要求，希望她长大了像男孩一样坚强勇敢。为此，他一直鼓励女儿“像个男孩”。

小时候，小路的玩具都是车模和小手枪，衣服也是典型的男孩式样，连发型都是一成不变的“假小子”。

爸爸的苦心没有白费，小路长大以后，完全没有一点女孩的小家子气，无论是生活还是工作，都风风火火。学生时代时，小路就被一帮男生尊为“路哥”，女生则对小路敬而远之；参加工作后，小路也和男同事们打成一片。

很快，小路到了谈婚论嫁的年龄。可是，小路却有点“找不着北”。身边那些“林妹妹”们一个接一个地有了中意的男友，可她的“另一半”却迟迟不来。眼看着小路的年龄越来越大了，爸爸开始着急了。

小路的故事还没有结束，因为童年时代的“男孩烙印”已经深深刻在了她的灵魂里，她面临的不仅仅是找一个男友的问题，还有随之而来的婚姻、家庭问题。

走到了今天这一步，小路的父亲无疑要负更多责任。

女孩就是女孩，她原本就与男孩有着种种不同之处。作为父母，要做的就是注重女孩的天性，并且教育得法，从而让每个女孩都能发挥自己的潜能，充分地展现她的才华。

第二章 | 女孩的成长蓝图

当一个活泼可爱的小天使降临人间时，爸爸妈妈往往对她倾注了无尽的爱，期望这个小公主能健康、平安、快乐地长大。然而，女孩的成长蓝图似乎有着不为我们所了解的“密码”，女孩的人生之路则如同一支婉转悠扬而又起伏跌宕的交响曲，充满了多变的符号。

因此，在抚养女孩之前，父母应该破译女孩的生命密码，解读女孩的成长蓝图，从而帮助女孩平安驶过“暗礁”密布的生命之河。

细节9：“又甜又辣的小公主”——了解女孩的天性

女孩这两个字，总让人想起那些美好的东西，正如在第一章中提到的那首古老的摇篮曲：“小女孩是由糖、香料和所有美好的东西做成的。”

糖是甜的，香料也给人愉悦的感觉，所有美好的东西都会让我们心旷神怡。于是，小女孩就成了“甜”的代名词。她们乖巧、懂事、安静、可爱，活脱脱一个小天使。

可是，这个“小天使”往往在妈妈不注意的时候，突然摇身一变，出落成了一个呛口“小辣椒”！

下面是一些妈妈谈论自己女儿的话：

她像一块小甜饼——“她总是想让老师和我们都高兴，都喜欢她，因此她很听话，安静、文雅，易于合作，学习成绩好，从不大声吵闹，美好得像一块小甜饼。”

她是个十足的小辣椒——“她和很多男孩一起疯玩，喜欢穿上很短很短的裙子招摇过市，甚至冬天也要露出她那两条长得过分的腿。而且她还有了男朋友，开始约会了，我真担心她做出什么不该做的事。她小时候不是这样的，可现在怎么变得天不怕地不怕了呢？”

她活得很精彩，但也很累——“她总是追求完美——学习要争第一，打排球、篮球、乒乓球、游泳、滑冰、简直无所不会；她还会吹笛子、弹手风琴，在音像店打工，在社区做志愿者……可是我们担心她会把自己累坏。”

……

女孩的乖巧带给我们“甜”的感觉，殊不知，每个女孩其实都是一道独一无二的“美味”，所用的香料都是不同的，即使拥有同样的香料，若浓度不同，味道也是不同的。所以，世上每个女孩都是独特的、风味十足的，尽管她们都有甜蜜的一面，但我们也不能忽略她们的辛辣、苦涩、酸与麻。正因为这些味道更让女孩显得丰富而神秘，耐人寻味和令人追随。

你们的女孩是什么样的呢？或许，大多数父母都希望自己的女孩是个小淑女，有着淑女美好的外在，也有着淑女的内在和言行。但是，正如我们在上边提到的，小女孩是用香料做成的，而香料中混合了多种味道。

与其苛求我们的女孩，倒不如顺从她们的天性，接受那些与众不同的“味道”。要知道，如果一个女孩从小就被人教导“要让别人喜欢”和“做事要像个淑女”，并且做不到就要受到“惩罚”，那么她就会压抑自己的天性，把那些“辛辣”的部分隐藏起来。这样一来，她极有可能丧失一些重要的东西，从而失去了很多重要的成长机会。

小诺从小就在父母的宠爱下长大，并接受了严格的“淑女”训练。无论是穿衣打扮，还是出门逛街，妈妈都会在第一时间内给她以指导，并要求她按淑女的行为要求自己。

从小学到中学，爸爸都要坚持早晚接送，严格限制小诺与同学尤其是与异性的交往。高考时，小诺听从父母的安排，学了文秘。毕业后，又在父母的安排下，进了一家事业单位，做了一名资料员。

到了谈婚论嫁时，爸爸又出面一手撮合了小诺和自己老朋友的儿子。结婚时，爸爸帮小诺夫妻购置了房子，并出钱装修了房子。

婚后，小诺开始遇到麻烦。老公发现小诺事事都要依赖别人，连交水电费的事都要等到自己出差回来。平时，无论是生活上还是工作上遇到什么问题，小诺也总是一股脑地向老公倾诉，等着老公为自己出主意。

时间长了，小诺的这些表现让老公忍无可忍：“这点小问题，你自己不会解决吗?”

小诺一听，愣在那里：“爸爸妈妈一直要求我做个淑女，从来没要求我‘自己解决’啊!”

小诺错在哪里了呢？恐怕小诺需要花费很长时间，才能找到问题的症结。多年来，她一直被教导要“甜甜的”，结果丢失了自己的独特“味道”。

另一方面，如果父母不鼓励女孩表现出的“甜”的一面，也是很危险的。

如果我们强迫女孩子成为一个好强、独立、有着很强进取心的人，以期达到与男人“平等”的目的，那么，我们就会让女孩觉得自己永远是第二位的。因为，两性的差别是天生注定的，过分追求缩小性别上的差别，只会造成意想不到的后果。

所以，对女孩的教育并不是要简单地保留她们身上的甜味而去掉其他的味道，也不是要让她们像男孩一样争强好胜、进取心超强，掩盖住她们天性中的甜味，而是要让这些味道全部保留，并且调和成最可口、最美味，让人可以接受，可以喜欢，甚至为之疯狂的独特风味，更重要的是要让她们自己因此而体会到幸福。

作为父母，我们要做的就是尽量保留女孩天生的“味道”，让她在一个相对自由的环境里快乐成长，在各个年龄段里尽情表现自己，从而成长为一个真正的女孩。

细节10：从出生到7岁：如何给女儿最初的爱

从出生到7岁，那个襁褓里的小婴儿，像花一样慢慢绽放，长成了一个可爱的小女孩。在这个阶段，女孩的身体在渐渐发育，心理在成长、精神在奠基、人格在形成。

小女孩要学着说话、走路、思考，要学着观察周围的人和事，从中寻求各种联系。小女孩开始学着用自己特有的方式去关心别人，同时也希望收获别人的关心。她从爸爸妈妈身上学会了处理自己与他人的关系，并把注意力扩展到周围的环境。

琳琳7个月大时，就学会蹬着小腿向客人们问好了。当陌生的叔叔或者阿姨抱起她时，她不哭不闹，还会甜甜地笑。

4岁的蕾蕾已经试图模仿妈妈的口型，学习不同的用语了。有一次，她甚至能根据妈妈的语气作出不同的举动。

5岁的若云，成天缠着爸爸问这问那，有些问题爸爸自己都答不上来，不得不到处查阅资料，上网搜索，才算给了她一个满意的解答。没过两天，更难的问题又来了。

珍珍才5岁，就学会用妈妈的QQ和远在上海的舅舅“对话”了。当然，她不会打字，但她坐在妈妈的身边，用鼠标乱发各种表情。当舅舅在QQ上给妈妈发了一张小沈阳的图片时，一边的珍珍张口就说：“哇，是小沈阳啊!”

……

种种事实表明，从出生到7岁是女孩大脑快速发展的黄金时期。一份科学研究报告指出，女孩的脑细胞到3岁时就已经发育完成了60%，6岁时则完成了80%。因此，教育学家认为，0～7岁是女孩智力发展的关键时期，这段时间的教育关系着女孩一生的智力发展水平。

在生命的最初几年里，女孩对妈妈的依赖更多一些。而这个时期女孩与妈妈的交流大多是无声的。因此，妈妈要确保与女孩紧密联系。

在当今社会，妈妈要保证与女孩间的这种联系是很困难的，因为她们的工作不允许。那么，妈妈要尽可能地为女孩选择一个好的看护人，把女孩交给自己所信赖的人，从而保证女孩有足够的感情支持。

与妈妈相比，爸爸不能像妈妈那样与女孩有那么深的属于生物本身的联系，但爸爸的位置是不可缺少的。如果女孩的童年缺少了爸爸的陪伴和照顾，那么她的行为就容易出现失控的现象，长大后也极有可能成为一个“问题少女”。一项研究表明，童年时缺少爸爸陪伴的女孩，成年后与同龄人的相处会很困难，对自己的感情和婚姻问题也处理不好，有的还会遇到性骚扰和性暴力问题。

无论是爸爸还是妈妈，在女孩“自由成长”的这段时间里，要给予足够的关爱和保护。

在婴儿时期，爸爸妈妈不妨多抱抱她。不必担心这样做会宠坏女孩，相反，女孩只有在婴儿时期感受到足够的爱，长大以后与父母的关系才会更加融洽。事实上，当女孩躺在摇篮里时，就喜欢用哭泣来表示她需要更多的关心；4 岁以后，她的哭泣可能隐藏了更多的因素。换句话说，女孩的需要是不能被忽略的。她们需要爸爸妈妈温暖的怀抱、需要稳定的看护、温馨的家庭环境、适合年龄的游戏和玩具、适度的自由。

对这个年龄段的女孩，爸爸妈妈的目标不能放在“智力开发”上，而是要让她“快乐游戏”，通过游戏来感受父母的关爱和帮助，并从中获得希望、力量、理解、同情和友善。

女孩在游戏时的表现和男孩不同，她们更喜欢那些相对“安静”的游戏。比如，抱着维尼熊玩过家家，用小石子拼成各种各样的图案，拿妈妈的花丝巾给洋娃娃做漂亮的衣服。在女孩玩游戏时，爸爸妈妈最好让她自由自在地玩，不要去打扰她，这样可以培养她集中注意力。

爸爸妈妈还可以鼓励女孩去和小伙伴们一起玩，在游戏中提高分享、合作和信任他人的能力。除了给予女孩足够的关爱，让女孩“快乐游戏”外，还要让女孩学会基本的文明礼貌，学会培养自己动手做事的意识。

在女孩学会走路后，爸爸妈妈可以拉着她的小手，教她和你们一起把客人送到门口。

在女孩学习说话时，父母就应该教她学会说“请”、“谢谢”、“对不起”这些基本的礼貌用语。在你们和朋友谈话时，教女儿不要打断你们之间的谈话。

如果女孩很不听话，一个劲地在屋子里跑来跑去，这说明她感到被你“冷落”了。这个时候，只需和女孩单独说几分钟话，就能解决这个问题。

在女孩四五岁时，让她学着自己整理自己的小床，把用过的玩具放回原处。这样做，可以培养她的责任感。

总之，从出生到 7 岁，是女孩的自由成长期，我们需要给她足够的爱与关怀，也需要及时给她指导，让这朵花儿绽放得更美丽。

细节 11：8～12 岁：解读女孩的需要

经历了自由成长期，女孩从梦幻般的世界里走出来，发现自己成了一个“独立”的个体。在这段时期里，女孩的自我意识开始蓬勃发展，其中一个变化就是她们变得“不听话”了。

女孩不再把爸爸妈妈看得很神圣，她开始有了自己的想法、自己的困惑，她的人际关系也开始变得复杂起来。

从 8 岁到 12 岁，女孩面前展现了一个新奇的世界，所有的事情都是新鲜的，那个五彩缤纷的世界正在呼唤着她。在这段时期里所经历的事，将会在女孩的脑海里留下不可磨灭的印象。在第一章中我们说过，女孩的大脑在这个时期开始了“二次成长”。在这个阶段里，她所经历的亲情、美术、音乐、体育活动以及一些理论知识，都会在以后的生活中保持。而她没能经历过的事，在以后也很可能做不好。

与此同时，女孩在这个时期里也会感到“郁闷”，因为体内荷尔蒙的“捣鬼”，她很容易从自信的“高峰”走向自卑的“谷底”。因此，爸爸妈妈必须及时指导女孩，帮助她们倾听内心的声音。在这一阶段，女孩渴望受到爸爸的关注，并且希望自己的行为能够符合爸爸的期望。因为女孩这时不再只对女孩子的事感兴趣了，她开始对那些充满冒险、力量的事情有了兴趣，有了探索世界的欲望。

通常，女孩总是等着爸爸下班回家，给她带回一些家庭和学校之外的趣闻或者轶事，男性的处事方式正在吸引着这个年龄段的女孩。如果爸爸对女孩的要求太高，或者对女孩的态度过于严厉、专制、冷漠，女孩就会感到失望。相反，那些乐观、开明的爸爸则能和女儿之间建立一种朋友般的关系。

在这个阶段，爸爸要注意培养女孩的独立性，而这一点往往为妈妈所忽略，因为妈妈总是认为女孩还小，还不能独立地去应付一些事。爸爸可以和女孩一起进行一项体育运动，如果没有时间不够，那么你可以鼓励女孩喜欢一项体育运动，并适当地进行指点。女孩通过参加体育运动，不仅能增强体质，还能学会团队合作的精神，并且明白“成功”和“失败”的真正含义。

娜娜9岁时，爸爸就带着她去公园晨跑，在健身器械上锻炼。等她大一点时，爸爸还带她去踢足球。

虽然娜娜踢球的样子很搞笑，但和爸爸一起踢球的经历让她学到了很多东西。最初，娜娜会“求”爸爸让着自己，好让自己赢一次。爸爸则鼓励娜娜：“我相信你会赢的，再来一次！”

渐渐地，娜娜开始从运动中明白成功和失败的含义，也学会了通过参与竞争，获得成功和快乐。娜娜还把这种劲头带到了学校里，积极参加学校的各种活动，并且把同学们都团结到一起，在同学当中树立了很高的威信。

事实上，女孩正是通过与爸爸的共同活动，来观察爸爸如何教导自己，从而来培养她的领导能力。爸爸要允许女孩在学习独立的过程中犯错误，并给女孩支持和鼓励。

当然，爸爸也要遵循女孩独立的自然规律。也许你的女孩发育得晚一些，她对独立还不是那么渴望。那么，请不要在她还没准备好的时候强迫她独立。你可以先和女孩谈谈心，了解她为什么会害怕“自由”，为什么会拒绝“独立”，然后，再慢慢引导女孩。

同爸爸相比，妈妈在这个阶段里可能会感到失落。因为，女孩不再像以前一样“粘”着你了，也开始和你“顶嘴”了。当你安排她做家务时，她会说“不”；当你想和她亲近时，她反而“远离”你。不过，妈妈的失望是暂时的，因为女孩在遇到挫折时，还是会向妈妈寻求感情支持。如果你和女孩的关系一开始就很好，那么这一点永远也不会变。

在这个阶段，爸爸妈妈要保持一种和谐的关系，给女儿提供一种和谐的家庭氛围。即使你们的婚姻破裂了，也应当花些时间与女孩在一起，让女孩明白爸爸妈妈是爱她的。

8 岁到 12 岁的女孩已经有了一定的思考能力，开始渴望吐露自己的心声。这时，不妨鼓励女孩学习画画，用画笔来表达自己内心的感受和精神上的渴望。对女孩而言，这是一种很好的艺术熏陶，她的成长也会变得更加顺利。

与此同时，这个阶段的女孩会出现一些“道德”上的问题，比如说谎、偷拿东西。爸爸妈妈往往会非常惊讶，仿佛原本可爱、懂事的女孩一夜之间从天堂降到了地狱。其实，这是女孩成长过程正常的行为和排解压力的反应。爸爸妈妈需要正确对待女孩的这些行为，不能随意责骂、体罚，那样会伤害女孩的自尊，并给她的心灵留下创伤。比较合理的办法是严厉地教导女孩，绝不允许这么做，并给她相应的惩罚。

芬芬9岁时，有一次和妈妈去逛超市。在超市里的一个精品小店里，趁妈妈和店员不注意，芬芬悄悄地拿了一个漂亮的发卡。

回到家，芬芬不小心把发卡从口袋里翻了出来。妈妈一看到发卡，二话不说，拉着芬芬回到精品店，说："快跟阿姨道歉！"

虽然精品店的阿姨再三表示，小孩子不懂事，不用了，但妈妈坚持让芬芬和阿姨说了"对不起"，并赔了钱。然后，妈妈罚芬芬一周不能看她喜欢的动画片。

从那以后，芬芬再也不敢偷拿东西了。

除了"道德"上的问题，女孩在这个年龄段还会变得消极、喜欢抱怨。适当的抱怨是可以的，但一个从早到晚都在抱怨的女孩就令人担心了。要想让女孩停止抱怨，就要尽力为她创造一种快乐的家庭环境，让她从父母身上看到积极生活的动力。

这个时期也是女孩的思维迅速发展的时期，要让女孩在考虑自己的同时，也要考虑到别人，并告诉女孩能为别人考虑是很重要，每个人的成功和快乐都是建立在他人的幸福和快乐之上的。总之，我们既要尊重女孩的自我意识，又要及时指导女孩，让她远离那些消极的、负面的东西，学会信任自己的内心力量。

细节12：13～17岁：女儿一夜之间变成了"刁蛮公主"

女孩的青春期开始了！

从13岁到17岁，女孩不再仅仅是孩子，而是成长为一个亭亭玉立的少女。月经的来潮和身体上的变化，让女孩从思想到感情都出现了“质”的变化。仿佛一夜之间，那个乖巧懂事的女孩变成了一个闷闷不乐、喜怒无常、神神秘秘、情绪起伏厉害，还有一些自恋的“刁蛮公主”。

面对这个“家里最难对付的人”，爸爸妈妈都有些束手无策：她怎么会变成这样呢？我们该怎么办呢？与爸爸妈妈的“手足无措”相比，青春期的女孩内心深处则有无数个问号，无论是身体上出现的“第二性征”，还是精神上、心理上的困惑，都急切地想要知道答案。

其中，月经来潮是女孩最为关心的问题之一。月经来潮是女孩的成人仪式。在古老的年代里，当少女的初潮临近时，她的母亲和祖母就用树枝、野草和泥浆造一间小屋。然后，少女将在这间小屋里等待她的初潮。在少女初潮的第一个早晨，大家为她举行特别的感恩祈祷，并欢呼着祝贺少女开始了她新的生涯。

在今天，虽然我们不必用这种仪式来迎接女孩初潮的到来，但我们应当提前给女孩打好“预防针”，告诉她这件事的意义，以及如何做好身体上和物质上的准备，这样能够帮助女孩相对平静地迎接初潮的到来。

在这一点上，妈妈的作用非常重要。对妈妈和女孩而言，青春期早期可能是糟糕的也可能是美妙的。当女孩向妈妈吐露成长过程中令人困惑的感受时，妈妈会发现她们之间形成了一种更为亲密的关系。

对女孩来说，她非常需要妈妈和其他年长女性来倾听她“内心的声音”，与她分享那些“奇妙”的经历、想法和感受。妈妈要重视女孩的这种需求，肯定女孩对成长体验的现实性，这样才能和女孩建立一种可靠的母女联盟，这也是女孩健康成长的重要基础。

在有关“第二性征”的问题上，妈妈应当先赢得女孩的尊重与信任，才能在告诫女孩注意危险的问题上取得效果。妈妈应当提醒女儿警惕早孕、性病、坏名声、被利用，等等，同时也应当让她们学会如何处理亲密的异性关系，如何接受和给予等。

女孩对这些建议的接受程度取决于她们对妈妈的看法，或者说取决于她们是否相信妈妈在这些问题上处理得很好。对任何人而言，这都是一件很困难的工作。只要我们回忆一下，我们当初是如何走过那段迷茫的青春期时，就不难理解这句话的含义。

因此，妈妈要从各方面为女孩做出榜样。无论从事什么样的职业，是全职工作还是居家办公，抑或是一名家庭主妇，妈妈都要让女孩看到一种健康的女性生活，让女孩看到你为了家庭幸福所付出的不懈努力。只有这样，女孩才能在潜移默化中学会为人处事的道理。

与妈妈相比，爸爸面对女孩的青春期的到来，会有一种“找不着北”的感觉。青春期的到来，既可能建立新的父女关系，也可能使之破裂。智力的成熟和身体的变化不仅让女孩感到困惑，也让爸爸感到迷茫。

爸爸在这一时期常犯的一个错误是，由于不知如何处理自己对女孩日益发展的“第二性征”的反应，而把自己从女儿的生活中撤了出来。事实上，青春期的女孩非常需要从爸爸——她生命中的第一个男性——身上得到信心，让她明白她正经历的事情是自然的，并且父女也一如往常一样亲密。

因此，爸爸应该为女孩提供一个安全的港湾，这样女孩在遭受“暴风雨”之后，可以在这个港湾里松口气：“没什么大不了的，爸爸认为我很棒！”

处于青春期的女孩，不仅需要妈妈的关心和爸爸的帮助，还需要更多的支持和鼓励。因为，当这些不大不小的女孩用挑剔的眼光看待别人和她们的周围世界的同时，也开始更多地审视自己的内心世界。

女孩开始通过人际交往来判断自我的价值，这使得她的判断也是时好时坏。比如，女孩的一个最好的朋友突然疏远了她，虽然这并不少见，但女孩就会想，自己是不是有责任，我是不是比她更苗条、更漂亮或微笑得更多……

这样一来，她们经常为了维持人际关系或者受人爱戴而隐藏和改变自己的本性。

此外，青春期的女孩会面临各种负面情绪的纠缠，比如爱发脾气，心理极度脆弱又敏感，遇到一点不顺心的事就掉泪，莫名其妙地忧郁。同时，女孩开始追求“自我独立”，注重自己的“隐私权”……

这个时候，爸爸妈妈要做的就是给予女孩更多的关爱和帮助，心平气和地和女孩进行沟通，千万不要强迫女孩接受某个观点。抽点时间，和女孩一起进行体育运动，一起到公园里散步，一起坐下来谈心。留意女孩的饮食变化，引导女孩树立正确的健康观念，不要为了追求“苗条”而拒绝吃东西等。

总之，爸爸妈妈要有足够的心理准备来迎接女孩青春期的到来，才不会因为缺乏了解和沟通，而无法对这个时期的女孩进行真正的富养教育。

细节 13：18 岁以后：引导女儿找到自己的位置

18 岁，女孩开始从小天地走向一个更广阔的舞台，女孩的生理和心理都出现了一个个质的变化。

从18岁到29岁，她们没有了婴儿时期的娇嗔，淡去了童年时代的“少年不识愁滋味”，也告别了青春期的迷茫、无所适从，开始成长为一个有思想、有内涵的成熟女性，开始自己崭新的人生之旅。女孩真的长大了！

这个时期的女孩，与妈妈的关系会得到“升华”，但也会出现新的障碍。

晓虹18岁的时候，开始用新的眼光看待妈妈。在她小的时候，总觉得妈妈做的事无聊透顶，没有意义。

18岁之后，晓虹发现自己对类似的事情也感兴趣，无论是阅读还是看政治新闻以及妇女问题。因为这些共同的兴趣和爱好，晓虹与妈妈的关系得到了升华，彼此之间形成了一种成熟的相互尊重。

每当晓虹遇到麻烦的时候，妈妈都会在第一时间给她以帮助和支持。晓虹则从这种“母女对话”中感受到妈妈对自己的爱，进一步加深了对妈妈的理解。

晓虹的体会并不是个案，女孩的天性注定她们同妈妈之间，永远有一种心灵的默契。当女孩结婚生子后，女孩与妈妈之间的关系转而会变成一种更为平等的朋友关系。

然而有些女孩也抱怨：

“在妈妈的眼里我一直是个孩子，她总是告诉我该做什么，不该做什么。”

这也说明，在这个转变过程中，最困难的一点就是妈妈能否信任自己和女儿，进一步发展她们之间的关系。妈妈在这个阶段里有着更重要的责任，那就是尽力帮助女孩成长为一个真正的女人。

女孩要想在生活中找准自己的位置，那么她就要进一步了解自己的家世、传统、喜欢以及不喜欢的东西、个人的类型等。同时，女孩也要学会从深层的意义上去理解人为什么要活在这个世界上。在不断地观察之后，女孩就发现妈妈正是她最理想的榜样。女孩希望从妈妈那里听到妈妈自己的故事，需要同妈妈讨论怎么做一个女人、做未来的妈妈，以及未来的孩子将来会是什么样子。

对妈妈来说，与女孩共同度过这个时期充满了各种挑战，似乎有着做不完的工作。而妈妈的真实付出是难以用数字计算的。

与妈妈相比，爸爸同样能为女孩提供很多帮助。在这个阶段里，当女孩面临入学、就业、婚姻等问题的时候，她仍然需要爸爸的建议、认可和支持。在现代社会，年轻女性们经常推迟恋爱和婚育，而把更多的时间和精力投入到她的学业和工作中。在这段时期里，女孩会有许多“社会性”的问题急需得到爸爸的指点，比如薪水谈判、收支预算、个税问题、投资问题、购买新汽车或者贷款买房等。与此同时，女孩也想知道爸爸工作的更多细节。通过开诚布公的交流，爸爸可以为刚刚成年的女儿提供许多人生经验。

如果父女关系存在障碍，那么女孩就会有更多的困难和疑惑，很可能在她将近 30 岁时仍难以解决。她的尝试经常是“无用功”，她会因此变得愤怒、沮丧。而爸爸又可能会害怕去揭旧伤疤而让女儿痛苦，只能在一旁“袖手旁观”。毫无疑问，这是一种恶性循环，也不是我们富养女孩的初衷。爸爸应当尽量排除那些障碍，及时给女孩指点，从而让女孩感到爸爸对她的关心。

事实上，无论是妈妈还是爸爸，面对亭亭玉立的女孩，在高兴之余，总有几分惶恐：“她真的长大了吗？她真的可以独自去应付那些形形色色的人和事了吗？”

答案是肯定的。按照心理学家的观点，女孩此时正处于“寻找自我”的阶段。小到选择自己喜欢的穿衣打扮风格、选择自己的知心朋友，大到选择自己从事的工作，选择自己喜欢的生活方式……正是在一次又一次的选择中，女孩找到了“自己的位置”。

对女孩来说，最困难的可能并不是“选择什么”，而是如何按照父母的意愿去作出选择。对一些父母来说，女孩永远是他们心中的公主，手心里的宝贝。站在过来人的角度上，他们总担心女孩会作出错误的选择，尤其是在选择工作或恋人的问题上，“一失足成千古恨”。因此，他们恨不得把自己的人生经验全盘托出，让女孩少走一些弯路，少经历一些挫折。

有时候，父母甚至对女孩进行“全盘打造”，事无巨细地全部包揽下来，事先为女孩规划好人生道路，以为这样就可以让女孩永远生活在幸福之中。

真的是这样吗？当然不是。

那些长大成人的女孩往往不解父母的“苦心”，难以接受父母的种种安排，认为父母在干涉自己的自由，为此感到十分反感，甚至会与父母对着干。事实上，爸爸妈妈在这个阶段里，要学会给女孩充分的自由。不管父母们怎么想，每一个女孩都是一个独立的个体，有着自己的爱好和行为。

即使我们给予了女孩最好的教育、最充足的物质环境，我们也不能让女孩完全按照我们的“蓝图”去发展。相反，我们要做的就是做女孩的良师益友，在女孩面临就业、恋爱、结婚、生育等重大问题时，选择一些现实生活中有着健康、成功和全面的生活人物作参考物，给女孩提供有益的指导。

面对女孩的“不听话”，我们要学会耐心地倾听女孩的想法，在女孩遇到困难时给予支持和帮助，而不是“强迫”女孩走在我们铺好的道路上。女孩的内心有一个声音，不断告诉自己去做什么、不做什么；需要什么，不需要什么。这是女孩内在的“指路灯”，不断引导女孩去感受和思考。女孩的感受和思考越多，她适应生活的能力就越强。相反，如果父母一手包办或者控制了女孩的思想，女孩就可能成为一个不会思考的“寄生虫”了。

富养女孩的真实内涵就在于给女孩充分的自由、足够的信任和支持，让女孩能安然、自信、乐观地走下去。

细节14：如何帮助女儿建立“关系式人生”

女孩天生就是靠“关系”来编织和理解这个世界的。正如西丽亚·哈拉丝博士在《为什么女人不能更像男人》一书中所说：“一个女人的幸福程度更多地取决于对她和她所爱的人的关系的满意程度，而不是生活中的其他成就。”

一项科学研究表明，女孩易于考虑周围的人，无论是家庭、朋友、合作者还是她的集体，也就是周围人的幸福重要于物质或者要完成的任务。

前文已经谈及，从婴儿时期开始，一个女孩的成长过程就像编织一幅大而复杂的挂毯，女孩自己处于中心，而独立和自主则不是女孩心理发展的中心。女孩对人感兴趣，在摇篮里就表现出愿与人交流的倾向性。交流让女孩感觉到支持，先交流后行动是女孩习惯的方式。

对爸爸妈妈来说，要富养女孩，就要尊重女孩对“关系”的需求，并引导女孩建立“关系式人生”。

其中，妈妈与女孩的亲密关系有利于发展女孩的亲密性和感受性，从而让女孩感受到更多的社会支持和友谊。因为妈妈与女孩之间有着同样的女性基因，这就让妈妈和女孩之间有了很多类似的地方，比如温柔如水，善解人意，而妈妈给予女孩最多的恐怕就是柔情。

同时，妈妈与女孩之间也是相通的，即便没有完全相同的经历，母女间的心理和生理发展过程也有相似的地方。因此，妈妈通常很容易理解女孩的心理；而女孩也非常希望得到妈妈的理解和关爱。女孩与妈妈的联系给了女孩最直接的关系解释，同时女孩也会从与妈妈的交流中，找到一种与社会其他人交流的最佳方式。

与妈妈相比，爸爸与女孩之间的关系固然不会像妈妈那样亲密无间，但爸爸也是女孩关系网中重要的理解者和支持者。从呱呱落地的那一刻开始，女孩就需要爸爸理解和支持她们的雄心和梦想。

当世界的幕布缓缓拉开一角时，女孩对这个世界充满了好奇，急切地希望了解这个神奇的世界。而爸爸则为女孩提供了能满足女孩心灵需求的信心和才能榜样。男人身上那些勇敢、大度的品性，正是女孩娇弱的矫正器，是女孩能在跌倒后迅速爬起来的扶手。如果女孩的关系网中缺少了爸爸这个角色，那么女孩就无法体会到勇气、冷静之类的智慧，而勇气和冷静正是女孩成长过程中最不能缺少的东西之一。

无论是妈妈的柔情还是爸爸的男人味，都说明女孩生来就是靠“关系”来编织和理解这个世界的。

女孩体内的激素的周期是如此灵敏，它们对女孩的个性、情感、道德、精神和身体发育都有着非常重要的作用。雌性激素、孕激素等使女孩不像男孩那样富有攻击性、冒险性和控制欲，也不像男孩那样乐于变化，倾向投机、尝试和付诸行动，而是更有预见性、稳定性、安全感、谨慎细心、稳定从容，也正是这样，女孩把友谊和家庭看得比成就和机会更重要。

女孩不像男孩那样喜欢独立和竞争，她们更喜欢和谐、融洽的交流，无拘无束地与人相处。女孩通过沟通和交流与维持关系，渴望从关系中得到关爱和友谊。

比如，同样是一场比赛，男孩从上场开始就想着如何拿冠军，女孩却在想着怎么样和对手保持友谊。获胜的女孩很可能会安慰对手："你很棒！下一次你会赢！"

女性的人格正是在关系和联络中得到自我确定，并由此及彼，扩大影响。女孩在人生的成长过程中，不是去学习拥有单独的自我感觉，而是设法去随着与他人的关系网的扩大，在不断复杂的关系中发展自我。

在这个关系网中，女孩需要知道以下四件事：

第一，我们有关系吗？

第二，我们的关系的本质是什么？

第三，我和谁处于这种关系中？

第四，要保持这种关系需要做什么？

当爸爸妈妈抱着理解的眼光来看待女孩们的行为时，女孩的问题就会变得明朗，而且易于与女孩共同生活。在成长过程中，女孩以这样或那样的方式寻求照顾或被照顾，而这种方式在某个时候可能是不成熟的，可能会起反作用。

当女孩在各种关系中挣扎时，很容易迷失。如果女孩不理解生存关系中互惠互利的重要性时，那么她们很可能会以损失她们自身的需要为代价来学习给予他人。甚至，女孩把自己也给了别人。而这一点，也正是爸爸妈妈最不愿意看到的。因此，爸爸妈妈既要尊重女孩对关系的要求，给予女孩足够的关爱和支持，又要及时引导女孩建立一个健康的关系式人生。

要建立一个健康的关系式人生，女孩本身应当是一个"健康"

的女性。心理研究表明，当女孩意识到自己是某种关系的一部分，并能表现出对这种关系的关心时，女孩的自尊心就能增强，也就能够建立正确的自我意识，这样的女孩一般都很独立、自信。

针对女孩的这个特点，爸爸妈妈要引导女孩清楚地知道自己的需要和情感，而不是为了将就一个“关系”，做出让自己违心的事，更不能为了一个可有可无的“关系”，而牺牲自己的情感，去满足别人的需要。

另外，女孩往往把关系看成是行为的基础，她的行动就是试图与别人保持关系。但有的时候，女孩会比较被动，不会去争取一个“关系”。那么，爸爸妈妈就应当鼓励女孩采取有目的的行为，只是对女孩身心有益处的关系，都应主动争取，融入关系之中。

此外，有些女孩在发展自己的关系时，遇到问题会下意识地反抗。如果反抗无效，那么要么就极端顺从，要么就非常叛逆。

无论是哪一种行为，都不利于女孩的“关系”发展。因此，爸爸妈妈要让女孩意识到自己的行为会对他人产生影响，单纯地压抑自己或者任由自己的情绪去发泄，都不是好的做法。

要富养女孩，就要了解女孩的关系取向的模式或者世界观，并及时引导女孩建立健康的关系式人生，这样才能理解女孩的“出格”行为，并掌握到女孩共同生活的奥秘。

细节15：“富”着养，认清女孩的天赋和优势

每一个女孩都是一个出色的小天使，身上有着动人的闪光点，就看爸爸妈妈能不能细心观察，发现女孩身上的种种天赋和优势，并进一步加以发展。

事实上，因为女孩把世界看成一种关系，她们更倾向于关系式的生活方式。而女孩的天赋和优势也围绕着关系展开——语言、社交、人际交流。

在这里，我们就女孩的天赋和优势列举一些共性——

女孩在触觉、痛觉方面很敏感，这个特点在婴儿时代就表现出来了。即使是最不敏感的女孩也比最敏感的男孩更敏感。

女孩的味觉、嗅觉也比男孩敏感；女孩有更多的味蕾，更容易受到气味的吸引。女孩的视觉记忆更好，在黑暗中女孩比男孩看得更清楚。

女孩的听觉很敏感，“听”也是女孩得天独厚的心智能力，因此女孩对噪音的反应更强烈。同样的声音，女孩听起来要比男孩响亮两倍。而“听”的能力也让女孩在阅读上占得先机，当然这并不是全部。

女孩的语言能力比男孩好，这也是女孩很早就显示出的天赋之一。由于大脑结构的优势，女孩通常比男孩更早、更生动、更流利地使用语言，能使用更多的词汇，写作也更生动、细腻。

女孩的直觉很准确、强烈。这是因为女孩擅长调动自己的听觉、视觉、触觉、味觉和嗅觉等，捕捉到那些微妙的、不容易被人发觉的信息，以及更为具体的细节，从而建立自己的直觉系统。

女孩善于把先天的能力应用到人际交流中。女孩喜欢交往，并注重发展亲密的友谊。女孩对身边的人感兴趣，从婴儿时期就表现出与人交流的倾向。女孩的人际交流得到了语言能力的有力支持。因为大脑左半球是掌管语言的“中枢”。

在身体的发育上，女孩发展得快而均衡。学龄前的女孩就比同龄的男孩有更好的平衡能力。

……

当然，女孩的天赋和优势并不限于这些。每一个女孩都是一粒亟待发芽抽枝、开花结果的种子。也许她是一粒玫瑰花的种子，将来会绽放漂亮绚烂的玫瑰；也许她是一株小草的种子，将来会焕发出绿色的、勃勃的生机……

然而，有一点不容置疑：女孩都有着与众不同的天赋。要富养女孩，就要进一步发展女孩的天赋和优势。

美国波士顿大学医学院教授加德勒把孩子们可能具有的天赋归结为六种智能：语言智能、音乐智能、数学智能、空间想象智能、身体动觉智能和人际智能，并指出，那些受到鼓励的孩子至少可能发展其中一种智能。这就告诉我们，要富养女孩，不仅要发现女孩身上的闪光点，还要鼓励女孩，让她们把自己的天赋和优势发挥出来。

以语言智能为例，人们往往会把这种能力与“喋喋不休”相提并论。正因为人们不喜欢女性毫无顾忌地宣泄自己的情感，于是社会文化开始告诫女性要学会克制和忍让。然而，这就造就了另一个问题：女孩该不该发表自己的看法？她们应该怎样利用自己的语言优势？过度的克制会不会掩盖了女孩的真实意图，埋没了她们的这种天赋？

传统的文化一直宣扬女性用沉默来取悦他人，这样的要求是与女孩的天性背道而驰的。庆幸的是，我们的社会正给予女孩更多的话语权。或者，爸爸妈妈应该和女孩一起，尝试用什么方式可以说出自己的感受和体验、表达自己的观点。

在女孩的青春时期，爸爸妈妈更要注意这一点。在这个时期，以往活泼可爱、爱说爱笑的女孩会变得“沉默”，往往是因为她们的“话语权”受到了压制，自尊心受到了打击。爸爸妈妈要保护女孩的语言智能，鼓励女孩克服自卑的情绪和试图牺牲个性维持和谐的想法。

与语言智能不同，音乐智能则可能被过分地“拔高”，那些被父母逼着练钢琴、拉小提琴的女孩就是最好的例子。事实上，女孩的天赋因人而异，父母应当抱着平常心来发展女孩在音乐智能上的天赋，千万不要强求。

数学智能和空间想象智能多半不是女孩的强项，在细节 16 中我们会对此作进一步阐述。

身体动觉智能和人际智能则为女孩的强项，或者说是女孩表现比较好的方面。以最简单的写字为例，当男孩还写不好方块字时，女孩已经充分表现出心灵手巧的潜能了。女孩很早就能用画笔按自己的意愿画出喜欢的小动物、小花、小草；有些女孩对传统的女工，比如织毛衣、针线活等情有独钟；有的女孩则天生有一双美丽、细长的小手，适合弹钢琴。

而人际智能则充分说明，为什么女孩会如此看重关系，并且在人际关系中如鱼得水。人际智能不仅包括了解别人的能力，还包括洞察自身的能力，即“自省”的能力。它意味着女孩能否倾听内心的声音并采取适当的措施。

当然，人际智能也不是女孩独有的，男孩也具有这种能力，只是社会文化把他们引导到自主性上。虽然人际智能不是女孩独有的，但这并不重要，既然女孩更倾向于关系式的生活方式，主流文化也对此表示认可和称赞，那么女孩就更容易开发并利用这种智能，让其更好地为自己和他人服务。

综上所述，女孩的天赋和优势集中在语言智能、身体动觉智能、人际智能上，在日常生活中表现为语言表达能力强、身体富有灵动感、喜欢写写画画、擅长做小手工、善于处理人际关系、擅长观察周围的人和物等。

要富养女孩，爸爸妈妈就要在这些方面下工夫，观察你们的女孩，发现女孩最独特的天赋和优势，才能为富养女孩做好最充分的准备。

细节 16：女孩需要加强的一些弱项

在细节 15 中，我们曾提到，数学智能和空间想象智能多半不是女孩的强项。这也告诉我们，女孩不仅需要我们帮助她发挥优势，更需要我们帮助她提高不足。

一般来说，女孩的弱项主要表现为——

女孩的抽象思维能力比较差，这使得女孩在数理方面的学习比较困难。小学阶段，数学只是四则运算，女孩应付起来还算轻松；一旦要学习运用抽象的概念和理论时，女孩就开始感到了困难。

女孩的空间想象智能比较缺乏，比如改变物体形状、选择正确路线等，女孩的表现远远不如男孩。如果让男孩和女孩同时看一张地图，把地图朝北放置，找一个朝南的目的地，那么男孩不必翻转地图就能把去目的地的路线找出来，而大部分女孩则需要把地图转过来，才能顺利找到要去的地方。另外，把一张纸折成某个形状后，在上面打个洞，请男孩和女孩想象，打开复原成一张纸后，这个洞应该在纸的哪个部位。实验结果证明，男孩在这个问题上回答得比女孩好，也说明男孩比较容易按照二度空间的蓝图做出三维空间的实物。这或许可以解释为什么女性建筑师的数量远远小于男性建筑师。

女孩的逻辑思维加工能力不如男孩。在小学阶段，女孩的学习普遍较好，也和小学科目偏重于机械记忆有关。而女孩使用这种方法很容易取得好成绩，这使得她们忽视了理解的重要作用，限制了逻辑思维能力的发展。在升入高年级后，面对日趋复杂的学习内容，女孩就会感到力不从心。

女孩在体格上不如男孩强壮。由于激素水平的不均衡，女孩与男孩的性发育出现差别，具有各自不同的特征。比如，女孩在跑步和跳高方面不如男孩。这种现象在进入青春期后，表现得更加明显。

综上所述，女孩的弱项尽管有先天的因素，但也不是无法改变的。虽然数学智能和空间想象智能是女孩的弱项，但也有人不承认这一点，他们认为造成这种差异的原因在于文化的因素。

传统的文化总是鼓励男孩去探索、冒险，引导男孩从经验中学习，这些都有利于男孩提高理科成绩。相反的，女孩则总是要求安静、乖巧，无形之中限制了她们在某些能力上的发展。

事实上，爸爸妈妈仍然可以在这些方面做些什么，来帮助女孩。一项科学研究表明，女孩早期所玩的一些富有创造性、想象力丰富的游戏，比如拼图和组装三位物体，都有利于女孩拓展这些智能。因此，在女孩小的时候，不妨让女孩多玩一些三维立体积木和游戏，以增强女孩的空间思维能力。此外，当女孩对某一样东西表现出兴趣时，不妨鼓励她大胆动手，尝试一下。

诺诺四五岁的时候，对周围的一切都充满了好奇。

有一次，诺诺和妈妈去公园玩。走着走着，妈妈一回头，不见了诺诺。四处张望，看到诺诺正蹲在草丛边，不知道在干什么。

妈妈走过去，问："诺诺，你在干什么？"

诺诺头也不抬，只顾用手里的小棍拨弄着草丛里的东西："我在看蚂蚁。"

妈妈这才发现，诺诺的小棍下有一只小蚂蚁。

后来，妈妈便买了一只会叫会动翅膀的小鸟，送给诺诺玩。诺诺高兴极了，抱着小鸟左看看，右瞧瞧，不时用手拉拉小鸟的翅膀。几天后，妈妈下班回来，发现那只小鸟被诺诺拆开了，桌子上放了几个小零件。妈妈故意板着脸："诺诺，你怎么把小鸟弄坏了？"

诺诺有些害怕，不敢看妈妈的眼睛，低着头说："我只是想看看小鸟为什么会唱歌，会动翅膀。"妈妈一听，笑了，说："那好啊，你把它全部拆开，看个究竟吧。不过，你拆开后还要装好。要不然，妈妈会罚你的。"

诺诺一听，高兴坏了，立即把小鸟拆了个七零八落。当然，诺诺又废了很大的劲才把小鸟装好，有一只翅膀还不会动了。而妈妈也没有为此训斥诺诺，还鼓励诺诺下次拆东西时要注意观察，看明白那些零件都是怎么装上去的。

后来，诺诺又拆过很多东西，从妈妈的旧钢笔到家里的旧随身听。渐渐地，诺诺的空间想象能力和逻辑思维能力也得到了提高。长大以后，诺诺进入一家重点大学学习电子工程。很多女生都觉得电子工程很复杂，对诺诺而言，"这就像小时候的游戏一样有趣。"

诺诺的故事说明，虽然女孩的空间智能先天较弱，也完全可能通过后天的锻炼得到提高。

一项心理研究表明，男孩在判断和认识问题方面比女孩更进一步，这是因为男孩的思维在处理问题时有着较高的逻辑性，能够客观地理解事物的本质。而女孩的逻辑思维性不太强，往往具有比喻性和故事性，判断问题时带有强烈地主观色彩，既容易受外界暗示的影响，也容易受自己感情的影响。

因此，爸爸妈妈不妨在这一点上下点工夫，引导女孩多做一些逻辑思维方面的练习，既有助于减轻女孩将来在数理学习上的劣势，也能帮助女孩增强一些理性思维。其实，即使女孩的某些劣势的确是先天的原因，也并不代表女孩终其一生都无法在这些方面上取得成就。

富养女孩，就要尊重女孩的生命蓝图，并在后天的养育中适当弥补先天的一些劣势，让女孩得到全面、长足的发展。

第三章 富养，才能养育出最完美的女孩

养育一个完美的女孩，是天下父母的心愿；拥有一个出色的女孩，是天下父母的福气。然而，面对这个如花似玉的天赐的宝贝，我们都会有一种困惑：我们应该怎么养育才能让女孩表现得最出色呢？答案就是富养。

富养，我们才会尊重女孩的生命蓝图，倾听女孩内心的声音，顺从女孩的天性，让女孩快乐成长。富养，我们才不会单纯地用物质和金钱来“包装”女孩，而是会从精神上来丰富女孩，让女孩见识更多的东西，了解更多的知识，从而让女孩拥有一种气定神闲的高贵气质。富养，我们才会有意识地让女孩学会珍爱自己，珍惜自己拥有的一切，对这个世界满怀感恩之心。

总之，富养，才能养育出最完美的女孩！

细节17：富养女孩≠糖果、花裙和芭比娃娃

著名作家冰心所说：“世界上如果没有女人，那么这个世界至

少要失去 5/10 的真、6/10 的善、7/10 的美。”

拥有一个女孩，对父母而言，那是一种天赐的福气和幸运。只是，在福气和幸运的背后，还有一种责任和担忧。女孩是完美的，女孩也是柔弱的。与男孩相比，我们更担心女孩会受到伤害，总是想让女孩在险恶复杂的社会中生活得更好、更安全、更幸福。

要让这个天赐的宝贝一生无忧，唯有正确的教育才能达到这个目的，那就是：女孩要富养。

所谓“富养”，并不是让女孩穿金戴银，顿顿山珍海味，不是局限于物质层面的“富养”，而是更偏重于精神层面充实、独立的“富”。只有这样，女孩的一生才会自强自立、处变不惊、安定祥和。

很多父母都对女儿千般疼爱、万般娇宠，给孩子吃山珍海味、穿世界名牌，教孩子弹钢琴、学古筝，带孩子看画展、听歌曲，让女儿生活得像公主一样无忧无虑，甚至奢侈华丽。

他们深信“女孩要富着养”，真正的公主必须要有奢华的生活和娇嫩的气质。他们就像童话里的王子一样钟情“真正的公主”，并一心要打造一个隔着 12 层褥子也能感觉到异物的“豌豆公主”。

最终，很多父母做到了，他们培养出了极其挑剔的女儿，眼光高得什么都看不上，谁都瞧不起。可是，这样的公主真的是父母想要的吗？这样的公主就一定会拥有超高的品位、超高的审美能力，进而拥有高贵的气质吗？这样的公主真的会一生幸福吗？

2008 年大学新生入学后不久，接踵而来的就是新生军训。不过，很多人都发现，今年的军训队伍和往年比有很大不同——往年军训，很少看到有女生戴首饰上阵的，但今年，一群群橄榄绿的服装中，不难见到戴着大耳环、时尚项链等的女生“盛装”上阵。而且，有的女生还别出心裁地进行了美甲，有的女生则给短袖的军训服装加装了一对白色的防晒套袖。

教官们在军训前就已经知道，现在的女生都是家里的小公主，特别娇气，身体素质也不够好，因此在安排军训时，无论是在时间还是强度等各个方面，他们都已大打折扣。可没想到，仍然有不少学生不断喊苦喊累。就拿“站军姿”来说，以前的学生站10～30分钟都没问题，但现在，有的女孩子站了五六分钟就不行了，表情痛苦，脸色煞白，教官不得不让其暂停训练。

最令人无奈的是：家长不但不鼓励孩子坚持下去，还向学校所在地的媒体投诉，称孩子军训的条件艰苦，希望学校改善。有的孩子因为受不了军训之苦而不断向家里诉苦，家长疼爱孩子，于是就千方百计弄份病历，替孩子向学校告病假。

很难想象，这样的女孩毕业后将怎样面对自己的人生，怎样自己去独立生活。这绝对不是我们大多数家长想要的“公主”。其实，真正的“公主”不一定都是娇气的，她们的生活和普通人家的女孩并没差多少。

物质上的富足只是暂时的，即使我们为女孩提供了最充足的物质条件，也难以保证女孩的一生都会衣食无忧，因为人生的变故是难以预料的。在现实生活中，我们不难见到家境优裕的女孩，一旦遭遇变故就手足无措，甚至自暴自弃；而那些出身贫寒的女孩，却总能笑对生活的磨难，用自己的双手打拼出一方属于自己的天空。

与其让女孩从现成的物质中寻找“安全感”，倒不如让女孩学会把抵御意外的盾牌牢牢地握在自己手中。“富养”正是为女孩提供这样一面盾牌，也是我们最需要的教育方式。

正如著名教育家苏霍姆林斯基的话：“少女，形象地说，那是一朵花，她的美丽与否要看人们对这株植物养护得如何，应当在花朵怒放之前很早就设法使这朵花开得更美丽。”苏霍姆林斯基的话告诉我们，对待女孩要细腻，要用心去体会女孩那些微妙的情感；对待女孩要细心，如同春风化雨，温柔地呵护她的成长。

经验表明，那些拥有典雅大方、从容自信、镇定自若、宽容大度、雍容华贵等气质的女性，对生活、人生的满意度更高，幸福感指数也更高。因此，我们要富养女孩，就是要给女孩更多的物质上、精神上的满足和关爱，以及更多的教育资源，让这朵“小花”得到最充足的肥料和养分，从而绽放出最艳丽的花朵。这样的女孩，才会令人赏心悦目，如同深谷里的幽兰，散发着缕缕暗香。

当女孩长大后，她将拥有一个积极乐观的性格，一个安定平的心态，一种气定神闲的气质，一种处变不惊的风度。

细节18：富养，让女孩精神富足、人格独立

女孩是美丽的，而女孩的精神世界则是神秘的，女孩人格的独立则是对自己的确认和肯定，也是用来支撑精神世界的支柱。养育女孩，不仅要让女孩出落得楚楚动人，更要让女孩在精神上富足，人格上独立。

很难想象，一个精神上贫乏、人格上有依赖性的女孩，会有一个安定美好的人生。而富养，才能让女孩精神富足、人格独立，才能不断进行自我反省，审视自己的能力，用自己的知识结构去实现自己的人生目标。

徐静蕾是我们大家公认的才女，也是一个很成功的女性。无论是做演员还是当导演，她都非常出色。而徐静蕾则把自己的成功归功于小时候父母亲的培养。

徐静蕾出生后，爸爸和妈妈在这个女孩身上花费了很多心血。

为了把她教育好，爸爸徐子建专门跑到图书馆去找早期教育的书，希望把女儿培养成一个在精神上很充实的人。

两三岁时，徐静蕾就开始认字、写字了。开始，她用铅笔写字，后来对毛笔字有了兴趣。爸爸发现她对毛笔情有独钟，就在这上面下足了工夫，每天陪着她练毛笔字。渐渐地，徐静蕾的毛笔字越写越好，有了突飞猛进的发展。

当时，爸爸从事广告制作的工作。在做室外广告时，经常要请一些名人题字，比如“××大厦”“××大楼”。但是，请名人题字花费不菲，而客户又希望能花最少的钱办最好的事。有一次，爸爸灵机一动，就把徐静蕾的字拿过去，让客户过目。没想到，客户看了后，非常满意。认为“毛笔字写得刚劲有力，没四五十年的功底是写不出来的”。爸爸听了，又是惊讶又是高兴，也感到很骄傲。因为，那时徐静蕾只有13岁。

徐静蕾的毛笔字真的如客户所说吗？如果你不相信，那么你可以去看看她导演的电影《我和爸爸》、《一个陌生女人的来信》，片头的字都是她自己写的。看过那些字，你就会明白，徐静蕾的字完全值得爸爸为她感到骄傲。

此外，徐子健发现女儿对绘画也很有兴趣，就极力鼓励女儿在这方面下工夫琢磨。平时，只要北京有美术展览，徐子健就用自行车带着女儿去参观，光中国美术馆就不知道跑了多少趟。

在爸爸的支持下，徐静蕾对新鲜事物一直有着强烈的好奇心和求知欲。她总是主动背着画夹，到处走走看看，发现好的景色就坐下来写生，自己找老师上课。

早年的这些艺术熏陶和人生经历，让徐静蕾的精神世界更加富足、充实，也养成了她凡事不畏缩、胆子大的性格。后来，她在完全没有经过专业知识培训和指导的情况下，考上了北京电影学院，也得益于她以前的磨练。

徐静蕾的经历说明，一个富养的女孩，才会有一个强大的精神世界作支撑，为她将来走遍世界打好坚实的基础。

而女孩在人格上的独立更不容忽视，那些优秀的女性无一不是人格独立的代表，而她们的成长之路则处处显示着富养的理念。

铁娘子玛格丽特·撒切尔夫人，曾三次当选为英国首相。在5岁生日那天，玛格丽特聆听了父亲的一番忠告："孩子，你要记住——凡事要有自己的主见，用自己的大脑来判断是非，千万不要迎合别人。"

父亲是这么说的，也是这么做的。从小，玛格丽特就接受了严格的家教，跟着母亲学习熨烫衬衫，并学会了如何在熨烫时不伤衣服上的刺绣。不仅如此，撒切尔夫人还学会了家庭理财，做各种家务都有板有眼。

虽然年幼的玛格丽特并不能完全理解父亲的良苦用心，但她已经逐渐地把独立、有主见的意识融入到内心深处，并不断付诸于实践。

在玛格丽特进入学校后，她发现同学的生活是那么的丰富多彩，他们放学后可以去逛街，周末可以叫上朋友一起玩游戏，或者一起去野餐。为此，她壮着胆子向父亲提出去玩一玩的要求，却被父亲严厉教导了一番："你不能因为别人干什么，你也干什么。你必须自己做决定，不能让别人的行为牵着你的鼻子走！"

玛格丽特一声不吭，父亲见状，语气缓和下来，继续开导她："孩子，不是我不让你去玩，而是说你要有自己的主见，有自己的想法。学校的时光是用来学习的，你要做的事很多。如果你像你的同学一样沉迷于玩乐，那么你是不会有什么收获的。你自己做决定，是把学习的时间用来玩，还是充分利用这段时间，做你应该做的事。”

父亲的这番话对玛格丽特的影响很深，她慢慢想明白了：为什么要向同学看齐呢？我有好多事要做，时间还不够用呢！此后，玛格丽特专心学习，积极进取，最终在政坛上取得了非凡的成就。

可以说，玛格丽特·撒切尔在政坛上的非凡成就离不开父亲的“富养”。正是父亲在生活、学习上的严格教导，才把独立、自主、坚持己见的优良品质印在了她的脑海里，并成为指导她成功之路的人生信条。

这也说明，只有富着养，才能培养女孩的独立性和自主性，让女孩做一个有主见、有个性的人。富养，才能让女孩精神富足、人格独立；唯有这样，女孩才能更好地认识自己，不易受社会不良风气的影响，才不会随波逐流，从而成就人生的辉煌！

细节 19：富养，培养女儿的爱心

女孩的天性就是善良的、富有爱心的。然而，最近网络中的多起校园暴力事件的报道，让我们看到了一个个“野蛮”的女孩。

昆明的一名女生，因为一点小事，就拉了七个女生，对着同班一个弱小的女同学施暴，下手之狠令人发指。究竟有什么样的“怨恨”，能让这些文静可人的女孩，对着同班同学大打出手呢？人们不禁要问：这些女孩的爱心到哪里去了呢？

其实，女孩本来就是一个财富的宝库，而爱心、纯真就是女孩最大的财富。只是，在这个明争暗斗、唯利是图的现代社会里，女孩的“爱心”也会被成人世界所浸染，直至消失殆尽。而富养，才能让女孩爱心无限。一个得到关爱的女孩，才会真正运用“关系”

来看待周围的一切，并把自己的爱心无私地给予别人。

教育专家通过研究指出，如果爸爸妈妈在女孩小的时候，通过正确的教育方式，延续女孩的爱心，那么她长大后就会成为一个富有爱心的人。如果女孩的爱心在后天没能得到很好的培养，那么她的爱心就会消失殆尽，成为一个没有责任感、自私自利、冷漠的人。

杜紫玉出生在一个比较富裕的家庭，从小就过着衣食无忧的生活。爸爸妈妈不仅给她提供了最好的物质条件，也很注意保持她的纯真，顺应她的天性。

在爸爸妈妈的教育下，小紫玉从小就对弱者充满爱心，喜欢帮助别人，经常把自己的玩具、零食送给别的小朋友。爸爸妈妈也从不来不指责她，还夸奖她做得对。在这种氛围下成长起来的小紫玉，一直有一颗纯真的心。

10 岁那年的暑假，小紫玉跟随父母到乡下舅舅家度假。在那里，她认识了很多乡下的小朋友，也从他们身上学到了很多东西，而一个名叫向娃的男孩则给小紫玉留下了很深的印象。

那天，向娃热情地邀请小紫玉到自己家玩。到了向娃家，小紫玉有点不敢相信自己的眼睛。向娃和他的爸爸、妈妈、小妹妹一家四口挤在一间小破屋子里，家里最值钱的东西就是一张奶奶传下来的古董木桌。不仅这样，向娃的爸爸、妈妈身体都不好，常年吃药。毕竟是孩子，虽然眼前的情景让她很惊讶，但她很快就和向娃高兴地玩起了游戏。

玩游戏时，小紫玉随口说："向娃，我看看你的语文课本。"

没想到，向娃有些发窘地抓了抓脑袋，说："我……我不上学了。"

"啊？"小紫玉更加吃惊了。

原来，因为家里太穷，向娃读到二年级就辍学了。如今，他已经休学一年多了。小紫玉听完，二话不说，就把自己身上的零花钱都掏了出来，放到向娃手里。向娃死活不接，小紫玉很坚定地表示："这是我的零花钱，你拿去买点学习用品吧。"

回到舅舅家，小紫玉显得闷闷不乐。妈妈一看她的表情，还以为被小朋友欺负了，就说："紫玉啊，是不是和小朋友闹别扭了？"

小紫玉摇摇头。

"那怎么了？"

小紫玉想了想，抬起头，看着妈妈："妈妈，我想帮帮向娃。"

"向娃？老陈家的孩子？"一边的舅妈听到了，插话说："紫玉，你去向娃家玩了？唉，那孩子机灵得很，可惜家里太穷，连上学都上不起了。"

妈妈听了舅妈的话，明白了几分，便问紫玉："你想怎么帮他呢？"

"妈妈，我想帮他上学。"

妈妈听了，一时没说话，沉默了几分钟。要知道，资助别人上学，可不是一桩小事，要帮就要帮到底。

小紫玉一看急了："妈妈，你们不是总告诉我，帮助别人，自己也会快乐吗？"

妈妈笑了："是的，看来我们的紫玉成'小老师'了，反过来教育我了。"

事后，妈妈把小紫玉的想法和爸爸说了，夫妻二人商量了一阵，决定支持小紫玉的做法。在他们看来，小紫玉小小年纪就有这样的认识，说明平时的教育取得了效果，也证明小紫玉是一个很有爱心的孩子。

这一捐助就是 10 年，后来向娃考上了高中，紫玉又从生活费中拿出200元表示祝贺。

杜紫玉的父母是聪明的，他们不仅深谙富养女孩的道理，并且用富养的原则保护和培养了女儿的爱心。

事实上，女孩本是一个天使，是一个充满爱的天使，是最纯洁无瑕的天使，她不仅需要一个相对优裕的物质环境，更需要一个相对富足的精神环境。如果父母一时疏忽，让女孩的心灵蒙受了社会的污迹，那么女孩的“爱心”就会一点点消失在尘埃中，被来自成人的冷漠无情所淹没。

女孩的成长过程如同一部神秘而厚重的书，从婴儿到童年，从童年到少年，从少年到青年。那个小小的可人儿在一天天长大和成熟，也在一天天接受社会的洗礼，她的“爱心”也不断经受着一个又一个考验。而富养，才能让女孩的爱心得到延续。因为富养的女孩，天性得到了尊重，纯真得到了保持，爱心自然得到了保护。

细节20：富养，让女孩更聪明、更自信

一个聪明自信的女孩，无疑是别人眼里的焦点。这样的女孩，遇事从来不急不躁，善于发挥自己的聪明才智去化解难题；这样的女孩，从来不怀疑自己的能力，相信自己只要努力就一定会有所收获。这样的女孩，何尝不是天下父母的最爱呢？而富养，才能真正打造出一个聪慧、自信的女孩。

事实上，每一个女孩都有着巨大的潜能，就看父母如何去发现她的潜能，如何进一步培养了。一位教育学家指出：“其实所有的孩子都是天才，但我们却在他们生命最初的6年磨灭了他们的天

资。”唯有富养，父母才能用一双慧眼，去观察自己的女孩，并从中发现女孩的潜能，不断鼓励女孩，从而让女孩走出了精彩的人生。

聋哑女孩周婷婷的故事，相信很多人都不陌生，而她的父亲周弘对她的教育可谓不折不扣的富养。

周婷婷出生后，因病导致双耳全聋。周弘不甘心让女儿在无声世界里过一辈子，下定决心要为女儿打开有声世界的大门。最初，周弘把希望寄托在医生身上。他带着周婷婷四处求医问药，但婷婷的耳朵挨了5万多针，却没有一点起色。

失望之余，周弘便决定为女儿“治哑”。他发明了母语玩字法，把女儿说的每一句话都写在墙上、地上、桌子上、身上、手上。除了上班，周弘把所有的时间都放到了婷婷的教育上。每次带婷婷出去玩，父母俩都玩得满身是字回来。周弘从来不问婷婷认了多少字，而语言已经渐渐进入了婷婷的潜意识里。

婷婷说话的声音有些“古怪”，因为她是根据口型发音的。后来，婷婷自己也意识到了，她非常担心地问爸爸：“我的声音好听吗？”

周弘笑了，说：“你的声音好像一串串珍珠，非常好听！”

婷婷笑了，也更乐意说话了。

为了鼓励婷婷的学习动力，周弘把美国天才儿童行为表贴在墙上。有一次，婷婷只顾读书忘了吃饭，周弘就欣喜地把婷婷拉到行为表前，说：“你看，婷婷，你符合天才儿童的第一条，‘读书废寝忘食’。你不是天才，谁是天才呢？”

小婷婷一听，也非常高兴，学习的劲头更足了。

8岁时，婷婷背出了圆周率1000位，打破了当时的吉尼斯纪录。周弘就说：“你看，这足以证明你是天才。”

在爸爸的精心教育下，婷婷的自信心越来越强。但是，挫折也是难免的。有一次，婷婷的数学测验考了个不及格。这下，婷婷难过极了，当她告诉爸爸这个“不幸”的消息时，周弘却笑着说：“太好了，你不是要当海燕吗？现在，暴风雨来了。”

在爸爸的鼓励下，婷婷也变得越来越“聪明”。16岁，周婷婷成了中国第一位聋人少年大学生；20岁，周婷婷被美国加劳德特大学录取为研究生——第一个中国聋人研究生。

一个普通的女孩，一个双耳全聋的女孩，能取得这样的成就，不正说明周弘的富养取得了很大的成功吗？要知道，虽然周婷婷在爸爸的鼓励下创造了一个又一个奇迹，但是她的智商只有105，远远低于所谓天才儿童的130。

105对130，这又说明了什么呢？这就告诉我们这个世界上并没有什么超凡脱俗的女孩，那些人们眼里的普通女孩也只是因为某种压抑而没能达到应有的高度，最终归于平淡。

很多女孩在进入小学后，天生的能力始终没有得到发挥，并且处于落后的地位，还经常受到父母和老师的否定，自尊心受到打击，个性也被压抑了。如同安徒生童话里的丑小鸭，倘若她不相信自己，那么她终其一生也不会发现自己会变成白天鹅。

楠楠长得又黑又瘦，上小学时淘气的男生还给她取各种难听的绰号，有一次，男生们又喊她“丑小鸭”。

虽然楠楠听了很伤心，回到家还哭了一场，但第二天她照样擦干眼泪去上学了。因为，爸爸告诉楠楠，丑小鸭会变成白天鹅的，就看你敢不敢展翅高飞。爸爸的话给了楠楠很大的鼓励，她活得非常快乐。

上初一时，老师在班上号召学生们自由竞选班干部，并给了为期两个月的考察期。两个月后，大家都可以上台竞选，根据得票数来选出班干部。

回到家，楠楠向爸爸妈妈表示："我要去参加班干部竞选！"

妈妈听了，很不以为然。在她眼里，这丫头长得实在是"对不起父母"，居然还要参加什么竞选，别再丢人现眼了。妈妈刚要说什么，爸爸却使了个眼色，不让妈妈说话。爸爸微笑着对楠楠说："好啊，你可以好好准备，想想应该怎么说才能赢得同学们的支持！"

一旁的妈妈有些张口结舌，眼神里带着一种不屑。但楠楠现在不像以前那么在乎妈妈的反应了，她更在意爸爸的话。于是，楠楠信心百倍地去做准备，并积极地表现自己。五周后的班干部竞选会上，楠楠凭着出色的口才和平日的表现，赢得了同学们的支持，如愿当选了班长。

楠楠只是一个很普通的小女孩，竞选班长也是一件很平常的事。但是，楠楠的爸爸妈妈对她的态度明显不同：妈妈在无形之中给楠楠浇了冷水，仿佛告诉楠楠——"你不行"；而爸爸却能从富养的角度出发，及时给楠楠以鼓励，让楠楠充满信心地去做自己想做的事。

从生命科学的角度来看，虽然每一个女孩都拥有巨大的潜能，但女孩出生时又是弱小的，仿佛置身于一个巨人世界里。在成长的过程中，女孩难免会有这样那样的自卑情绪。女孩需要听到一个肯定的声音，不断鼓励着她向前走，否则她们很容易失去目标。

而富养，才是能打开女孩潜能宝库的钥匙，让女孩对自己充满信心，并且让女孩学会聪明地应对各种事情。也只有富着养，父母才能发现、发挥女孩的这种潜能，并不断欣赏女孩、鼓励女孩，最终让女孩实现超水平的发挥。

细节21：富养，开阔女孩的眼界

作为父母，谁不希望自己的女孩眼界开阔呢？

在这个物欲横流的社会里，一个眼界开阔的女孩才不会给别人“小家子气”的感觉，更不会为了“一块蛋糕”或者“一颗钻石”就迷失了自我。

有句话说得好：眼界决定境界，站得高才能看得远，看得远才能做得好。

当女孩来到这个世界上时，她的眼里只有爸爸和妈妈，她所看到的东西只是她的小房间内的一切。

渐渐地，小公主慢慢长大，她开始向往外面的世界。

如果父母对养育女孩的认识不够，那么女孩很可能会在一个相对“狭窄”的环境中长大，除了家庭就是学校，所见所闻少得可怜，眼界怎么可能开阔呢？

我们提倡富养女孩，就是因为富养才能让女孩眼界开阔，才能让女孩见多识广，处变不惊。

富养的女孩，在情感、经历、人生上都会得到最大限度的发展，也注定了她的眼界不会“太窄”。

曾被媒体广泛报道的剑桥女孩孟雪莹就是一个“富养”的女孩。孟雪莹出生时，她的爸爸妈妈就做好了一切准备，包括物质上的和精神上的。

在爸爸妈妈的精心照顾下，小雪莹从来没感到丝毫的不安，在她成长的每个阶段，不仅衣食无忧，还享受着父母最富足的爱。爸爸妈妈早已打定主意：凡是对雪莹成长有利的，都要尽量满足她。

3岁时，小雪莹上幼儿园了。一般的家长总会趁机松一口气，认为孩子进了幼儿园，自己的教育负担就减轻了很多。而小雪莹的爸爸妈妈却认为，无论是幼儿园还是将来的学校，都不能代替父母的教育，要想让小雪莹成长为一个优秀的人，还有很长的路要走。

于是，他们开始了对幼儿园和学校教育的重要补充。

家里来了客人，爸爸妈妈会让小雪莹出来向客人问好，客人走的时候让小雪莹出来送到门口。在穿衣打扮上，爸爸妈妈会让小雪莹自己选择穿什么款式的裙子、穿什么颜色的上衣。即使小雪莹把上衣和裙子的颜色搭配得很难看，他们也不会直接否定，而是让小雪莹自己决定是否继续这样穿着。时间一长，小雪莹开始有了自己的“颜色搭配观”，也发现自己穿什么款式、什么颜色的衣服更漂亮。

外出旅游时，爸爸妈妈每次都会召开家庭会议，讨论旅游目的地、行程的安排。最开始，小雪莹只是简单地表现一下“喜欢”或“不喜欢”，还说不出什么想法来。随着年龄的增长，小雪莹开始有了“决定权”，学会了如何表达自己的看法，如何寻找最佳的旅游景点和路线，以及如何说服爸爸妈妈接受她的意见。

升入中学时，孟雪莹面对竞争激烈的环境，有点“找不着北”，感觉很茫然。爸爸妈妈没有正面给她讲大道理，而是带她阅读、旅游、交际，从各方面来开阔她的眼界，让她开始新阶段的思考。在爸爸妈妈的引导下，孟雪莹不仅喜欢读文学名著，也喜欢爱因斯坦。同时，她学会了同学之间的友爱互助，学会了体谅与尊重。在战胜了狭隘的同时，她实现了自我的超越，心中增添了几分坦然与无畏。

到了高中，孟雪莹因其活泼开朗的性格，被推选为学生会文娱部长，爸爸妈妈对此极为支持，鼓励她尽全力把这份工作做好。

而孟雪莹则表示："我不会因为工作而影响了学习，谢谢爸爸妈妈的支持，我会把握好这个'度'的。"

接下来，孟雪莹说到做到，她的学习成绩始终稳步提高，没有出现滑坡的现象。另一方面，做文娱部长，也让她的视野更加开阔。通过几次大型活动的组织，她认识了很多人，也进一步懂得了人与人相处的道理，对父母和老师工作的艰辛也有了更深的理解。

高中毕业时，孟雪莹顺利考取了北京大学。大二时，孟雪莹就参加了托福和GRE的考试；大四期中过后，申请国外大学的表格已经到了她的手中。圣诞节的前一天，孟雪莹收到了剑桥大学的录取通知书。

孟雪莹是幸运的，她的爸爸妈妈深谙"富养"女孩的道理，并在实践中身体力行，为她提供了最好的环境和最充分的教育。

当然，我们并不是说，富养的女孩一定能像孟雪莹一样，成为一个"剑桥女孩"，而是说富养才能让女孩的眼界开阔。倘若没有爸爸妈妈的精心培育，没有他们在家中来客、外出旅游等方面的教导，孟雪莹又会有一条什么样的人生之路呢？

因此，富养，就要给女孩提供各种机会，让女孩见多识广、眼界开阔，为人处世落落大方。具体来说，富养，就要给女孩提供各种才艺培养的机会。比如，在女孩小的时候，让她接触艺术，如舞蹈、绘画、钢琴等。这样做，并不是为了培养一个舞蹈家、画家或者钢琴家，而是为了让女孩在艺术的氛围中养成一种高贵的品性，不为世俗的阴暗面所浸染。

富养，就要让女孩与运动结缘，而不是让女孩成天钻在书堆里，只顾学习而没有锻炼身体的意识。比如，让女孩学习打乒乓球。一般学校里的同学大多热爱这项运动，学会打乒乓球会让她更合群，与同学的关系也更融洽。

富养，就要有意识地培养女孩的仪态举止、礼仪等，以便让女孩能落落大方地出现在众人面前。一个从小受到良好教育的女孩，才不会对各种交际场合心存畏惧之心，或者不会当众演讲。

富养，就要在旅游上进行投入，在女孩很小的时候就带她游历各地，与大自然“亲密接触”，见识各种各样的风景名胜。即使没有太多的时间带女孩外出，也要在其他方面进行弥补，比如阅读各种书籍，同样会开阔女孩的眼界。

作为父母，我们都希望自己的女孩见的世面多一点、眼界高一点，而富养正是一种最好的开阔眼界的养育方式。

细节 22：富养，轻松打造更具内涵的女孩

人们总说：女孩的形象价值百万，也就是说女孩的气质是非常重要的。那么，气质是什么？比较常见的说法就是，气质是指一个女孩内在涵养或修养的外在体现；气质是内在的不自觉的外露，而不仅是表面功夫。

在现代社会中，气质高贵优雅的女性无疑是“知性美女”的代名词，比如上镜率极高又受人推崇的“明星级人物”杨澜，再比如叱咤风云的“女强人”张欣，还有“不老的玉女”——张曼玉等。

这样的女性懂得时尚更尊重时尚，她们追求物质打扮更追求心灵保鲜；她们把岁月的痕迹放在内心深处，而不是任其爬上脸庞；她们的知性比较厚重，她们的美丽也比较持久。这样的女性可以称得上女性中的极品，也是众多父母培养女孩的模板。而富养，才能让女孩的气质高贵优雅。

但是，不少父母在这一点上陷入了误区，他们认为要想打造一个气质高贵优雅的女孩，就应当为女孩提供最好的物质条件。于是，就有了这样的理论：

“女孩就是让人疼，让人保护的。所以宁肯自己少吃点少穿点，也要让她过上好日子。”

“只要让女孩多穿那些名牌衣服，她的品位想不提高都难。”

“平时，只要女儿想要什么，我都会满足她。女孩嘛，就得像小公主一样，什么要求都能得到满足，才会有公主的风度。”

……

“可怜天下父母心”，只是让女孩吃好的、用好的，享有充裕的物质生活，女孩就会拥有超高的品位、超高的审美能力，进而拥有高贵优雅的气质了吗？

答案当然是否定的。单纯的金钱与物质，并不是什么“富养”，相反成了一种“穷养”，那样只会装扮出一个衣着光鲜的女孩，并不能丰富女孩的内心和精神世界。要想让女孩的气质高贵优雅，父母必须从真正的“富养”入手，下工夫培养女孩，才会有所收获。

月月出生在一个很普通的家庭里，爸爸开出租车，妈妈在一家工厂当资料员。

家里的经济条件一直不太好，月月从小到大也没什么漂亮的衣服，更没什么高档玩具。

最初，爸爸妈妈很自责，为自己不能给女儿提供一个相对优裕的物质环境而难过。后来，爸爸妈妈决定从培养品质与气质入手，一定要把女孩培养成一个真正的小淑女，让她拥有一种同龄人所不具备的气质。

在穿衣打扮上，他们没有钱给月月添置那些高档的名牌衣服，但妈妈会织各种漂亮的毛衣，还学会了改衣服以及服装的颜色搭配。月月穿的衣服并不昂贵，但每一件衣服都会受到别人的称赞，有人还问月月“衣服是从哪里买的”。时间长了，月月越来越喜欢妈妈为自己准备的衣服，也很为自己的装扮而自豪。

在生活习惯上，爸爸妈妈严格要求月月。为了让月月养成干净整洁、有节制的习惯，他们甚至定了一条家规：宁肯不吃饭也要干净！

在学识修养上，爸爸妈妈不仅给月月买了很多知识类的书，妈妈还带着月月去图书馆办了一张借书卡，每个月都会陪月月去一两趟图书馆，让那些经典的书籍丰富月月的心灵。

平时只要有空，爸爸就带着月月去郊外玩，看天上的蓝天白云、观察地上的花花草草，让大自然的美渗透到月月的一举一动之中。此外，爸爸妈妈还带着月月去美术馆看展览，以便培养月月的审美观；在家里用录音机播放古典音乐的磁带，让月月感受经典音乐的独特美。

与此同时，爸爸妈妈还十分注重对月月的行为举止、礼仪方面的教育。从月月很小的时候开始，他们就开始教她如何对客人说话，如何才能让自己的行为举止看起来更优雅。在爸爸妈妈的严格教育下，月月不仅在学校是老师同学眼中的榜样，更成为了左邻右舍眼中标准的小淑女。

我们有理由相信，月月长大了，即使不会拥有很高的社会地位，也会有一种不俗的气质，因为这种气质已经深深印在了她的生命历程中。月月的故事也说明，一个气质高贵优雅的女孩并不是用金钱和物质打造出来的，而是用各种精神养料“富养”出来的。

与金钱物质的“穷养”相比，精神富养才能让女孩得到多方面的培养，并在潜移默化之间形成女孩独有的气质。精神富养的女孩，才会坦然接受自己先天的性格和面貌，并在父母的引导下，学会了扬长避短，从而增加了自己的吸引力，最终形成自己独特的气质。

这样的女孩不会自视清高，在人际交往中，也不会因为别人与自己脾气不同，身份有异，就显示出不耐烦或瞧不起别人的样子。同时，她们也不会因为自己的职务、地位不如人家，或长相一般、服饰不佳而过分谦卑，而是落落大方，不卑不亢。

富养的女孩，从父母那里得到了充分的信任和关心，从而养成了热诚待人，关心他人的品质。当一个女孩对别人关心体谅时，她就会获得相同的回报，别人也会为她的气质而折服。这样的女孩，不会惧怕流露真情实感。相反，一个经常压抑、掩藏情绪的女孩，会被视为冷漠无情，没有人会喜欢和一个“冰美人”交往的。

富养的女孩，从小受到良好的教导，会时时注意自己的仪态举止是否优雅、仪表是否端庄整洁。要知道，一个步姿洒脱、衣着得体、充满自信的女孩，最能吸引别人的。

一个没什么内涵的女孩，再怎么打扮也是毫无气质可言的，相反，还可能给别人一种肤浅的感觉。一个气质优雅的女孩要比外表美的女孩，具备更高一层的精神境界。这种富养出来的气质犹如花的灵魂，水的韵律，松的魄力，不会随着岁月的流逝而褪去，不会因为世事的纷扰而消失，相反会日渐醇厚，成为女孩一生的财富。

细节23：富养，让女孩更懂得珍爱自己

女孩是柔美的，女孩更是感性的。女孩很在乎外界对自己的评价，无论是相貌、衣着打扮还是感情等，女孩都希望得到别人的认同，甚至会为了“迎合”别人的喜好，而压抑自己的想法。恐怕这

不是我们想要的结果吧？

相信天下的父母，都希望自己的小公主，无论长什么样，做什么样的工作，遇到什么样的事，都能懂得珍爱自己。唯有这样，女孩的人生之路才会走得更平和。要想让女孩更懂得珍爱自己，富养就是最好的方式。

所谓“富养”，其中一个最直接的结果，就是让女孩的安全感得到最大的满足，对自己产生最大的认可。这样的女孩，才不会过分在意外界的看法和评价，而是会倾听自己内心的声音，学会走自己的路。

对女孩子来说，相貌是一个很关心的问题。天生丽质固然会给女孩的形象加分，但相貌平平也不是女孩自卑的理由。

13岁的晓晓一直很自卑，她觉得自己长得很丑，没人会喜欢她。在学校，她几乎没有一个好朋友，一个人独来独往。

有一天，晓晓在公交车上遇到一个女孩，那个女孩的脸明显受过伤，有着难看的伤疤。这个女孩上车时，一车人都用或惊讶或鄙视的目光打量着她，而晓晓则为她难过：“天啊，她的脸怎么成这样了，她可怎么办呢？”

没过一会，晓晓就发现自己的想法纯粹是多余的。这个女孩的脸上，一直挂着恬淡的微笑，没有一点忧愁和自卑。即使面对一车人观望的眼神，她也没有躲闪，而是和身边的一位中年妇女说说笑笑，间或还会像一个正常的女孩子一样冲着中年妇女撒个娇。

那一刻，晓晓惊讶极了，内心也受到了极大的震撼。相比之下，自己是多么可怜啊，连和妈妈大声说句话的勇气都没有。

公交车过了几站，那个女孩和中年妇女下了车，晓晓也急忙跟着下了车，快走几步跟上那个女孩。

“请等一下……”

女孩奇怪地看着晓晓，不知道晓晓有什么事，晓晓也有些不知所措，不知道该怎么说。半晌，她指了指自己的脸，吞吞吐吐地说道：“我总是觉得自己长得很丑……感到很自卑……我不知道你能不能……”

女孩身旁的中年妇女一下就明白了晓晓的意思，她微笑着说：“傻孩子，你不觉得你的脸很清纯吗?”

晓晓惊讶极了，从来没有人这么说过，连爸爸妈妈也总会有意无意地说：“长得这么丑，长大了可怎么办呢?”

中年妇女又说：“我的女儿也很漂亮，你看她的脸充满了青春的活力，她当然不会自卑了。你也一样，有什么可自卑的呢?”

晓晓一下就彻悟了，长期以来困扰她的心结也舒展开了。

在这个故事里，我们看到了两种完全不同的教育方式，晓晓的父母或许不是有意的，或许在物质方面晓晓并不比别人差，但他们的教育方式并不是“富养”，倒可以称得上“穷养”了。一个青春妙龄的女孩为自己的相貌而自卑，这难道不是一件很悲哀的事吗?相反，那个中年妇女能让一个脸部严重烧伤的女孩，坦然正视自己的相貌，并笑对生活，那才是一种高明的教育方式，也是一种真正的“富养”。

心理学家指出，自卑就是那种不如人的感觉，而这种“不如人的感觉”往往与“貌不如人”的感觉紧密联系在一起。也就是说，女孩在长大成人后的那种自卑意识，往往和童年时的经历有着密切的联系。而这种经历，并不是来自家境或者学识上的“不如人”，十有八九来自于容貌上的“不如人”。

只有富养的女孩，才不会过分看重天生的相貌，而会在父母的宠爱中明白从身体到灵魂，一个人的整体表现效果才是最重要的，更不会因为平凡的相貌而自觉低人一等。唯有在富养的教育理念里，才不会有对“相貌”的过分关注，也没有对“相貌”的过度追求。

富养的女孩，才会明白外在的气质比天生的相貌更受关注、更具有魅力。女孩只有对相貌有了正确的看法，才不会过分追求外在美。当然，如果女孩天生丽质，那么她更需要富养，才能从中学会“珍爱自己”。否则，那些漂亮的女孩会因为别人赞美自己的相貌，而加倍关注自己的长相。甚至，女孩会为了赢得别人的注意和赞同，而不断地修饰相貌、与别的女孩进行比较竞争，无形之中忽略了内在的涵养和性格气质的修养。

此时，父母的角色不仅是引导，必要时还应当出面“干涉”，制造适当的“规矩”，这才是富养的内涵所在。只有富养女孩，才能帮助女孩强化全面完整的个人意识。即使女孩还会关心自己的相貌，但也不会像以前那么迷恋了。

其实，爸爸妈妈不仅要引导女孩正视自己的相貌，还要在情感上给予女孩足够的爱与关心，这样女孩长大了才会有充足的安全感，才能够积极应对各种纷繁复杂的事情，更不会因为外界的影响迷失了自我。也就是说，富养才能让女孩安全感十足。在家庭教育中，爸爸妈妈经常用语言和行为对女孩表示爱与关心，会让女孩产生安全和归属感；而女孩向爸爸妈妈学习爱与被爱，从中发展亲密的感情，才能懂得珍爱自己。女孩的基因决定了她们的细腻、敏感，也让她们对爸爸妈妈有着很深的依恋感，她们总是用自己的感觉“触角”，去触摸爸爸妈妈对自己的关爱。

富养的女孩，才能感受到爸爸妈妈所给予的那种最温馨、最可贵、最感动、最纯真的亲情。而这种亲情，会成为她们一生的精神财富。无论何时何地，无论遇到什么事，背后的亲情就是她们前进的动力，远方的亲人就是她们坚持的理由，而“珍爱自己”则是她们永远不变的人生信念。

细节 24：富养，不等于娇生惯养

富养，不等于娇生惯养，更不等于放纵女孩的脾气、任由女孩我行我素。在生活中，很多父母都把“富养”一词的范围定义得很狭窄。他们认为“富养女孩”就是把女孩当掌上明珠一般，吃好的、穿好的、用好的，让女孩成为一个真正的“千金”，而不能吃一点苦。

当这些集万般宠爱于一身的女孩走上社会后，不可避免的考验就来临了。

路雪从小就是爸爸妈妈手心里的宝贝，加上爷爷奶奶、姥爷姥姥的万般宠爱，路雪就是一个不折不扣的“小公主”。

爸爸妈妈认为女孩“要富着养”，那就是说这个小公主必须有优裕的物质生活和高雅的生活情调。他们还认为，一个真正的“公主”应该如同安徒生笔下那个“豌豆公主”一般，隔着12层褥子也能感觉到异物。

于时，他们给路雪吃各种营养品，穿各种名牌衣服。每个周末，他们会带路雪去听音乐会。此外，他们专门花钱请了高级家教，上门来教路雪弹钢琴、学古筝。至于家务，路雪是从来不会沾边的。尤其是做饭，路雪从来不进厨房，一来爸爸妈妈不允许，二来她也不喜欢那种油烟味。

爸爸妈妈希望路雪的生活像公主一样无忧无虑，不像那些普通人家的女孩一样，成天为柴米油盐的琐事而犯愁。

爸爸妈妈的苦心没有白费，长大后的路雪不仅出落得楚楚动人，而且才艺俱佳，钢琴学得像模像样，穿衣打扮也有自己独特的风格。只是，路雪在学习上不太用功，那些复杂的数理化题目在她眼里可比学古筝困难多了。初中毕业时，路雪不肯升高中，理由是高中的学习更辛苦，高考更累人。

爸爸妈妈虽然希望路雪能进一步深造，但出于对路雪的疼爱，还是同意了她的要求。于是，路雪进了一所普通的中专学校就读。读中专时，路雪的生活费高得惊人，别的同学一个月才四五百块钱，而路雪一周就能花掉五百。有一次，一个舍友好奇地问路雪，那么多钱都干什么了？路雪的回答是，用来添置漂亮的衣服、小首饰、化妆品了，还说女孩就得在这上边下工夫，不然就不吸引人了。几个舍友听了，一时间有些瞠目结舌，不知道说什么好。

中专毕业后，家里本想花钱为路雪在电力公司找份好工作，只是爸爸的生意不顺，家道开始中落，拿不出那么多的“人情费”。最后，路雪在一家小公司做了文员。也就在这个公司里，路雪邂逅了后来的老公彭科。和路雪不一样，彭科是一个来自大山区的穷小子，从小就吃够了苦头，人生经历远远比路雪丰富。

那时，天生丽质的路雪身边不乏追求者，但彭科是最能“迁就”她的一个。为此，路雪被彭科打动了，执意要和彭科在一起。爸爸妈妈本来死活不同意，他们认为宝贝女儿从小就过着无忧无虑的生活，是难以理解彭科这种贫困人家的生活的。但路雪的“公主”脾气上来了，说什么也要嫁给彭科。最后，爸爸妈妈只好让步了。

结婚后，彭科才发现，路雪不仅有“公主”脾气，更有“公主”架子。路雪不会做饭，也不肯学做饭，理由是在家里从来不进厨房。即使偶尔去一次菜市场，也不会买菜。路雪不爱洗衣服，理由是总洗衣服会让手部的皮肤变得粗糙。结果，彭科经常加班回来，还得洗一大盆衣服，累得不成样子。

有一次，彭科衬衣的扣子松了，让路雪帮忙缝一下，没想到路雪一脸的惊讶："我不会缝扣子啊！"

家里的大事小事，路雪都要等着彭科回来处理，即使像交水电费这样的事，路雪也嫌麻烦，不肯去办。

路雪还特别娇气，出门就要打的，身体稍微不舒服就请病假不去上班。而且，路雪还经常换工作，每到一家公司都能挑出一大堆毛病。工作一不顺心，路雪回到家就会掉眼泪，觉得"天都塌下来了"。

除此之外，路雪和彭科的家人关系也不好。彭科的妈妈、妹妹在路雪眼里都是"怪人"，因为他们的穿衣打扮、说话太"土气"了。

与此同时，路雪对彭科也很失望。恋爱时，彭科非常迁就她，不管什么事都会让着她。结婚后，彭科也开始有了脾气，路雪觉得自己受了"欺骗"。不仅如此，彭科的能力也一般，薪水就那么一点，还要时不时地接济自己的家人。

路雪越来越灰心，觉得生活好没意思。因为，这不是她想要的生活，她希望能过很富足的生活，什么事都不用自己操心。为什么现在成这样子了呢？

路雪错在哪里了呢？其实，最大的错误在于路雪的爸爸妈妈，他们误读了"富养"的涵义，结果培养出了一个极其挑剔的女孩，虽然眼光很高，但自己的能力又很一般，心理也特别脆弱。也许路雪的故事只是个案，但她的故事是很有代表性的。

当今的社会，对女性的要求越来越高，那些弱不禁风的"林妹妹"是很难在社会上站稳脚跟的，自强、独立的女性才能赢得别人的尊重。不仅如此，女性还面临着"双重标准"的要求，一方面在工作上要得心应手，一方面还要留出一定的时间和精力操持家务。

一个娇生惯养的女孩能承担起这么多责任吗？恐怕只是背负其中的四分之一，她就无法忍受了。事实上，一个娇生惯养的女孩，她的人生是掌握在别人手中的。

真正的富养，不是为了养育一个娇气、奢华的公主，而是为了培养一个集自信、独立、高贵、优雅和大气于一身的完美女孩，让女孩真正成为她自己，而不是别人思想的跟随者。

细节 25：富养，不等于用金钱和物质培养

女孩本是“千金”之身，那么“富养女孩”不就是要有足够的金钱，去为“千金”之打基础吗？这不等于说，穷人家的女儿是无论如何也成不了“公主”与“天使”了？

果真如此吗？其实，“富养”的富本是“富足”的意思，它不是指物质上的富足，而是指精神上的富足。富养，不是富在“金钱和物质”上，更不是用大把大把的金钱去养育一个女孩。金钱是两面性的，用得好，可以为女孩提供一个充实的物质环境，让她在一种相对安定的环境中长大；用不好，极有可能毁了一个女孩。

14 岁的茉茉就读于一家寄宿制贵族学校，一年的学费就有一万多元。不知情的人，可能会觉得茉茉家很有钱，但茉茉心里明白，自己家穷得要命，哪能和班上那些同学比呢。

茉茉的家在郊区的一幢筒子楼里，一家三口挤在一起，根本没什么多余的空间了。茉茉的爸爸有“车”，不过是出租车；茉茉的妈妈以前在一家事业单位上班，后来赶上单位改制，内退了。虽然家庭条件不好，但爸爸妈妈相信“女孩要富着养”，为此，他们省

吃俭用，把茉茉送进了这所贵族学校。

平时，爸爸妈妈总是不厌其烦地教导茉茉：“茉茉，你得好好学习，将来才能出人头地，过好日子。要不然，就像我们一样，只能过这种穷酸的日子了。唉，穷人在这个社会上是没有地位的，还要被人看不起。”

时间长了，茉茉也受到了感染，认为贫穷是一件非常可耻的事。在班上，茉茉也总是有一种深深的自卑感。和同学相比，自己是多么可怜啊。虽然爸爸妈妈给她的零花钱不算少了，但和同学相比，这点钱还不够他们上饭店撮一顿呢。

茉茉的自卑感越来越强，脾气也越来越大。每次爸爸妈妈问起学校的事，她都是牢骚满腹。不是嫌自己的零花钱太少，就是抱怨自己没有漂亮的衣服。茉茉已经对自己的家庭和爸爸妈妈有了强烈的反感情绪，而爸爸妈妈还浑然不觉，以为女儿只是发点小脾气罢了。

每个周末都是全家人的节日。爸爸一到周五下午就不再拉活了，而是专门到学校接茉茉回家；妈妈在家里准备各种好吃的，等着茉茉回来。每到这个时候，一家人都特别开心，对未来的生活也充满了希望。以前，茉茉很喜欢周末回家和爸爸妈妈一起吃饭，现在她却越来越不喜欢回家了。

又到周末了，爸爸一如往常，开着夏利出租车到了郊区那所贵族学校。他怕自己的寒酸给茉茉带来不快，就把车停得离那些宝马、奔驰车远一点儿。

放学时间到了，爸爸一眼就看到茉茉和几个同学有说有笑地走了出来。茉茉越长越漂亮了，爸爸怜爱地望着自己的女儿。

到了校门口，茉茉的同学分别钻进了自己家的高级轿车，只有茉茉一个人还继续向前走。爸爸连忙下了车，迎着茉茉走了过去。

没想到，茉茉一看到爸爸，脸就拉长了。爸爸的心有些发抖，刚想说什么，茉茉扔出来一句话：“下次别用这破车来接我了，我自己打车回家。你不觉得丢人，我还嫌丢人呢！”

这句话震得爸爸头皮发麻，他又是生气又是酸楚，猛得抡起手臂，冲着茉茉脸就是一记耳光。“啪”的一声，茉茉的脸上多了一个鲜红的手印，一时间，爸爸和茉茉都愣住了。

爸爸没想到自己会动手打心爱的女儿；茉茉也没想到一向宠爱她的爸爸会打她。茉茉“哇”的一声尖叫，大哭起来。她捂着被打的脸，一脸悲愤地盯着爸爸：“我再也不回你的家了！”

说完，茉茉转身就跑。等爸爸回过神来，茉茉已经不见踪影了。

茉茉去哪里了呢？以后怎么办呢？其实，这样的情节在生活中很常见。一个养尊处优、一个习惯了被人捧着的女孩，怎么受得了这种“委屈”呢？也许有人会说，这都是“富养”惹的祸。错了，茉茉的爸爸妈妈根本不是在“富养”，而是在“穷养”！或者说，茉茉眼里已经“穷”得只剩下钱了！

从茉茉的成长经历来看，她几乎没有接受过正确的人格方面的教育，对金钱的认识也仅限于“过好日子”。14岁的茉茉正处于成长期，难免会有这样那样的困惑。当她看到同班同学的家庭远远比她的家庭更有钱时，她难免会抱怨自己父母的“无能”。这个时候，如果爸爸妈妈没能及时给她精神方面的教育，那么她很容易对人生的意义产生误解，也会对金钱产生至高无上的崇拜。

富养女孩，不是一定把她送进贵族学校，接受“贵族”式的教育，而是要从精神上“富养”女孩，让女孩在拥有相对丰富的物质环境的同时，也能清醒地认识到自己内心的真正需求。

教育学家指出，良好的物质环境可以约束女孩的行为，良好的精神环境则可以陶冶女孩的性格。这里所说的“良好的物质环境”并不是说要住豪华的房子，层内有着奢侈的摆设，而是说在现有条件下，让居室干净、整洁、有秩序，给人一种愉悦的感觉，也有助于培养女孩良好的卫生习惯。

而“良好的精神环境”其实是一种“良好的氛围”，爸爸妈妈的互敬互爱，一家人的其乐融融，面对生活的艰辛不怨不急，快乐达观地生活，都有助于培养女孩良好的性格，让女孩对人、对事、对生活都充满信心。

对父母来说，没有钱并不可怕，可怕的是精神上的“贫穷”，甚至对自己的贫穷感到耻辱、感到恐惧。一旦有了这样的心理，自卑感就油然而生，进而会对社会产生仇恨感，这样的心理，怎么可能“富养”出一个完美的女孩呢?

第四章　富养关键之一：高贵品格决定女孩的一生

教育实践家冯恩洪曾经说过：“我们的教育要教会孩子什么？学会做人比学会做学问更重要，要引导孩子先学会做人，然后是做学问。”

每一个女孩首先要学会做人，她才可能去做事、与人交流。做人的教育，实际上是培养女孩为人的正确态度和品格。如果父母没有对女孩的为人态度和品格进行教育，女孩无疑会养成一些不良的习惯，这些习惯将直接影响女孩与人交往，也会给女孩的人生蒙上一个个污点。

富养女孩，就是要通过各种教育，让女孩养成讲诚信、有责任心、有公德心、有爱心等美好的品德，让女孩成为一个受人喜欢的人，并拥有一个美好的人生。

细节 26：“贴心”、“孝顺”，培养女孩必不可少的品质

中国有句古话：“百善孝为先”。孝，是一切道德的根源，是一

个人为人处世的根本。

当代不少伦理学家把孝敬父母看作是处理人际关系的第一台阶，是做人的基本要求，是关心他人、热爱祖国等到品德形成的基础。但是，我们也常常可以看到这样的家庭生活镜头：

一位母亲下班后忙碌地做饭，饭后让上初中的女儿收拾碗筷，竟遭到女儿的断然拒绝和严厉的指责。

父母病了，大部分孩子不知道端水、喂药和安慰。父母给买了好吃的，70％的孩子只顾自己吃，不礼让父母。

某高中班98％的学生要求父母给自己庆生日，而98.2％的学生不知道父母的生日，一位女生几乎可以说出班里所有同学的生日，但唯独不记得父母的生日。

……

如果说生活中的这些镜头算是见怪不怪了，那么为了整容而不惜牺牲父亲的肾，那岂不是违背人伦情理的咄咄怪事？

据2004年7月18日《成都晚报》报道：一个18岁的女孩，为了自己的脸漂亮一点，就要卖掉父亲的肾，以换取手术费。

这个女孩名叫张芳，来到成都准备读卫校。到了成都，她想整容，但身上带的1000元钱“整了眼睛就整不了鼻子”。

她就给父亲打电话，称自己在成都找学校有困难，叫父亲马上到成都来。父亲赶到后，张芳将自己想整容的念头告诉了父亲，说人漂亮了，在成都容易找工作。可是找整容院问了一下，整张脸都整容大概需要二至三万元，这对一个农民家庭来说是个天文数字。

于是，张芳竟然异想天开提出要父亲“卖肾”凑钱的主意，父亲居然也答应了，幸好被及时阻止。

张芳的孝心到哪儿去了呢？张芳的父亲又是怎样教育自己的女儿的？我们无从得知他平日如何教育女儿，但从“卖肾”一事来看，他似乎忘了，女儿不仅要长得漂亮，更要有孝心。

富养女孩，不能落下“孝心”这一课。教育女孩孝敬父母、孝敬老人，一方面是为了父母，但更主要还是为了女孩活得更有尊严，为了女孩成为受朋友、受他人推崇的的人。

一个爱顶撞父母、不孝敬父母的女孩不会受到他人的尊重，也交不到好朋友。长大了，人们也不会乐意与她共事。

一些父母认为女孩在一些小事上不孝敬父母无所谓，只要在大事上孝顺就行了。这种想法是错误的，一个在平时连一些小事、小利都有不肯想着父母、对父母让步的女孩，在遇到需要她作出巨大贡献、重大让步的时候，她能办得到吗？

因此，教育女孩孝敬长辈要从小事开始，在日常生活中逐渐形成习惯。

方法一：让女孩从小学会孝敬双方的老人。

8岁的菲絮是爸爸妈妈的掌上明珠，也是爷爷奶奶手心里的宝贝。

菲絮喜欢玩一个“钓鱼”的游戏：让爷爷在地上爬着转圈“游来游去”，自己则站在床上用铁钩子钓“大鱼”。

爷爷爬累了想休息一下，菲絮则不依不饶、又哭又闹，爷爷只好又顺着她。

这种情景，是不是很熟悉？现在的女孩，大都是家里的小公主，小千金，深受上下两辈宠爱，性格中也多了几分“蛮横”，缺乏对长辈的尊敬。

或许有人会说，树大自然直，女孩长大了、成人了，自然就会懂事、就会孝顺的。这种说法当然也有一定的道理和实例。但是，更普遍的规律则是，人的行为品格往往从小养成，积久成习。

“三岁看老，七岁看大”，强调的就是要从小培育孩子的善心与善行。

清代黄宗羲说："爱其子而不教，犹为不爱也；教而不以善，犹为不教也。"

如果我们从小不注意培育女孩的孝敬之心，等到女孩长大成人后，再纠偏就比较难了。现实生活中，一些薄待长辈甚至虐待老人的人，多是从小积弊成习的结果。

教育女孩尊老爱老、敬老、孝老，有必要从点滴小事抓起。比如，要有意识地给女孩讲一些尊老爱老的故事，现场引导女孩给老人让座等。又比如，在家庭里，鼓励女孩为爷爷端一杯茶水，帮奶奶倒一下痰盂，吃饭时请长辈先坐下，见到邻居老人热情问好等。并且，对女孩的这些微小善行，我们都应多给予赞赏。

方法二：从生活小事中教育女孩孝敬爸爸妈妈。

女孩良好的品行是在日常的点滴小事中培养出来的。我们要注意纠正女孩在小事上表现出来的不敬念头，久而久之，就会形成良好的习惯。

在日常生活中，可教育女孩的事情非常多，应让女孩为父母分忧解愁，为父母做一些力所能及的事。当父母有病的时候端水找药或陪同就医，替父母盛好饭菜，然后收拾碗筷。严格要求女孩不许顶撞父母，即使受了委屈也要心平气和地解释，而不能与父母为敌。父母的生日要让女孩知道，并且利用这个机会让女孩表现爱心。

让女孩孝顺一些，也有赖于父母言传身教。父母作为女孩的第一任老师，言行举止对女孩的品德养成至关重要。恰如先哲所言："家庭之间，一言一动，当思为子弟足法。"正所谓，传善成善，带恶成恶，养孝成孝。

父母要求女孩做到的自己应当首先做到。如果父母为人谦恭不骄横，礼貌待人讲和气，敬重老人勤伺奉等。对此，女孩看在眼里，记在心头，就不难受到潜移默化的熏陶。

方法三：营造良好的家庭氛围。

母慈子才能孝，严厉过度的父母只会培养出表面温顺，背后倔强的女孩。女孩对父母的孝敬并不妨碍家庭里面的民主，而且，只有在民主气氛下培养出来的女孩才会真正理解父母，站在父母的立场和角度为父母分忧解愁。

同时，我们对女孩的正确要求应坚持到底，不能紧一阵松一阵。不高兴时对女孩要求过严，高兴了又恨不能把女孩捧在手心里，什么也不让女孩干。要知道，不连贯或不一致和教育方式会影响女孩良好习惯的形成。

方法四：教育女孩孝敬别的老人。

古语说："老吾老以及人之老。"在教育孩子孝敬自己的父母、外祖父母时，不要忘记教育女孩尊敬其他的长者。

这不但可以从另一角度培养女孩的孝心，同时也有利于女孩其他良好品行的形成。

细节27：如何培养一个讲诚信的女孩

捷克著名作家米兰·昆德拉说过："所谓人生，即是周而复始的诚实、友好、信任的给予与被给予。"

什么是人生的起跑线？明礼守信、老老实实地做人，才是真正的人生的起跑线。诚信是人性一切优点的基础，是一个人最宝贵的财产，它能让人保持正直，挺直脊梁、光明磊落地做人，还能给人以力量和耐力。

父母都不希望自己的女孩不诚实。因此，在女孩小时候，也没少给女孩讲“狼来了”、“匹诺曹”的故事。然而，令人感到震惊的是，孩子随着年龄的增长，诚信水平越来越低，高中生不如初中生，初中生不如小学生。

这不是危言耸听，而是权威机构的调查结果。其实，每个人都不是天生就会说谎，后天的不良影响，才是诚信发生偏差的原因。富养女孩，就应当从生活小事做起，培养女孩养成诚信的习惯。

方法一：父母要做诚信的榜样。

“人无信不立”，为了培养女孩的诚信习惯，在日常生活中，父母对待女孩一定要诚信，不要说话不算数。

然而，很多父母没把对女孩的承诺当回事，把陪女孩逛街，买女孩需要的东西，列为可以失信的小事，理由就是：“我连答应带她去旅游都去了，给她买 MP3 也买了，这些小事算什么?”以至于对女孩失信后，很多父母根本“想不起来”。

对于年龄更小的孩子，更多的父母把对女孩的承诺看作是哄女孩的必要手段，从来没有考虑过履行。

女孩的希望落空后，就会发现父母在欺骗自己，她就会从父母身上得到一些经验，那就是不守信的许诺是允许的，大人的言行也经常不一致的，说谎是允许的等。一旦这些经验转化为女孩说谎的行为时，父母恐怕要后悔莫及了。

要纠正女孩的不守信用，父母首先要做到言行一致。女孩的模仿能力很强，很容易受到某种行为的暗示。如果父母言行不一，不履行承诺，女孩就会受到暗示，跟着模仿。

方法二：答应女孩的合理要求。

女孩不诚信的行为大部分是出于某种需要，如果女孩合理的精神需要、物质需要没有得到满足，她必然会寻求满足需要的办法。

如果父母对这种合理需要过分抑制，女孩就会换种方式，以某种不诚信的行为来满足自己的需要。

小美为了得到一个漂亮的书包而对妈妈说：“妈妈，你给我买个漂亮的书包吧，我们班上的同学每个人都有漂亮的书包，就我没有了！”

事实上，并不是每一个同学都有漂亮的书包的，小美只是为了满足自己的虚荣心而这样说的。

因此，父母应该认真分析女孩的需要，尽量满足其合理的部分。如果女孩的书包确实比较破旧，就可以给女孩买一个合适的。当然，对于女孩的价值观来说，漂亮并不等于贵，父母一定要明确这个观念。

要分析女孩的需要，父母应该认真倾听女孩的心里话，而不要以成人的想法推测女孩的心理。当女孩向我们讲述了她的需要以后，父母应该跟女孩一起分析女孩的需要，然后及时满足女孩合理的需要，对不必当时就满足的需要可以留到以后慢慢满足；对于不合理的需要，则要跟女孩讲明道理。

如果父母不善于判断女孩的需要是否合理，可以请教老师或其他的家长，也可以阅读相关的书籍，避免盲目行动，给女孩“可乘之机”。

如果女孩出现了言行不一致的行为，父母一定要及时指出来，严肃地向女孩讲明道理，并督促女孩认真履行自己的承诺。

同时，父母还可以借助实例、故事的形式讲给女孩听，让女孩明白诚信对一个人来说是非常重要的，不诚信会带来什么恶果，诚信会有什么收获。千万不要觉得女孩还小，或者觉得事情无关紧要就放纵女孩的缺点。否则，女孩会不断强化这种不良的行为，从而形成不良的品格，进而影响她的人生。

方法三：父母要有承认错误的勇气。

在日常生活中，许多父母为了诱导女孩做某件事，总是轻易地许诺女孩某些条件，但是事后却没有兑现。出现这种情况时，父母要及时改正，设法兑现承诺，并向女孩承认错误。

小雅已经上高中了。与她接触过的老师和同学们都说，她为人可靠，特别值得信赖，答应了要为同学帮忙，她就看得比自己的事还认真，各科老师对她也非常信任。这是小雅身上的优良品质之一，从小雅的成长经历来看，这与爸爸对她的“示范作用”有关。

小雅上小学三年级的时候，在学校的一次作文比赛中拿了一等奖。爸爸为了鼓励她，就奖给了她一个精装的日记本和一支钢笔。

为了更好地鼓励小雅，爸爸就说：“要是你能拿一个更高的奖项，爸爸会给你一个更高的奖品。”

小雅当时想了想，便说：“那我要一双直排轮的旱冰鞋，我们好几个同学都有，可好玩了！爸爸，您说话可要算数呀！”

没过多久，区里正好举办了一次小学生作文征文大赛。由于小雅的作文写得不错，学校就把她推举上去了。通过初赛和复赛，小雅写的一首小诗拿了个二等奖。回家后，小雅把这个好消息告诉了爸爸，向爸爸要起了旱冰鞋，但爸爸早把这件事忘到脑后去了。

小雅又提醒了几次，爸爸要么推脱忙，要么敷衍她几句。小雅见没有了希望，噘着小嘴哭道：“爸爸是骗子，爸爸是个大骗子！”

小雅的话对爸爸震动很大，他反思自己虽然从小就教育小雅要守信用，也读过“曾子杀猪”的故事，然而，自己却违反了自己定的规矩。第二天，爸爸放下所有的事，在街上跑了很多商店，才买到了一双旱冰鞋。随后，爸爸又向小雅作了很多解释，最后，小雅才原谅了爸爸。

从此以后，爸爸再也不轻易答应小雅的要求。而一旦在自己力所能及的范围内作出承诺后，爸爸一定会想尽办法使其兑现。这样一来，爸爸的威信也树立起来了。潜移默化中，小雅也养成了诚信做人的品质。

方法四：教女孩不要轻易对别人夸海口。

作为父母，不仅自己不要轻易向女孩许诺，也要教育女孩答应别人的事一定要兑现。如果女孩经过再三努力仍没有做到，就应该诚恳地向对方说明原因，并表示歉意。

最重要的是，教育女孩在答应别人之前一定要慎重考虑，认真考虑自己有没有能力做到，要量力而行。如果自己没有能力做到，就不要轻易答应。如果自己有能力做到，也应该留有余地，不要轻易夸下海口。这样，女孩在答应别人时，就会有章可循，起到一定的规范作用。

细节 28：责任心让女孩更优秀

责任心不像知识、技能和能力那样明晰可见，但它是能力发展的催化剂。一个有责任心的女孩表现出很多优点：自觉、自爱、自立、自强。可以说，责任心是一个女孩走向成功和幸福人生的必备条件。

富养女孩，并不是一定要让女孩过上富裕的生活。我们能给予女孩的最好的礼物，就是让女孩自己负责起自己的生活，让女孩积极地对自己和别人的生活做出贡献。

“责任”是两个有力量的字，我们每个人身上都背负有责任，对社会的责任，对家庭的责任。一个没责任心的人，也是一个不可信的人。女孩是我们未来的希望，只有提早培养女孩强大的责任心，才能使她们变得更加优秀。

方法一：培养女孩的责任心宜早不宜晚。

培养女孩的责任心，宜早不宜晚，我们可以根据女孩的年龄有所侧重地培养。

对两岁左右的女孩，可以从教她收拾玩具做起，要求并带领女孩将玩完的每一件玩具收好，放回家里为她规定摆放玩具的固定地方。

对三四岁的女孩，可以让她整理自己的睡具，以培养责任心，告诉女孩这是你自己的睡觉用品，必须每天将它铺叠整齐。

五六岁除有自理生活方面的责任心外，应要求女孩做力所能及的家务劳动，如饭前摆放全家人用的餐具，扫地等，以培养为他人做事的责任心。

如果自己家里以及邻居订有牛奶，对没有入幼儿园的女孩，可以让她做取牛奶、给邻居送牛奶的工作，扩大她为别人做事的责任心。

通过这些家庭生活里每天都必须做的内容，去培养女孩的责任心和坚持性。对女孩来说，既具体又容易接受和做到。

对于学习绘画、弹琴的女孩，父母应将收拾绘画工具、琴谱的任务交给女孩自己去做，以增强女孩的责任心，也为她进入小学独自保管整理学习用品作一些准备工作。

方法二：制定规矩并适当提醒女孩。

我们可以制定规矩，让女孩明确该做什么，该怎么做。比如，从哪里拿来的东西，要放回到原处；自己的东西自己收拾好，做事要做完；答应了的事情要有交代等。

我们不仅要让女孩知道该怎么做，还要让女孩知道为什么这样做。重要的是有了规矩还要有检查，父母适时适当地加以提醒，不忽视、不迁就，持之以恒。

方法三：让女孩参与家务劳动。

女孩作为家庭的一员，有义务有责任为家庭尽心出力。我们可以根据女孩的实际情况让女孩做一些轻微简单的家务劳动。

“油瓶倒了也不扶，水开了不知关火”是不应该姑息的。否则女孩永远会认为家务劳动是爸爸、妈妈、爷爷、奶奶的事，即使干了，也是帮家长干的。

我们可以让女孩淘米煮饭、洗衣擦地，等等，都会培养女孩对家庭的关心和责任。女孩稍大些，可以试着让女孩负责双休日的出游计划，还可以与女孩平等的商议家庭大事，如应添置什么东西，制订出游计划，等等。

这些做法可以营造和谐的家庭氛围，更重要的是可以有效地培养女孩的责任心。

方法四：让女孩吃一次苦头。

对女孩那些不负责任的行为，我们不必总是唠叨，完全可以让女孩承受一回自己不负责任造成后果的惩罚。

有一次，晔晔忘了穿球鞋（上体育课），早上到了校门口才想起来。

晔晔哭着不肯进校门，要妈妈回家去拿了给她送来，不然就陪她进学校去向老师解释。结果，妈妈坚持不回家拿了送来，也不答应陪晔晔向老师解释，要求晔晔自己想办法解决。

这件事给了晔晔很深刻的教训，以后再也不丢三落四了。

同样的道理，一旦确定某个责任是女孩的“自留地”，父母就一定不要进去“除草浇水”，要对女孩的疏忽持“熟视无睹”状。

源源的妈妈爱种花，家里的阳台上养了很多花。有一次，源源一时心血来潮，非要认养其中的一盆吊兰。

在坚持给吊兰喝了半个多月的“牛奶洗瓶水”后，源源就把吊兰忘到了脑后。妈妈看在眼里，但就是不给源源的宝贝花浇水。

过了一段时间，等源源忽然想起这件事，连忙冲到阳台上去看时，她的吊兰已经枯萎了。源源见状，伤心地哭了。

失职的后果已经惩罚了源源。一盆枯萎的吊兰，比什么都有说服力——它讲清了“责任”二字的重大。

方法五：让女孩学会自我负责。

在女孩逐渐长大时，我们应及时告诫女孩，人生征途要靠自己去跋涉，不管是狂风暴雨，是坎坷是崎岖，都要自己去面对。

我们要善于抓住生活中的点滴小事对女孩进行责任心的教育。无论事情的结果好坏，只要是女孩的独立行为结果，就要鼓励女孩敢作敢当，不要逃避责任，应该勇于承担后果。比如，女孩跟着爸爸妈妈到朋友家做客，不小心损坏了物品。这时应该让女孩知道，是由于自己的过错，才造成了这种后果，应当给予赔偿。之后，一定要带女孩一起买东西去朋友家道歉。

我们还要让女孩懂得对自己的行为负责，不能游戏人生。在女孩面临升学或生活问题时，要首先鼓励女孩自己出主意，并尊重孩子的选择。

此外，还应该鼓励女孩接触社会，让女孩在接触社会中体会到被社会、被他人需要的乐趣。这有助于进一步培养女孩的社会责任感。

我们还可以鼓励女孩利用假期打工，参加一些志愿者之类的服务实践活动，从而进一步增强女孩的责任心。

细节29：“快乐复制一半”，懂分享的女孩最可爱

什么是分享？分享是把自己喜欢的东西和别人分享；把自己也不富余的东西拿出来分享。

分享应该是心甘情愿的，不是因为别人的要求才做的。分享不分对象，对亲人能够做到，对别人也能够做到。分享的快乐就是目的，而不是为了表扬或得到什么。分享是一种行为习惯，不是偶尔为之，而是总是为之。

富养女孩，就是要让女孩感受分享的过程，体会到分享带来的快乐和满足，看到分享给别人带来的愉悦。这样，女孩慢慢地就能理解分享的真正含义，学会发自内心的分享，成为一个乐于分享、习惯分享的人。

一个乐于分享的女孩，很自然地能够交到更多的朋友，更加受欢迎，更加容易得到别人的帮助，而且她自己也更加懂得感恩，懂得珍惜，具有更快乐的心态。

方法一：让女孩从小学会真正的分享。

一对中年得女的夫妇，对他们的女儿欣蓝爱护备至。他们虽然不富裕，但是总是在力所能及的情况下给欣蓝最好的生活。为了节省开支，他们总是去批发市场买水果，便宜一点多买一些慢慢吃。

这一次，他们买了一箱欣蓝最爱吃的橘子。每次吃完饭，就让五岁的欣蓝帮忙从箱子里拿出橘子来分给爸爸妈妈和自己各一个。这一天，欣蓝从箱子里拿出了最后一个橘子，她往箱子里翻了又翻，告诉爸爸说：“只有这一个了。”又看了看妈妈说：“没有了。”

爸爸妈妈看出来了，欣蓝的意思是“只有一个橘子了，难道你

们还要吃吗？”爸爸妈妈互相对望了一下，然后很坚决地告诉欣蓝：“来，我们把这个橘子分成三份。”

分好了三份橘子，爸爸妈妈毫不犹豫地享受起自己的那份。但是，他们分明看到了特别爱吃橘子的欣蓝眼睛里面的泪水，她似乎觉得很委屈，那么爱自己的爸爸妈妈为什么不把最后一个橘子让给我吃？其实，这对夫妇心里很明白，最后的这一次分橘子，才是真正的分享。

欣蓝的爸爸妈妈所理解的分享，才是真正意义上的分享。所谓分享，并不是自己有很多，有剩的，或者自己不喜欢、不需要的东西，才分给别人一些。所谓分享，是即使自己也不够，自己也很需要、很喜欢的东西还是愿意分给别人。

方法二：在家庭生活中培养女孩的分享习惯。

我们和女孩一起在家享用美味的食物时，一定要让女孩明白每个人都很喜欢，大家一起吃才更加美味，绝对不可以因为女孩爱吃就把自己的那份给了她。否则，时间长了，女孩只会越来越自私，觉得别人照顾她是应该的。

以过生日为例，要让女孩明白过生日是家里每一个人都能享受的待遇，而不是只为“小公主”准备的“大餐”。为此，我们不仅要给女孩过一个快乐的生日，还要让女孩一起为过生日的家人准备礼物、制作食物。这样，女孩才不会以自我为中心，才能体会到一家人分享快乐的亲情。

此外，我们带女孩上街买东西的时候要照顾所有家庭成员的需要，不能只买女孩爱吃的，这样才能让女孩体会到一家人分享爱和照顾的美好体验。

对爸爸妈妈而言，我们不仅要爱女孩，还要让女孩看到我们对其他人的爱，这样女孩才能学会和大家一起分享关爱。

方法三：从童年时期开始，鼓励女孩学会尊重地分享。

在女孩小的时候，多鼓励女孩和别人分享玩具。如果女孩担心自己的玩具被弄坏，不要指责她小气，不妨给女孩建议，让女孩告诉对方小心爱护玩具，不要弄坏了玩具。因为尊重是分享的前提，女孩应该学会尊重地分享。

亦云的妈妈和和经常在一起玩的好朋友约定，每周一次让大家的孩子交换玩具。

每周日的上午，大家聚集在小区的花园，让各家的孩子都带上自己最喜欢的玩具，互相交换着玩。虽然每个人只准备了一件玩具，但是聚在一起就可以有很多新奇有趣的玩具轮流着玩。

此外，家里烤了曲奇饼，做了面包，煮了饺子，都可以和女孩一起，分些食物给邻居。

女孩会发现这么做之后，她也可以经常得到邻居送来的美味，分享能够让大家变得亲密和友好，这是一种美好的体验！

方法四：让女孩舍得把自己的那一份拿出来分享。

前边说过，分享并不是分享自己“富余”的那份，而是把自己手里并不多余的那份分享出去。

放暑假了，10岁的雨筠参加了学校组织的手拉手活动。回到家后，雨筠对妈妈说：“妈妈，我想给山区里的小朋友寄点钱。请你给我一百元吧。”

妈妈听了，想了想，便说：“雨筠，妈妈有个主意，要看你能不能做到。”

“妈妈，你快说。”

“你把每天吃雪糕的钱省下来，攒一段时间，不也就有一百元吗？这可是你自己攒的钱，更有意义呢！”

妈妈知道，这意味着雨筠一个月都不能吃雪糕了。但是，妈妈觉得与其自己掏钱以雨筠的名义帮助那些孩子，倒不如让雨筠把自己的那一份拿出来，那样才能让雨筠明白什么是分享。

雨筠沉默了一会，妈妈也没催她，让她自己决定。雨筠想了半天，最后点点头："妈妈，你说得对，我要自己攒够一百元，分给那边的小朋友。"

说干就干，接下来的时间，雨筠每天都忍着雪糕的诱惑，把买雪糕的钱攒了起来。一个月后，雨筠果然攒够了一百元。她非常高兴，把那些零钱一张张拿出来，弄平，理好，然后认真地放进一个纸袋里。随后，妈妈陪她到邮局把这一百元钱寄了出去。

妈妈的做法，能够让女孩体验坚持分享是一件多么不容易的事。而一旦女孩能够坚持做到，那种满足感是无可比拟的。

同样的道理，当女孩想给路边的乞讨者送钱的时候，告诉她，乞讨者更需要的是食物，把你吃中午饭的钱分出一半为她买点食物吧。虽然女孩的中午饭只能吃个半饱，但正是这样的感受，才能让女孩真正学会分享。

细节30：给女孩一颗善良的心灵

在中国的《三字经》中，开篇第一句就是："人之初，性本善。"

美国著名作家亨利·詹姆斯的侄子问他，人的一生应该做什么时，詹姆斯回答说："人生有三样东西是最重要的。第一是要善良；第二是要善良；第三还是要善良。"

可见，善良是人的天性的表现，是人道精神的核心。善良是一种高尚的品质，更是一种良好的社会风气。

著名教育家苏霍姆林斯基曾说：“善良的情感是良好行为的肥沃土壤。”

其实，女孩的天性是善良的、富有爱心的。只是，这种善良的天性如果在后天得不到很好的培养，那么她的爱心就会逐渐消失。

时下，很多父母对女孩的智力发展和身体健康十分重视，却极少考虑如何让女孩学会同情、关心和帮助别人。在少得可怜的品德教育中，也往往只是教女孩一些礼貌用语和待人接物的常识，满足于一时的、表面的效果，却忽视了女孩良好情感的形成。

毫无疑问，这些在十分优越的环境中生活的女孩，不缺食品，不缺衣服，不缺玩具，更不缺少爱，唯独缺少善良的情感。她们往往体会不到爱，不知道爱父母、爱家庭、爱同学。她们往往不知道关心别人、为别人服务、为社会尽义务。随着时间的推移，她们日渐成为一个个冷漠、自私、放任又很脆弱的“娇气公主”。这样的“娇气公主”长大以后是很成问题的。

富养女孩，不能忽略了培养女孩善良的情感，这是对女孩强化品德教育的重要一环。善良会让女孩变得心思细腻，并让女孩变得勇于承担责任；善良能让女孩变得勇于无私奉献，并能更好地保护自己。富养女孩，就要在家庭教育中不断强化并保持女孩的这一天性。

方法一：家庭成员关系融洽。

家庭成员关系的和谐美满，对女孩也是一种教育。女孩可以从爸爸妈妈的相互关心和爱护中学会理解、接纳、欣赏、真诚和肯定等美好的品质；女孩也能从爸爸妈妈对双方长辈的孝顺中理解爱心的含义。而夫妻之爱给女孩传递的另一个观念是忠诚，这也是培养女孩善良之心的关键。

此外，要让女孩远离暴力，不要给女孩提供暴力玩具，并让女孩远离电视上的暴力镜头。在处理问题时，夫妻都不要使用暴力行为。

方法二：让女孩养只小动物。

在初蓝很小的时候，家里就养了只猫。后来，妈妈还让她养了一只鸟和一只小乌龟。

妈妈的几个朋友，都不允许孩子养宠物，一来觉得孩子接触宠物不卫生，二来如果宠物有个三长两短，孩子稚嫩的心灵会承受不住。但妈妈却认为，只要父母掌握尺度，让宠物养成正确的卫生习惯，孩子就不会因宠物而染病。至于宠物出现生老病死的情况，这是自然规律，孩子早晚都要明了这一真相。

除掉这些顾虑，让孩子养宠物，为的就是培养其善良的天性，孩子本身就是弱小的，让他们学着照顾宠物，其实也就是在学习照顾比自己还要弱小的生命。

初蓝也正是在照顾小猫的过程中，体会到小猫的弱小和脆弱，在小猫生病时，她尽心护理，生怕小猫有个三长两短。

如今，小猫已经在初蓝家生活了六年了，成了初兰最亲密的伙伴。

方法三：让女孩学会友爱互助。

女孩看到父母及其他长辈爱他们的同伴，女孩也会学着爱自己的朋友。

目前我国家庭中大多只有一个孩子，缺少同胞兄弟姐妹之爱的实践机会，这个阶段爱的学习就只能由幼儿园、学校或社区环境加以弥补了。我们要多创造机会让女孩和同伴在一起。这本身就是一种教育，女孩会从中学会理解、分享、团结、帮助。

羽雁在幼儿园有个好朋友。羽雁过 6 岁生日时，特意请她到家里来做客。那个小朋友送给她一个公仔玩具。本来，气氛还算融洽，两个小朋友玩得非常开心。吃过生日蛋糕，羽雁把自己养的小兔子抱了过来："看，它是全世界最美丽的兔子。"

那个小朋友听了，白了羽雁一眼："不，我家的白白比它漂亮100倍。"

"你把白白抱过来比比。"羽雁也急了，"没有比我的兔子更可爱的小动物。"

小朋友哼了一声，没说什么，打电话回家，让父母来接她。

小朋友走了，羽雁还在生气："哼，我明天就让所有的小朋友都不理她，看她还敢说我的兔子不好。"

爸爸觉得问题很严重——羽雁竟然开始预谋报复了。爸爸打电话到那个小朋友家，了解情况。原来，那个小朋友心情不好，因为她养的小兔子在前两天已经死了，所以今天才和羽雁闹翻。

了解这些情况后，爸爸建议羽雁和她朋友通个电话，两个孩子在电话里聊起来。聊着聊着，羽雁竟然哭了起来。原来，知道好朋友顶撞她的原因后，羽雁觉得，自己很对不起朋友："她一定很伤心，我……我要送给她一只小兔子，和白白一样，也是世界上最漂亮的。"

羽雁哭了，爸爸却暗暗地感到欣慰：无论孩子以后是否能成功，至少她有颗金子般的心。

让女孩成为一个善良的人，不是讲两次大道理就能做到的，需要每天，甚至每时每刻。

细节31：呵护与培养女孩的同情心

曾经有一位哲学家说过："对于一切有生命之物的同情，是对品行端正的最牢固和最可靠的保证。谁满怀这种同情，谁就肯定不会伤害人、损害人、使人痛苦，如果能宽容地对待他人，宽恕他人，帮助他人，那么他的行动将会带有公正和博爱的印证。”

然而，在崇尚个性自由发展的今天，在这个充满竞争的社会，不论是大人还是孩子似乎都变得冷漠了。不过，美国《育儿》杂志网站不久前刊发的文章却指出，孩子的同情心与生俱来，只是，它还需要父母的呵护与培养。

富养女孩，就要让女孩知道同情心的魔力。同情心是上帝赐给人类的最伟大的力量。一个接纳他人、同情他人的女孩，更能得到社会和大人的喜爱，在学校和以后的工作中会有更多的好机会，长大后更易于和朋友、家人建立亲密的关系。

方法一：0～3 岁是培养女孩同情心的关键年龄。

研究表明，培植同情心的关键年龄应该在 0～3 岁。女孩在 1～2 岁时，尚未形成“自我”概念，对自身感觉和他人的感觉不能区分出来。比如，别的小朋友摔了一跤，哭了，她自己也露出痛苦的表情，跟着哭了起来。女孩出现这种现象，父母不能取笑和责怪她。虽然女孩因为年幼而分不清自己的痛苦与他人的痛苦，但这却是她日后产生同情心的重要心理基础。假如不能设身处地地体验他人的苦痛，同情心也就不可能产生了。

因此，要让女孩多与同龄人接触，鼓励女孩多帮助有困难的小朋友。

女孩做了帮助别人的事情就要及时给予表扬，“你是一个非常称职的朋友”。长此以往，她就会明白，做个对别人有帮助的朋友、姐姐、邻居是很重要的一件事。

如果女孩不能遵守要求，就该让女孩明白其后果，比如不给她买最想要的玩具。一个 3 岁女孩的抽象思维能力是很弱的，我们应该努力帮她压制住那些不当的冲动。

方法二：让女孩爱护动植物及物品。

女孩在玩耍的时候，会很自然地把玩具赋予生命，和它们说话。在培养女孩的同情心时，可以利用女孩的这个心理特点。比如，当女孩在折树枝时，我们以小树的口吻说："哎哟，我的胳膊好疼呀！呜呜呜呜……"

我们模仿小树的哭声，很容易使女孩在情感上产生共鸣。这时再因势利导，让女孩想想自己的身体如果受了伤会有什么样的感受，从而引导女孩去体会别人的痛苦，理解别人的感受。

方法三：引导女孩关心体贴长辈。

在家中，可以培养女孩对长辈的体贴和关心，比如，帮爸爸倒杯水，给妈妈递东西，吃水果的时候挑大一些的水果给爷爷奶奶等。每当女孩这样做的时候，父母都要及时地给予肯定和赞许，为女孩感到自豪，让女孩察觉到自己做了符合道德标准的行为，以产生积极的情感体验。

我们还可以培养女孩逢年过节给朋友和亲戚送贺卡的习惯。当然对于一个小女孩来说，要求她写多少祝福的话还不太现实，我们可以鼓励女孩画一幅画代替。

同时，让女孩有更多的机会接触家人以外的成人。可以带女孩到邻居家串门，在小区里遇到熟人亲切地进行交谈。让女孩在我们的引导下学习与别人和睦相处、互相帮助。

所有这一切都会每时每刻影响着女孩，使女孩从小培养起与人友好相处，对人具有同情心的情怀。

方法四：通过游戏培养女孩的同情心。

游戏是女孩最主要的活动形式。我们可以通过游戏促进女孩的情感发展，培养女孩的同情心。可以通过角色游戏，让女孩扮演病人、医生、爸爸、妈妈等角色，体验生病时的痛苦，体会医生给人治病的快乐；感受妈妈做家务的辛苦、爸爸下班归来后的劳累等；从而懂得要热爱、关心自己的父母，去同情、帮助有困难的人。

另外，也可开展其他的情景游戏，如在下雨的时候和没有雨伞的人共撑一把伞、在拥挤的公交车上给需要帮助的人让座等，来培养女孩互助友爱的精神，使女孩懂得只有众人快乐才是真正的快乐。

方法五：让讲礼貌成为女孩的习惯。

如果我们希望自己的女孩富有同情心，能体贴别人，那么我们就要为女孩做出榜样。

此外，我们还要制订出规则，让女孩明白自己的哪些举止可能会影响到别人。然后，严格监督这些规则的执行，即便女孩过生日也不能破例。

在平时的举止中，最重要的就是礼貌，它是我们表达同情心的方法之一。对于一个咿呀学语的女孩来说，我们应尽力让礼貌变成其生活习惯的一部分。

当遇到装运垃圾的大卡车时，我们可以借助垃圾的形成告诉女孩人与人是如何被联系在一起的：农民种植粮食，我们消费粮食后排泄废物，垃圾清理工再把这些废物收集到一块。所以，垃圾清理工和其他人一样，是应该被尊重的。然后告诉女孩，在外面看到垃圾清理工时，应该对他们说声“谢谢”。

如果你曾经对女孩发过脾气，就应该向他们道歉。父母都会犯错，关键是犯错之后怎么做。要记住，无论大人做什么，女孩都会有样学样。所以，爸爸妈妈犯错了也该坦率承认，说声“对不起”。

方法六：让女孩学会关爱弱势群体。

向有困难的行乞者施善，是培养女孩同情心的最简单、最有效的办法。

有一次，8岁的飞兰跟爸爸一起逛街。在街道的拐角处，有个跛腿的小乞丐，一把拉住飞兰的衣襟，把破盆子递到飞兰面前。

飞兰慌了，连忙打掉小乞丐的手："干什么?！这么脏，你赔我衣服！"

爸爸的脸沉了下来："飞兰！到我这儿来。"

飞兰不情愿地走到爸爸身边。那个小乞丐也跟着走过来，把破盆子伸到爸爸面前。爸爸掏出些零钱，放进去。随后，爸爸拉着飞兰回了家。

回到家，爸爸召开了家庭会议，严肃地批评了飞兰的做法，告诉她："每个人都有尊严，都需要尊重。如果你没有零钱，没关系，你可以不帮他，但你不能因此就训斥他，伤害他的自尊心。"

事后，爸爸的一个朋友听说了这件事，觉得他有点小题大做，这种事情用得着这么一本正经吗?

爸爸严肃地说："这是为了她富有同情心，有同情心的女孩才能有所作为。"

细节32：有公德心的女孩走到哪里都备受欢迎

在现代社会，女孩的公德心越来越成为女孩品质中重要的一部分。

公德心是女孩在日常生活中养成的约束自我、调节自我的能力，涉及到女孩自身的行为习惯、人际交往和社会融入等。

一个漂亮的女孩，坐在公交车上一边旁若无人地吃东西，一边把手里的垃圾从窗口随意往外丢，那会给别人什么样的感觉？一个衣着得体的女孩，在公园里随意折断树枝、伸手摘走盛开的鲜花，那又会给别人什么感觉呢？一个气质出众的女孩，如果在这些“小事”上总是不及格，她也称不上是真正的有气质。

富养女孩，不能忽略了公德心这件“小事”，我们要在女孩很小的时候，就把公德意识植入到她的内心深处，在女孩长大成人后，公德心才能成为她的习惯性行为，并在一举一动间给别人留下良好的印象。

方法一：做女孩的好榜样。

女孩都爱模仿爸爸妈妈的举动，因此，我们的一言一行正是培养女孩公德心的重要一环。在教导女孩要有公德心时，也要注意自己的行为，不要讲一套做另一套。

当我们带女孩在超市购物、去银行取钱、看电影买票、在游乐园玩的时候，要做女孩的榜样，一定要按次序排队。要让女孩知道，这是公共服务的规则，每个人都要遵守。当我们带女孩坐公交车时，一定要给女孩示范，按顺序上下车，不争抢，主动让座。当我们带女孩在社区散步，去公园玩、在购物中心逛街的时候，一定要做女孩的楷模，爱护公共设施，讲究公共卫生。

因为，每个人都有责任维护别人的权利。简单地说，如果你上公共厕所，用完了不冲水，下一个人就没法用这个设备了。

方法二：让女孩多做家务。

很多女孩在家中都是小公主，任何事情都有父母代劳，养成了需要东西时只需伸手，用完就随处乱放的习惯，这正是女孩欠缺公德心的原因。我们应当在家庭中培养女孩的公德心，让女孩明白除了自己外，也要顾及其他人的感受，懂得为别人着想。比如，喝完水后，让女孩自己把杯子放入厨房，不要让别人代劳。

平时，让女孩参与家务，如扫地、洗碗等，让女孩了解家中的事务她也有责任去照料。而且，让女孩参与家务，知道当中的辛苦，更能设身处地去为别人着想。

方法三：多提醒，少责骂。

小女孩的意识往往容易以自我为中心，不懂得为人着想。很多时候，她只想到如何令自己方便一点，而忽略了其他人的需要。加上小女孩比较善忘，如果我们发现女孩做出没有公德心的事时，应该提醒女孩这是不对的，不要过分责骂。

雪菲在公园里吃饼干，一边吃一边把碎饼干扔在了地上。妈妈说："你这么做，自己倒是方便了，可是地上全是碎饼干，不仅弄脏了地面，还会给清洁工添麻烦。"说完，妈妈让雪菲把地上的碎饼干都捡起来，扔到垃圾筒里。

碧蓝从学校的图书馆借了一本书，看到里边有几张好看的图画，就撕了下来。爸爸看到了，对她说："这本书图书馆的，是供大家共享的。你把自己喜欢的几页撕下来，下次其他同学借书时就看不到那几页了。再说，书少了几页就不完整了，这本书就没用了，那样的话学校的藏书量就越来越少，以后你们的选择就更少了。"然后，爸爸拿来胶水，让碧蓝把那撕下来的几页都粘好。

方法四：带女孩亲身体验公德心缺失的后果。

要让女孩知道公德心对我们及社会的重要性，最佳的方法就是让女孩亲身去体验欠缺公德心对自己及他人生活所带来的影响。

平时逛街时，看见满街的垃圾，爸爸就告诉晓翠，这是乱扔垃圾的后果，不仅给大家带来不便，还污染环境。在节日狂欢后，爸爸带晓翠去看满街的垃圾，以及清洁工人辛苦清理的情况。

坐公交时，看见弄脏了的座位，妈妈就告诉晓翠，这是因为有人没有公德心，在车上吃东西而弄脏的，让大家没有位置坐或者坐得不舒服。

渐渐地，晓翠明白了没有公德心会给自己及别人带来很多麻烦，她在外边很注意自己的一举一动。有时候，她看到地上别人扔下的果皮，也会上前拣起来扔到垃圾筒里。

方法五：鼓励女孩多参加小区活动。

我们可以让女孩多参与小区或学校的活动，可以增加对所处地方的归属感，减少破坏行为，建立公德心。同时，这些活动能让女孩多接触其他人，开阔女孩的视野，启发女孩多从其他人的角度着想。

当女孩自己主动做了一些有公德心的事，我们应当加以称赞，这样会令女孩做得更好。

星期三下午，思晴和邻居家的弟弟跟平时一样，踏着轻快的脚步回家。

回家时，他们经过一个走廊，看到走廊边都有很多垃圾。垃圾还发出臭味，非常不卫生。

思晴对弟弟说："我们快回家拿扫把和扫帚，把垃圾打扫干净。"

于是，他们赶快跑回家，把书包放好，拿了所要的东西，跑回走廊，把走廊扫得干干净净。

这时，思晴的爸爸妈妈回来看到了，夸奖他们说："你们做得很好，我们都很高兴。"

细节33：感恩——引导女孩学会回馈爱

感恩，是自古以来的传统美德。无论是"投我以桃，报以琼瑶"，还是"谁言寸草心，报得三春晖"，以及"滴水之恩，当涌泉相报”，无一不说明感恩是爱和善的基础，是为人的基本条件。

对一个女孩来说，感恩是一种深刻的感受，能增强个人的魅力，发掘无穷的智能，放出无限的光彩。而一个女孩是否有感恩之心，与她所处的环境，所受到的教育是密不可分的。

11岁的依秋和妈妈吵架了，一赌气跑到了外面。面摊的老婆婆请她吃馄饨。

依秋满怀感激，刚吃几口眼泪就掉下来了。她向老婆婆讲自己和妈妈吵架，抱怨妈妈的不是，感谢老婆婆对她那么好。

老婆婆平静地说：“孩子，你怎么会这么想呢？你想想看，我只不过是煮了一碗馄饨给你吃，你就这么感谢我，那你妈妈煮了十多年的饭给你吃，你怎么会不感激她呢？你怎么还和她吵架呢？”

多么遗憾！依秋对外人的小恩小惠感激不尽，却淡漠了亲人对自己一辈子的恩情。这仅仅是依秋的错吗？

事实上，女孩会成为什么样的人，取决于爸爸妈妈对她的教育。富养女孩，就要从小让女孩知道感恩，正如手语歌曲《感恩的心》所唱道：“感恩的心感谢有你，伴我一生让我有勇气作我自己。感恩的心感谢命运，花开花落我一样会珍惜。”

一个知道感恩的女孩，才会更加热爱生命，关爱他人，才会拥有一个美好祥和的人生。要培养女孩学会感恩，不妨从生活小事做起。

方法一：带女孩常回家看看。

俗话说：言传不如身教，父母的身体力行胜过一切言语。日常生活中的小事最真切、最有影响力，女孩的感受也最深刻。

雨琴的爸爸妈妈平时无论工作有多忙、多累，都要在假期带上雨琴去看望双方的老人，让雨琴明白“常回家看看”的含义。

春暖花开时，他们带上雨琴一起陪老人去郊区走走，看看树，赏赏花，聊聊天。过年过节、老人生日时，他们带雨琴一起为老人选购礼物。吃饭时，他们让长辈先吃；朋友送来的稀有食物，他们先给老人留出一份……

爸爸妈妈对长辈的关爱言行，在不知不觉地中慢慢影响着、感染着雨琴，这些关爱的言行举止也深深地印刻在雨琴的心灵中。

方法二：教女孩学会“谢谢”他人。

我们要教女孩时时言感谢，事事存感恩。我们要让女孩明白：人家帮我，永志不忘；我帮人家，莫记心上。

感谢是美德中最微小的，忘恩负义是恶习中最不好的。

芷雪很小的时候，爸爸妈妈就特别注意引导芷雪学着感谢关心、帮助过她的每一个人。在日常生活中，如果别人为芷雪做了什么，一定要让芷雪说声“谢谢”。

5 岁的时候，爸爸带她坐三轮车。付完钱下车后，爸爸让她对车主说：“谢谢叔叔。”

芷雪虽然不情愿，但还是照我说的做了。之后，她问爸爸：“爸爸，我们给他钱，为什么还要说‘谢谢’呢？”

爸爸告诉她：“叔叔把我们送回家，跑这么远的路，是很辛苦的，我们不仅要给他钱，而且还要表达我们对他的感谢。人都是平等的，对人多一分感激、多一分尊重，是应该的。”

此后，芷雪每次从三轮车或出租车下来，都会说一声：谢谢！

不仅如此，爸爸妈妈还经常告诉芷雪：“这件衣服是妈妈给你的，你要感谢妈妈！”“这本书是哥哥姐姐送你的，你要谢谢哥哥姐姐！”“楼梯是邻居张阿姨打扫的，你要谢谢张阿姨！”“你现在自己会看书，要谢谢老师教你知识！”……

在爸爸妈妈一点一滴的引导下，芷雪是非很分明，具有很强的真善美丑观。

方法三：给女孩“回报”的机会。

当女孩想帮助我们做事情的时候，我们一定不要再说“你把书读好就行了”。因为，我们最大的责任不是让女孩学会读书，而是让她首先学习做人，这是她能好好读书、把书读好的基础。女孩懂得付出、懂得“回报”，她才会懂得珍惜、懂得体谅。

紫蓝很小的时候，爸爸妈妈就不仅要求她做好自己的事情，还要参与一些家务活，如整理房间、洗衣服等。

家里来客人时，爸爸让紫蓝帮忙端茶递水；吃完饭后，妈妈让紫蓝帮忙洗碗。

慢慢地，紫蓝懂得体谅爸爸妈妈了，也开始关心爸爸妈妈了。由于爸爸妈妈的工作都很忙，妈妈经常上夜班，爸爸还要出差。有时下班回到家，妈妈发现芷雪已经把饭做好了，并且把饭给妈妈留在锅里。

事实上，让女孩参与家务劳动，不仅培养了女孩的生活能力，更重要的是让女孩学会了分担责任，懂得了劳动不只是父母的义务，也是自己的义务。

遇到重要的节日，可引导女孩为家人准备小礼物。收到女孩小礼物的时候，我们脸上一定要露出幸福的笑容，要让女孩知道父母原来也需要女孩的关心和爱。长此下去，女孩就会养成关心父母的好习惯，心中就有感恩的种子。

方法四：和女孩一起感恩社会。

为了让女孩学会感恩社会，感恩他人，我们不妨孩子一起献爱心，给灾区、贫困山区的孩子或者残疾儿童捐款、赠书、赠送玩具等等。

这样，女孩渐渐地就由家庭走向了社会，由对身边亲人的关爱扩展到了对他人的关爱。

细节 34：教会女儿：任何时候都不要爱慕虚荣

德芳说过："毁于虚荣心的女性，比毁于爱情的还多。"

莫泊桑的小说《项链》，刻画了一个爱慕虚荣的女子——玛蒂尔德，因为一条假珍珠项链，她几乎葬送了自己全部的青春年华。

心理学家认为，虚荣心是以不适当的虚假方式来满足自尊的一种心理状态。在汉语中，虚荣往往与虚假、虚伪、撒谎、欺骗、浮躁、出风头等词语"联袂"出现。

虚荣心强的女孩在成长中经常会出现各种问题，如为了满足其虚荣心而经常说谎，情绪不稳定，不认真学习，缺乏意志力等。虚荣心不仅会伤害他人，包括自己最亲的人，还会伤害女孩自己。

富养女孩，就要让女孩远离虚荣，不为身外之物所累，才能享受到人生的美好。

方法一：榜样示范。

爸爸妈妈是女孩的第一任老师，一言一行都会影响女孩，因此，爸爸妈妈必须以身作则，以免女孩模仿。

我们首先要摆正自己的心态，不要同别人攀比，盲目追求物质享受，也不要用名牌衣服来打扮女孩，从而彰显自己的身份、地位和品位。这样会让女孩错误地以为面子是最重要的，日后可能为了撑面子而做出不切实际的行为。

我们也不要以物质表现对女孩的爱，总是给女孩买东西，习惯性地给女孩买各种礼物。

因为，如果形成了习惯，女孩就会感觉她得到这些礼物是应该的，而且需要你不断给她买，那么她的虚荣心就会不断膨胀。

方法二：要注意女孩心态的变化，多给女孩讲道理。

有的父母为了女孩不受委屈，往往满足女孩的各种要求，还有的父母对女孩则采用先吼后打的办法，让女孩有理说不出。其实，最好的办法是多给女孩讲道理。

我们应当告诉女孩，与别人攀比、拥有名牌并不意味着拥有了较高的地位，只有依靠自己的努力取得成功，才能获得别人的尊重。

我们应教育女孩根据自己的需要买东西，而不要为了同别人攀比买自己不需要的东西，让女孩学会理性消费，还可以把家中的收入支出讲给女孩听。

另外，不管经济条件如何，我们都不能放纵女孩的消费欲，应有目的、有计划地加以引导，逐步纠正女孩追求穿戴、羡慕虚荣的坏习惯。

方法三：拒绝女孩的无理要求。

许多父母在女孩无理取闹时，为了息事宁人，就很不情愿地答应女孩的要求。岂不知，就是这样一次次妥协，导致了女孩任性、执拗等不良性格的形成。

13岁的颖娟每星期的零花钱都是100元，有时达到150元。

最近，颖娟老是说钱不够用，要求每星期再增加些零花钱。爸爸妈妈感觉奇怪，就问她那些钱怎么花了。

颖娟说："有时与同学们互相请吃麦当劳、肯德基了，有时就是看到精品店有些东西不错就买了。所以嘛，一百块钱根本不够花。"

爸爸妈妈听了，觉得颖娟花得太多了，就没答应给她增加零花钱。没想到，颖娟的"公主"脾气发作了。她好几天不和爸爸妈妈说话，还摔了一个杯子。最后，爸爸妈妈只好妥协了。

过了一段时间，颖娟又拒绝让妈妈开车送她上学，非要爸爸送她不可。爸爸不解，问她为什么，颖娟说：“妈妈开的是QQ，太丢我面子了；爸爸开的是本田，和我同学的父母相比，还算过得去。”

爸爸妈妈一听，你看我，我看你，不明白颖娟小小年纪，怎么这么看重这些？

在这个案例中，爸爸妈妈既然不同意颖娟买太多没用的东西，为什么不与颖娟协商好呢？比如，颖娟每个月需要多少零花钱，在哪些方面需要开支，详细列出来。每个月给颖娟固定的零花钱，交给她，让她自己支配。如果超出预算，爸爸妈妈就不再管。

同样的道理，爸爸妈妈既然不满意颖娟坐车要求高档次，与同学攀比，为什么不让颖娟自己坐公交车或者骑自行车上学呢？他们完全可以向颖娟讲明：除非天气很恶劣，否则，一次也不用车接送。

因此，一旦女孩提出无礼要求，爸爸妈妈要坚决拒绝，而且双方的态度要一致。爸爸妈妈不要一个唱红脸，一个唱白脸，以免产生一方护、一方管的情况，使女孩觉得有机可乘，反而助长女孩虚荣心等不良性格的形成。

方法四：让女孩通过自己的劳动获得想要的东西。

如果女孩的要求是合理的，那么爸爸妈妈可以为女孩创造一些机会，让女孩靠自己的劳动挣来的钱购买所需要的东西。比如，让女孩做一些力所能及的事，分担一些家务，然后从中取得回报。

一分劳动一分收获，一滴汗水一点回报，让女孩知道仅靠不停地向爸爸妈妈张口要这要那，不仅不光彩，而且行不通。

方法五：要客观地评价女孩。

我们不应该过分夸大女孩的优点，也不要掩盖女孩的缺点。对那些符合道德规范的行为，我们应给予表扬，但应适度。

当女孩成功地做了一件事时，尽量不要在众人面前夸奖她；别人夸奖时，应转移话题，加以制止。因为经常性的表扬会使女孩认为这些并不是她应该做的，一旦这样做了，便能得到奖励。

久而久之，女孩便养成了虚荣的坏习惯，而且越来越严重。因此，对于女孩的缺点，我们要及时指出，帮助女孩分析原因，并鼓励女孩逐渐克服。

如果女孩做事总比别人做得快、做得好，就要交给她有一定难度的任务，使她感到自己能力不足，需要别人指导和帮助。进行受挫折训练，教女孩学会调节情绪，经受失败的考验是很有必要的。

细节35：节俭教育——让小公主告别“大手大脚”

中国有句古训：成由勤俭，败由奢。然而，现在很多孩子不懂得节俭，随便浪费的现象相当严重。

在某所小学里，教师和校工在校园内捡拾的物品堆满了一间屋子，大至皮夹克，小至铅笔、橡皮。学校多次广播要求学生去认领，却没有人去。

在一次家长会上，校领导讲了这件事，最后只有几位家长带着孩子去认领，其他物品仍旧堆放在屋子里无人问津。

孩子不懂得节俭是非常可怕的，而一个不懂节俭的女孩更可怕。只是，不懂节俭只能怪孩子吗？事实上，父母亲同样有责任。

许多父母潜意识里有着这样的想法，比如“再苦不能苦孩子，再穷也不能穷孩子”。

不少父母说：“当牛做马也要让孩子读好书，接受最好的教育。”而所谓“最好的教育”，就是不惜重金到处找关系，送孩子到名校学习。于是，父母们宁可自己独自承担经济的压力，也不让孩子知道生活的艰辛，常常表现在自己节衣缩食，在孩子面前却出手大方，买名牌服装、高档文具等。

有时，父母还有意无意让孩子与其他家庭的孩子攀比，结果误导了孩子，使得孩子消费时大手大脚，能穿的不穿，能用的不用，错误地把浪费当成了一种时尚。

正如一位家庭心理学家所说："给孩子太多会令他们误以为追求物质就是快乐之源。"在父母的这种"教育"下，不少孩子对父母的付出与辛苦不闻不问，更有个别孩子在父母稍不能满足自己的要求时，便会做出一些令父母伤心的事情。

有一天，在北京一超市门口。一个十四五岁的女孩对着一个中年妇女骂个不停，路人纷纷侧目。没想到，女孩骂着骂着，居然扬手甩了中年妇女一记耳光，中年妇女捂着脸直掉眼泪。

这下，路人们看不下去了，有人打电话报了警。警察赶到后，要把女孩带去派出所，没想到中年妇女一边哭，一边说："不用你们管，她是我女儿！"

原来，女孩看上了一套漂亮的名牌衣服，要求母亲买下来。母亲觉得她的衣服不少了，这套衣服价格又太贵不划算，就拒绝了。没想到，一手养大的女儿竟当街对母亲又骂又打……

看到这样的情景，天下的父母是不是觉得后背发凉呢？尽管我们千方百计地为女孩提供优越的物质生活，但女孩却丧失了节俭的意识，养成了坏习惯，这对女孩的成长是没有任何好处的。

家庭是女孩接触的第一个环境，父母是女孩的第一任老师，父母的言谈举止会在女孩幼小的心灵中留下不可泯灭的印象。富养女孩，父母要时时注意以身作则，引导女孩树立正确的消费观，从而养成好的生活习惯。

方法一：做女孩的榜样，以实际行动感染女孩。

如今，一些父母自身也产生了不健康的消费心理——从众、攀比、喜新厌旧。虽然时代变了，人们的消费观念也应该改变，但盲目花钱、随便消费永远都是不好的。

因此，父母要从自身做起，要具有良好的勤俭节约习惯。如果不具备，就要自己与女孩一起来养成节约的好习惯。

无论家境好坏，我们都要勤俭治家，丰年莫忘歉年苦，饱时莫忘饿时难。只有在勤俭节约的家庭环境熏陶下，才能培养女孩节俭的习惯。

方法二：让小公主远离“零食”。

吃零食这一项，如果不加控制，女孩从小就会花去不少钱，还会埋下健康的隐患。现实生活中，很多女孩一边喊着“减肥”，一边却零食不离嘴，不注意健康的饮食，最后减肥不成，却把身体搞坏了。

因此，爸爸妈妈应当“狠狠心”，从小坚持不给女孩买零食，告诉她吃零食的害处，避免让女孩养成吃零食的习惯。

方法三：让女孩真正认识节俭的意义。

在日常生活中，我们要教育女孩懂得节约一度电、一滴水、一分钱、一粒粮食的作用。一滴水不算多，一滴一滴汇成河；一粒米不算多，一粒一粒堆成垛。

我们要教育女孩懂得浪费是一种犯罪，节约好比燕衔泥，浪费好比河决堤。如果从小不养成勤俭节约的习惯，将来一害社会，二害父母，三害自己。

我们要让女孩知道她吃的、穿的、用的、玩的都是叔叔、阿姨或其他前辈们劳动的结果，因而要珍惜。

女孩从小应养成节俭的习惯，如在幼儿时应养成养成爱惜食品、玩具、图书、衣物。我们要让女孩懂得这些用品、物件是经过许多人的劳动才制得的，不能随意浪费。

小学阶段，女孩应养成不乱花钱，爱惜粮食和学习、生活用品，爱护公物，节约水电的好习惯。中学阶段，女孩应养成生活节俭，不摆阔气，不乱花钱，不向父母提出超越家庭经济条件的要求。

此外，我们与学校密切配合，共同做好女孩节俭好习惯的培养工作。家庭与学校的教育一致，有利于女孩节俭习惯的形成。

方法四：让女孩学会合理消费。

在给女孩买玩具时，最好带她亲自去挑，只买一件最喜欢的，让她在比较中学会取舍。

平时，我们要鼓励女孩把零用钱存起来，存得越多压岁钱也越多。然后，把这些钱存进银行用于将来读大学的费用。存折交给女孩保管，密码则由父母掌握。这样，不仅让女孩对自己的“教育基金”一目了然，也让女孩体验到储蓄的快乐。

女孩上学后，买书的机会越来越多，我们应当教会女孩如何对书的内容精挑细选，告诉女孩“读书如交友力求精”，名著多从图书馆借，参考书多听老师的推荐。

方法五：通过各种故事让女孩明白节俭的意义。

利用各种机会，向女孩讲述中华民族勤俭节约的光荣传统，讲述自己家庭祖祖辈辈勤俭节约的家史，让女孩从小受到启发和教育。

通过讲解古今中外节俭节约的故事，让女孩明白“细水可以长流，节俭也是财富”这个浅显而又深刻的道理，从而引导女孩树立正确的消费观和价值观。

当然，节俭不是一省到底，该花的钱如营养费、才艺班、郊游散心等对女孩成长有益的费用则不能节省。

细节36：做家务、下厨，从小教女孩“持家”

法国著名作家法朗士说：“人类的劳动是唯一真正的财富。”

美国哈佛大学对456名青年生活的调查表明：不论智力、家庭收入还是教育程度，童年爱劳动的人比不爱劳动的人生活得更愉快。我国的一项研究也表明，在家中做力所能及的事情的孩子，情绪比较稳定，心理问题较少，学习自觉性与责任感较强。

然而，在现实生活中，很多父母往往重视孩子的智力开发，而忽视了劳动教育。据媒体报道，很多女孩上小学了还不会系鞋带、扎小辫；八九岁了还不会打扫房间、自己洗澡；少数大学女生入校后不会自己洗衣服、叠被子……

难怪有人说，这一代女孩的智商越来越高，劳动能力和自我服务能力却越来越低。

前苏联著名教育家霍姆林斯基说过：“体力劳动对于小孩子来说，不仅是获得一定的技能和技巧，也不仅是进行道德教育，而且还是一个广阔无垠的惊人的丰富的思想世界。这个世界激发着儿童的道德的智力和审美的情感，如果没有这些情感，那么认识世界（包括学习）就是不可能的。”

富养女孩，不是为了培养一个“手不能提，肩不能挑”的“娇气千金”，而是要从小培养女孩劳动的意识，让女孩在劳动中感受快乐，获得才干，从而体会到自己的社会价值。

方法一：培养女孩劳动的兴趣。

兴趣是最好的老师。女孩的好奇心特别强，她们什么都想尝试，很想模仿大人的劳动。比如当女孩看见父母洗衣服，搓出肥皂泡很有趣时，可以教育女孩怎样洗，并让女孩动手洗自己的手帕、红领巾和袜子等。

当女孩看见大人扫地感兴趣时，我们可以教她怎样扫地才能扫干净。当女孩对上街买东西感到很神秘又愿去尝试时，我们可以让女孩去买点油、盐、酱、醋等零星东西，并可以教女孩算数、付钱。

我们要特别要注意，不要在女孩喜欢做家务事时泼冷水，比如说一些使女孩扫兴的话："好了，好了，越帮越忙，手帕没洗干净，衣服倒给弄脏了。""快走开，碗没洗完，倒弄得地上全是水。"这样的话，会把女孩愿意干家务的积极性给打消了。

正确的方法是对女孩感兴趣的劳动，开头要教女孩方法，鼓励女孩干好。事情做完后，要检查并给女孩分析失败的原因。我们要为女孩参加劳动而感到高兴，这样女孩的劳动热情才能持久。

方法二：让女孩学会自我服务。

一般说来，从两三岁开始就可以慢慢教女孩学做自己的事情；五六岁，女孩就能做到日常生活基本自理了。

我们要让女孩知道自己的事情自己做。我们要教女孩学会自己穿脱衣服，穿鞋系带，自己铺床叠被，自己吃饭，自己洗脸洗手，自己收拾整理玩具。每学一件，都要先由父母示范，尔后让女孩在父母指导下练习，直到女孩学会自己做。

方法三：让女孩做家务。

我们可以让女孩做些力所能及的家务劳动，从而培养女孩的劳动习惯。

三四岁的女孩可以分筷子、端饭、拿递小物品，如拿肥皂、扫帚、挎包、拖鞋、小板凳等。

五六岁的女孩可以叠衣服、取报纸、买小东西。

再大些的女孩可以学做简单的饭菜、洗自己的小衣服、扫地、擦桌椅柜橱等。

女孩是家里的一员，当女孩参加了一些家务劳动后，对家的感情就不一样了。

衣来伸手，饭来张口的女孩，常常不会理解父母的治家之难。"不当家不知柴米贵"，有些女孩常常埋怨父母这个菜烧得不好吃，那个汤调得不鲜美，有时饭菜准备得晚了还要脾气呢。可是，当女孩参加了家务劳动后，她们则会更多地谅解父母，感到父母挑起这个"家"不易。

方法四：爸爸妈妈要端正对待劳动的态度。

在一个家庭里，爸爸妈妈应表现出勇于承担家务的精神。比如吃晚饭时，做丈夫的可以对妻子说："你烧饭够辛苦的，饭后的事情我就包了。"这样就体现了长辈之间主动承担家务劳动的精神。

在这种家庭氛围的熏陶下，女孩会逐步地从父母身上学到为他人着想，热爱劳动的品质。

在日常生活中，也常常会听到这样的口角："做起事来找不到人，吃起饭来就坐了一桌人。""不情愿做，就不要做。"……

这种在女孩面前表现出家务劳动互相推让、互相埋怨的言行会使女孩逐渐产生惧怕劳动、逃避劳动，以为劳动是苦差事的思想。所以，我们在女孩面前要表现出主动承担家务，热爱劳动的精神，不要流露出厌烦劳动的言行。

此外，夫妻俩对家务的分工要妥善安排，让女孩有正确认识，"家"属于每个人的，所以屋里的每一件事，大家都有义务去做。

方法五：带女孩参加公益劳动。

我们可以带女孩参加居民区组织的一些公益劳动，从中培养女孩的劳动习惯。比如春季植树造林的时候，爸爸带女孩去植树，并给女孩讲讲怎样植树，植树有什么好处。女孩就会感到植树劳动多么光荣。下雪天，和女孩一起在房前屋后扫雪，为行人开路，女孩就会体会到劳动给人带来快乐的情感，并产生劳动的光荣感。

此外，我们也可以带女孩照顾附近的孤寡老人、军烈属；让女孩为邻居做些力所能及的事，如分发报纸、取牛奶、照顾小朋友等。

第五章 富养关键之二：天赐的公主更需高情商

情商，又称情绪智力，是近年来心理学家们提出的与智力和智商相对应的概念。它主要是指人在情绪、情感、意志、挫折耐受等方面的品质。

情商是女孩对自我和他人情感把握和调节的一种能力。情商较高的女孩，通常有较健康的情绪，有比较完美的婚姻和家庭，有良好的人际关系。

教育学家指出，情商形成于婴幼儿时期，成型于儿童和青少年阶段，它主要是在后天的人际互动中培养起来的。

富养女孩，就要从小培养女孩的情商，让女孩在人生之路上能够调控自己的情绪，把握好命运的关口。

细节37：如何让女儿拥有好脾气

韩剧《我的野蛮女友》中的女主角既有野蛮的一面，也有纯真可爱的一面，所以受到了很多人的喜欢。而在我们周围，一些女孩子只学会了野蛮女友的火爆，动不动就对身边的亲人、朋友做“河东狮吼”，却忽略了她身上更吸引人的正直和纯真。

当一个漂亮的女孩当众乱发脾气时，别人会从心底里讨厌她的举动，进而疏远她。可见，坏脾气不仅会影响女孩的学习和工作，还会给女孩的人际交往带来很多障碍。

富养女孩，就是要维护女孩的天性，如温和、温存、柔顺、柔情。这本是女孩天生的做人智慧的美德，也是女孩爱心的直接体现。

面对一个脾气坏的女孩，我们在头疼之余，也在寻思：如何让女孩长得漂亮，脾气更“漂亮”呢？

方法一：对女孩的关心和爱护要有度。

有些女孩的坏脾气是在爸爸妈妈的“娇纵”中养成的，平时习惯了别人对她的顺从，稍有不如意，就会大哭大闹，以达到“逼迫”父母就范的目的。因此，爸爸妈妈宠爱女孩是可以理解的，但不宜一味地顺从和满足。

富养女孩，不仅要给女孩提供相对宽裕的物质环境，还要注意女孩的心理健康，用正确的观念来教育女孩。

方法二：把女孩发脾气的样子和声音“记录”下来。

女孩发脾气时，往往不会意识到自己的样子有多难看。这个时候，我们不妨“趁机”用相机拍下她发脾气的样子。在女孩心情不好想发脾气时，让她看一看自己那副“尊容”，往往会收到意想不到的效果。

3岁的若秋非常不老实，一到快要睡觉的时候，就会变得任性而暴躁。

这天晚上，若秋又开始发脾气了，把自己的小床晃得“吱吱”响。妈妈正想哄哄她，爸爸拿着一张相片走了过来：“来，若秋，给你看张相片。”

若秋一看相片，就不吭声了。原来，那是爸爸在她上次发脾气的时候给她拍的。

爸爸又逗她：“怎么样，你能不能把脸拉得比相片上的脸还要长呢?”

若秋做了个鬼脸，跳下床，对着镜子做出各种可笑的样子。爸爸妈妈见状，忍不住哈哈大笑，若秋自己也“咯咯”地笑了起来。

过了一会，若秋自己爬上小床睡觉了，原先的坏心情也不见了。

此外，我们还可以借助于录音机、录音笔，把小公主发火时的“声音”录下来。要知道，女孩可能会和我们争吵，但她不可能和录音带争吵。

映雁4岁了，脾气十足，有一次，妈妈把她发脾气的声音录了下来。

然后，妈妈把这盘录音带放给她听。映雁的眼睛睁得大大的，她看起来尴尬极了。

“我听起来真的是这样吗?”她眨巴着眼睛问。

后来的情况就完全不同了，映雁即使生气了，也不会大声叫嚷，因为她觉得录音带里的声音太难听了。

方法三：给女孩提供一个发泄的空间。

如果女孩在发脾气，那么我们不妨让她回到自己的房间，在那里她可以随便尖叫，吼叫够了就可以从房间里出来。

等女孩发泄了自己的不满之后，我们再让女孩出来和我们谈究竟是什么让她心烦，这样下次再想发脾气的时候，她就能更好地控制自己了。或者，可以告诉女孩先找个地方，“一个人静静地待着”。一旦女孩平静下来感觉好一点的时候，她的坏情绪就消失了。

方法四：转移女孩的注意力。

有一次，妈妈高高兴兴地带着雪珍去逛街。没想到，雪珍在一家钢琴商店的门口停住了脚步，说要买一台钢琴。

妈妈一时惊得目瞪口呆，这么大的钢琴，先不要说家里没地方搁，价格又那么高，何况小姑娘根本没学过钢琴，怎么玩呢？

妈妈连哄带劝，答应她去买玩具型的小钢琴，可雪珍哭喊着要非买不可。妈妈不由得恼火起来，打了雪珍几下，不料她索性躺在地上打起滚来……

相信类似的情况，我们都遇到过，这个时候，我们该怎么办？最好的办法，就是在女孩刚开始发脾气时，迅速转移她的视线，以新的事物或新的活动吸引她的注意力，并立即把她抱离现场。女孩的情绪和情感往往随着情境的出现而产生，又随着情境的变化而消失。当女孩因故发脾气时，不妨迅速转移她的注意力，

案例中的雪珍，如果能及时离开钢琴商店门口，那么不愉快的情绪也会因钢琴不在眼前而很快消失。

如果小女孩脾气特别厉害，作为妈妈要学会“冷处理”，明确地对她讲这样闹是不对的，是无济于事的，千万不要同她多纠缠。小女孩爱发脾气，有其生理、心理上的原因。小女孩的大脑神经系统功能发育还不完善，兴奋和抑制过程发展不平衡，容易兴奋而难以抑制。另外，小女孩的道德意识正处在刚刚开始形成阶段，是非观念和评价是非的能力还停留在幼稚的水平上。

小女孩往往以为我要的东西，妈妈就该买，你不买，我就发脾气。至于任性、发脾气是不良的行为，也许她连想都没想过。这样一想，或许我们就能心平气和地来处理“突发事件”了。如果做妈妈的不加分析，采取简单粗暴的办法，只会给孩子“火上加油”，这样，事情就更糟了。

比如，妈妈可以佯装离开现场，让女孩明白自己的行为已经惹大人生气了，妈妈不爱自己了，这样，她就会逐渐冷静下来。有时还可借助过路行人的话来劝导女孩，也能收到较好的效果。当然，等到女孩的脾气平息时，妈妈还应循循善诱，晓之以理，加以引导，使女孩明辨是非。

方法五：在日常生活中加强引导。

女孩发脾气时，我们往往急于“救火”。这是必要，但也是消极的。积极的方法就是平时对女孩加强教育和培养。对爱发脾气的女孩，我们既不能对她们放弃教育和要求，也不能采用简单的哄、打方法，而要把爱孩子与严格要求相结合。

比如，带女孩出门逛街或者上朋友家做客时，事先就应当向女孩提出明确、具体的要求，让女孩能仿照着做，逐渐锻炼与培养女孩的自制力。

平时，我们还应多为女孩创造良好的生活环境与教育环境。父母要以身作则，不在女孩面前乱发脾气。我们还可以经常利用电视、故事中好孩子的形象，给女孩讲一些浅显易懂的道理，从而在女孩心目中树立好孩子的榜样，使女孩情绪稳定，心情舒畅，懂得道理，避免出现因无知而任性和随便发火的现象。

细节38：“我该怎么办”——培养女孩自己面对问题的情商

女孩要独立，才能真正成为她自己，成为一个真正的公主，而不是别人思想的随从者，一个戴着公主桂冠的虚假的影子。

日本教育家涛川荣太说：“作为父母，必须去培养那种依靠自己的努力、自己的感觉、自己的兴趣来争取成功和幸福的人，从而要求自己必须成为刚毅、勇敢的人。”

这就是说，富养女孩，就是要培养女孩的独立性，一个独立的女孩才能追求属于自己的幸福，掌控自己的人生。相反的，那些从小习惯了依赖父母的女孩，长大以后需要自己面对问题时，总是一筹莫展。

在童话故事中，女性总是被描绘成无依无靠的弱者，要等待王子、圣母或者其他男性来营救，我们的文化中甚至还有一个专门的成语“英雄救美”来表达这种思想。正是因为这种“靠人援救”的思想的影响，使很多女孩深受其害，长大后一心想着委身于权贵，不执著于自身的进步。

富养女孩，就要打破女孩的这种幻想，让女孩明白靠山山会倒，靠水水会干。那些外界的因素，我们永远做不了它的主，只有自己才是自己的主人。富养女孩，就要培养女孩的独立性，不至于让女孩遇到问题时有一种无助的感觉。

那么，如何培养女孩独立的性格呢？

方法一：抓住女孩的心理发展的关键期进行培养。

女孩往往在三四岁甚至更早的时候，就已经萌生了“独立”的想法。通常的表现就是，女孩总是喜欢掺和我们的事情。比如妈妈在做饭，她就会跑过来帮妈妈择菜；或者爸爸在修理录音机，她会在一边帮着递工具。

这个时候，我们要放手让女孩自己做，给她一个机会。教育家指出：“只有父母在幼儿期‘离开子女’，才能培养出孩子的独立能力。”这里的“离开”，就是指少帮助女孩，少干涉女孩，给女孩独自行动的机会。

正如美国著名教育家、作家艾里姆夫妇所指出的：作为父母，要学会倾听女孩的“真实意图”，让女孩根据自己的“内部指导系统”而不是别人的意见来决定自己的发展。这是培养女孩独立的关键，因为女孩需要学会“倾听自己内心表白的信号”，理解自己“内在的欲望”。

方法二：给女孩一个自己动手的机会。

要做到这一点并不容易，因为我们总是会把女孩分内的事大包大揽，不给女孩自己动手的机会。

4 岁的芷珊自己用杯子接了一杯水，歪歪倒倒地向着坐在沙发上的爸爸走了过来。一不小心，一杯水全泼在了真皮沙发上。爸爸见状，连忙把芷珊赶到一边，心疼地擦着沙发。芷珊一脸的委屈，不知道自己错在了哪里。

早上，3 岁的绮晴自己正在穿衣服，因为不太熟练，不是把袖子穿反，就是把裤子拧成了一团。妈妈一看，非常着急：“我的小祖宗，快，我来帮你穿，你都要迟到了！”

曼雁 5 岁了，妈妈依然每天帮她洗脸、洗脚、洗袜子、整理床铺。虽然小曼雁几次提出来自己来，妈妈都说：“你还小，做不好的。”

在上边几个小案例中，你是否看到了自己的影子呢？不让女孩做事，可以说是一种疼爱，但更可能是嫌女孩碍手碍脚。然而，当我们气急败坏地禁止女孩动手，或者干脆代劳时，我们不但剥夺了女孩锻炼独立能力的机会，同时还摧毁了女孩的自信心。因为，独立生活能力是人生存与发展的基本能力。这种能力不是天生的，而是在后天的教育中培养出来的。

其实，没有一个女孩不喜欢自己做事情，“做”也是女孩对陌生世界的一种探索，一种自我能力的测试，更是女孩对“关系”的理解。她们希望帮妈妈做点事情，从而在妈妈心里留下好印象，进而加深与妈妈的感情。

方法三：不让女孩当“弱者”。

女孩可以娇嫩，但女孩不可以娇弱，更不能遇到问题就手足无措。

富养女孩，就要让女孩认为自己“能行”，而不是“我不能，我是弱者，我遇到问题时，就要寻求别人的帮助”。

蒙台梭利曾指出，要让孩子“懂得自己照料自己，不用帮助就知道怎样穿鞋子，怎么样穿衣服，怎样脱衣服。在他的欢乐中，映照出人类的尊严，因为人类的尊严是从一个人的独立自主的情操中产生的。”

同样的道理，女孩的尊严也正是从一次次自己动手做事的过程中建立起来的。唯有如此，女孩长大后，才不会寻求别人的帮助，而是靠自己的能力去解决一个又一个问题。

很多时候，我们总是难以做到这一点，因为担心女孩会受伤，担心女孩会有意外。毕竟，与男孩相比，女孩有更多的安全问题需要考虑。然而，我们能保护女孩一辈子吗？未来的生活，女孩需要独自承受的事情很多，我们都能为她处理好吗？

因此，我们能给予女孩的最好装备就是培养她的能力，而应对社会的能力正是在一次次独立活动中培养起来的。要知道，现代社会绝不会因为一个人是女性就对她格外慈悲。

方法四：从错误中总结“教训”。

小女孩独立活动的能力还很差劲，常常会把事情办糟糕。这个时候，我们要鼓励女孩再试一次。

错误不是坏事，如果女孩能从错误中总结出教训，那么下一次，女孩就会做得更好。一旦做好了，女孩就更想自己动手做，我们也越放心地让她去做。在这种良性循环中，女孩的自信就会越来越强，她的独立性也慢慢建立起来了。

细节 39：引导感性的女孩学会理性思考

女孩的思维方式与男孩不同，她们更感性，更相信自己的直觉。

因此，面对问题时，女孩往往会凭一时的感觉去作决定，结果，“受伤”的总是女孩。

正因为如此，父母往往更担心女孩，怕女孩受伤，怕女孩上当受骗。富养女孩，就是要给女孩一分“理性思维”，帮助女孩学会透过表面现象看本质，学会“去伪存真”。那么，我们应当如何培养女孩的理性思维呢?

方法一：小女孩也可以玩“手枪”。

现实生活中，很多玩具都有着明显的“性别特征”，比如洋娃娃都是女孩的专利，而手枪等机械类玩具则是男孩的象征。事实上，适当地开发女孩对枪炮等机械类玩具的兴趣，有助于培养其理性思维、独立意识。

梦舒出生后，亲朋好友来看望她时，都送了一份小礼物。不过，细心的妈妈发现了一点，这些礼物全是大大小小、各种各样的娃娃、玩偶。

身为教育工作者的妈妈有些担心，梦舒如果在这样的心理暗示下长大，她的感性思维会比较好，理性思维就有些短路了，比如方位感不好，动手能力较差等。

妈妈从自己的工作经验中得出一个结论，富养女孩就不能被传统的条条框框所束缚，而应当让自己的女孩自由发展天性。

在梦舒 3 岁前，妈妈从来不强调她的“女孩”性别，也不对梦舒说些“女孩应该怎样”的话。相反，妈妈会有意识地买一些机关枪、大汽车之类比较“男性”的玩具给她玩。虽然梦舒很喜欢洋娃娃，但她玩起机关枪来也像模像样，还能把大汽车“指挥”的团团转。平时，爸爸修理东西时，妈妈也鼓励梦舒做爸爸的小帮手，帮着递个工具、拧个螺丝什么的。

4岁时，妈妈才有意识地给梦舒讲一些男孩和女孩的不同，并通过颜色、着装来让梦舒初步认识到社会对男女的不同期待。

需要指出的是，这种培养一定要适度，一定不要扩展到着装、用品等方面，因为这对女孩来说是太强烈的性别暗示。

事实上，如果选出一群一岁的孩子，让他们都穿上同样的衣服，然后把他们放在一起，你很难分出哪些是男孩，哪些是女孩。因为这个年龄的孩子外表上几乎没有什么性别差异。

男孩和女孩都以相同的速度发展他们的技能，并且他们喜欢做相同的游戏。如果让孩子自己选择，男孩和女孩对所有的玩具表现的喜欢程度基本相同。也就是说，女孩真正认识性别需要好几年的时间，所以，在女孩一岁多时，玩洋娃娃与玩小手枪相比，并不会造成太大的差别。

方法二：对女孩进行理性思维训练。

雨婷4岁了，正在一所幼儿园上中班。妈妈计划让孩子在幼儿园外上一些兴趣班。不过，妈妈除了选择了钢琴之类的兴趣班之外，还让雨婷参加了思维训练和围棋班。

妈妈的好朋友对此感到不解，妈妈笑着解释：“我从小就是在洋娃娃的陪伴下长大的，结果上学后发现自己的思维方式很感性。小学时，我还勉强能应付；到了初中，就感到吃力了；上高中时，偏科更让我吃够了苦头。我怕雨婷将来走我的路，所以让她参加一些偏向思维开发的兴趣班。这样，她长大了看问题既有感性的一面，又有一定的理性思维。”

雨婷妈妈的做法是对的，要让感性的女孩多一份“理性思维”，相关的思维训练是不可缺少的。事实上，男性和女性在思维方式上存在着很大的差异。这种差异既有先天的性别差异，也有后天环境的因素。

如果我们只让女孩参加音乐、舞蹈、画画之类偏于感性的活动，那么女孩感性的天性就会进一步增强，同时理性思考能力的发展则会被忽视。而学校教育对男生和女生的要求是一样的，女孩理性思考能力的缺失将会严重影响她的学习表现，严重的将导致偏科。

这就解释了一个现象：为什么家长在早期教育上的投资越多，女孩日后偏科的概率反而越大。因此，教育专家提醒我们：富养女孩，一定要注意培养女孩的理性思考能力。

方法三：学写读后感，发展理性思维。

若雨 8 岁时，妈妈要求她每天写一篇日记，一篇日记二三百字就可以了。

10 岁时，妈妈开始提高要求，每篇日记的字数不能少于 500 字。平时，若雨放学后都有各种各样的活动，比如和同学玩，上图书馆，陪奶奶去买菜等，因此她的日记都能按时完成。

放暑假了，天气特别热。有一天，若雨除了看书写作业，就没搞别的活动。若雨非常发愁：“妈妈，我今天的日记写什么呢?”

妈妈说：“你今天不是看了《黑骏马》了吗? 为什么不就这个故事写一篇读后感呢?”

若雨马上兴奋起来，要求妈妈教她写读后感。

妈妈让若雨先写自己印象最深的书中人物，就像给小朋友讲故事一样去写。

妈妈告诉若雨："你可以参考一下书中的'前言'或'后记'，那里一般都有专家学者对这本书的介绍和评论。你可以写自己的看法，也可以借用专家学者的评述，看他们是怎样用简练的语言准确地概括书中的人物与情节的。不过，你得把他们的话用你自己的话写出来。"

本来，小孩子看书是只注意故事情节本身，从不看什么"前言"、"后记"的，若雨也不例外。现在，为了写读后感，若雨也开始看这些相对高深的文学评论。为了从数千字的评论中找到她要的内容，若雨不得不反复研读、筛选专家学者的文章。

这样，不仅直接帮助她深入地理解了作者的写作意图，还让她提前熟悉了议论文的样式，更重要的是，若雨的理性思维也得大了很大的提高。后来，若雨高中毕业时，申请国外的一所大学，申请的文章就运用了记叙和议论相结合的写法，逻辑结构明确，条理清楚。

可见，女孩的理性思维是在生活中一点点累积起来的。只要我们细心、耐心地加以引导，多加启发，女孩就会更加理智地看待问题，烦恼和危险也会少很多。

细节 40："富养"，给女儿一颗宽容的心

什么是宽容？"一只脚落在了一朵紫罗兰上，紫罗兰却把花香留在了那脚后跟"，这就是宽容。

一个女孩如果性情温和，不计较别人的小过失，那么她在成长中与别人的矛盾就会减少，就更容易受人欢迎。

富养女孩，就是要让女孩有一颗宽容的心，从而让女孩从中找

到自己的人生价值和人生乐趣。对今天的女孩而言，学会宽容，以宽广心胸、豁达心态笑对人生风风雨雨，比以往任何时候都显得重要。

一方面，现在的女孩大都是独生女，从小就是家长的心肝宝贝、掌上明珠。有些女孩在家人的宠爱甚至是溺爱下，渐渐养成了“目中无人”、“唯我独尊”的刁蛮性格。什么都是以自我为中心，从不顾及他人的感受。她们常常拿着放大镜看别人的缺点，而对自己则睁一只眼闭一只眼，甚至极力为自己的过错辩护。另一方面，今天的社会，价值观、信念的多元化日趋明显，不同价值观之间的碰撞不可避免。

一个心胸狭窄的女孩，一个爱记仇的女孩，不仅人际交往会受影响，以后的婚姻生活也难以幸福，更重要的是，她难以融入这个多元化、开放性的社会中。

因此，我们一定要帮助女孩学会宽容。

方法一：开阔女孩的眼界，告别“小天地”。

所谓宽容，归根结底是对不同于自身甚至与自身观念、利益相冲突事物的宽容。要想让女孩明白多元性、复杂性是世界的常态，就要让女孩多亲近大自然。

大自然可以陶冶女孩的情操，培养女孩宽容的品质。因为大自然有着无穷无尽的奥秘和神奇，是最生动的教科书，是一本永远也读不完的教科书。走近大自然，才能让女孩充分了解世界的丰富多样性、纷繁复杂性，了解除我们的生活状态外，还有多少种不同的活法。

另外，尽可能创造条件，带女孩外出旅游，让浩瀚的海洋、奔腾的河流、秀丽的湖光山色陶冶女孩的心灵，开阔女孩的视野和胸襟。如果条件不允许，那么可以利用节假日或周末带女孩到附近的公园里玩一玩，这样也算是亲近一下“小自然”，也会对女孩宽容性格的养成起到积极的促进作用。

方法二：让女孩明白“金无足赤，人无完人”。

我们应该让孩子明白，人人都有缺点和不足，只要不是特别过分，就应该理解和宽容。

有一次，11岁的文薇放学回到家对妈妈说：“妈妈，郑小玲真笨呀，我们数学考试比赛，就她不及格，怎么连那么简单的题都不会做呢！”

文薇的话里，明显地流露出不满和不屑的神色。

妈妈听了，便问：“郑小玲是不是你的同学？”

“当然是了！”

“那好，既然是同学，是不是应该互相关心，互相帮助呀？”

“是呀！”文薇认真地回答。

妈妈继续说：“你经常说要关心同学，这个同学有缺点，有不足，是不是不应该嘲笑、瞧不起别人，而应该多帮助她呀？”

文薇有些不好意思，说：“妈妈，我懂了。”

此后，妈妈仍然耐心地听文薇讲学校的故事，但每次都注意耐心地纠正文薇那些不正确的看法，注意“剪除”文薇幼小心灵滋生的一些“杂草”。

渐渐地，文薇养成了关怀和理解他人的好品质，在班级多次受到老师的夸奖和同学们的称赞。

我们要让女孩明白，身边的每一个同学和她都是平等的。

不管成绩是好还是差；不管家庭条件是优越还是贫困；也不管长得漂亮还是极其一般；甚至不管同学的身体是健康的还是有残疾的……这一切的外在条件，在每个人眼里应该是平等的，是一样的。

我们应引导女孩理解这些差异、接受这些差异，更要尊重这些差异、欣赏这些差异，正是因为有了这些差异才让我们这个世界变得更加丰富多彩，更加奇妙无比。

方法三：培养女孩的合作、协调能力。

在日常生活中，我们要创造机会，让女孩多接触同龄人，从而培养女孩的合作、协调能力，而宽容心正是合作能力的必备条件。只有宽容、大度，才能包容别人不同的观念、行为，才能与他人更好地合作。

在女孩与同龄朋友交往的过程中，我们要特别注意引导女孩宽容比自己强的朋友、比自己“差”的朋友以及自己的竞争对手。

女孩真正学会了宽容，才能真正做到向比自己强的同伴学习，帮助比自己“差”的朋友，学会与竞争对手合作。也只有通过交往，女孩才能体会到宽容的意义，体验到宽容带来的快乐。

当女孩在交往中遇到矛盾和纠纷时，我们不可偏袒女孩，要帮助女孩正确地评价自己，让女孩学会反思起因，检讨自己的过失，宽容朋友的缺点与失误。告诉女孩对朋友要以诚相待，即使别人有些小错，也应该原谅。

方法四：教育女孩正确看待名利。

女孩有上进心，也有虚荣心。我们要保护并充分用好女孩的上进心，促使其保持旺盛的学习热情，在积极参与学校的种种集体活动中不断提高综合素质。但是，我们也要防止女孩过分看重外在的荣誉。

宽容与虚荣心是一对矛盾。虚荣心强了，心态必定不平衡，与人争不必要的虚名，时时争、处处拼，最后不一定是好事。

如何教育女孩正确看待名誉、将来正确看待金钱，这确实是培养其宽容心态的重要方面。与此同时，父母更要做女孩的榜样，在遇到矛盾或冲突时，要宽宏大量，不计较得失。

当然，在让女孩学会宽容的同时，我们还应该让女孩明白，宽容不是无端的退让，不是怯懦的容忍，不是无原则地和稀泥。宽容是一种良好的心态，是一种处世的境界，是饱含自信的微笑，是面对他人的从容。

细节41：培养女孩的乐观心态

女孩如鲜花，绚烂夺目；女孩如美玉，光彩照人，女孩是所有美好东西的代名词。然而，有谁会欣赏那无精打采的鲜花，又有谁会注意到被灰土岩石所覆盖的美玉？

一个女孩，如果整天被阴郁愁苦所笼罩，那么她不仅很难为人所欣赏，也难以有所成就。

富养女孩，就要培养女孩乐观的心态，让欢乐与笑声把女孩包围，让女孩的生活永远充满阳光。

一个乐观的女孩，无论面对什么样的生活，都有能力重新开始；即使在“地狱”中，也能重新走上天堂。女孩乐观的性格，能让女孩抓住成功的机遇；女孩积极的态度，能帮助女孩实现自己的目标。

也许，有的女孩天生就比较乐观，有的女孩则相反。但心理学家指出，乐观的性格是可以培养的，即使女孩天生不具备乐观的品质，通过后天的努力也可以实现。

方法一：用乐观的思维去影响女孩。

有什么样的父母，往往会有什么样的女孩。要想培养一个乐观的女孩，我们首先必须有乐观的思维方式，才能在日常生活中影响女儿的生活态度。

美国著名的潜能开发大师迪翁，非常善于调动人们的积极性和自我开发潜能。他的演讲富有激情，极具感染力。为此，他经常应邀到世界各地去演讲。

迪翁经常用一句话来激发听众的斗志："任何一个苦难与问题的背后，都有一个更大的幸福！"

由于他经常把这句话挂在嘴边，以致他的女儿在很小的时候就会不断重复这句话了。

后来，女儿一天天长大了，上小学了。她不仅出落的亭亭玉立，还是学校垒球队的主力队员。

没想到，不幸突然降临。那天，迪翁正在韩国进行演讲，突然收到一封来自美国的紧急电报，大意是：他唯一的女儿出了意外，已送到医院进行紧急手术，女儿的小腿可能保不住了！

迪翁非常震惊、难过，他中断了演讲，火速回国。当他看到病床上失去一双小腿的女儿时，非常痛心。他头一次变得笨嘴笨舌，不知道如何安慰女儿。

没想到女儿不仅没有想象中的那么绝望，还微笑着安慰他："别难过，亲爱的爸爸。你不是常说，任何一个苦难与问题的背后，都有一个更大的幸福吗？或许，这就是上帝给我的另一个幸福。"

迪翁听了，又是激动又是痛心："可是，你的脚？"

女儿非常懂事地说："爸爸放心，没有了双脚，我还有双手可用啊！"

听了女儿的回答，迪翁很是心酸，但也欣慰不已。

女儿出院后，装上了假肢。但她不能跑步了，只能慢慢走路。两年后，女儿升入了八年级，她竟然再度入选学校的垒球队，并成为该队有史以来最厉害的全垒打王！

确实，在女孩的成长过程中，她一直在看着父母。如果父母在处理自身问题和家庭问题时态度乐观，那么女孩通过观察和模仿就会逐渐养成乐观的性格。因此，我们要身体力行，营造出一个乐观而温馨的家庭环境，让女孩快乐地学习、生活，从而形成乐观向上的心态。

方法二：用平和的态度与女孩对话。

在日常生活中，父母说话做事都应当有平和的态度。在和女孩说话时，要和颜悦色，让女孩感到心情舒畅。如果我们经常厉声厉色地指责女孩，那么女孩就会对我们望而生畏，心情也会经常处于抑郁的紧张状态。

因此，我们要尊重女孩的愿望，说话做事以理服人，从而让女孩养成积极乐观的情绪。

当女孩遇到不利事情而悲观时，我们应引导女孩对问题进行多方面的思考和衡量，并让女孩明白她的思想中存在的逻辑错误。要让女孩学会正确面对挫折和批评，克服羞怯和抑郁的悲观因素。当女孩遇到不顺心的事时，要多给予赏识和鼓励，多给予笑声和温暖，女孩就能学会乐观处世。

方法三：让女孩体验到“成功”的快乐。

在日常生中，经常引导女孩完成力所能及的任务，让女孩体验到“成功”的快乐。对女孩来说，能够产生愉悦的情绪，莫过于完成任务的满足感和自豪感了。

比如，小女孩蹒跚着从远处走到妈妈面前，她体验着的是真正的快乐，因为她做完了一件事情，她得到了成就。在成功中，女孩得到了快乐，也体验到了力量和信心，有助于自我的肯定。

当然，“成功”的快乐不是追求的直接结果，我们也不能教会女孩如何去追求快乐。在生命的长河中，女孩会从自己的成就中获得快乐。我们可以让女孩参加游戏、同他人玩耍，从而让女孩从中体验到“成功”的愉快心情。

方法四：挫折锻炼不可少。

现在的女孩多是在温室中长大的，经历的风雨不多，意识不到挫折的存在，更不用说如何去面对了。我们可以让女孩接触各类事物，经常参加各种活动。一旦女孩接触的事情多了，见多识广了，心胸自然就开阔了，悲观思想也就不容易产生了。

开始我们可以暗示女孩主动提问、主动要求、主动学习。紧接着，女孩主动行动了，我们要用表扬、奖励等方法强化孩子的自主观念。很多时候，女孩主动去做了，却不一定成功。这个时候，我们要激励女孩：“人生不如意事十有八九”，失败了不要紧，关键是用什么样的心态来看待。

细节42：如何引导不善交际的女孩

心理卫生学家卢格说过：“人类的心理适应，最重要的就是对人际关系的适应。”一个女孩能否很快融入新环境，并与别人打成一片，要看她的人际交往的能力如何。

新学期开始了，因为爸爸妈妈的工作发生了变动，10岁的雅容跟随爸爸妈妈来到了一个新的城市，进了一所新的学校。

然而，在这所新学校里，雅容觉得非常不习惯。一来雅容是个内向的女孩，二来她也听不懂当地同学的方言，交流起来很困难。

下课的时候，一群女生围在一起玩“跳房子”的游戏。雅容远远地站在一边，怀着好奇的心情看着。一个女同学跑过来，对雅容说：“和我们一起玩吧！”

雅容却摇摇头，女同学扫兴地跑开了。接下来的几天时间里，每次都有同学跑过来叫雅容过去玩，雅容都拒绝了。时间一长，雅容成了班上的“独行侠”，几个调皮的男生还喜欢拿雅容开玩笑。

雅容不敢和爸爸妈妈说这事，只好一个人闷在心里。不仅如此，她上课也不敢举手，遇到不会的问题也不敢问老师。一个学期下来，本来成绩不错的雅容，居然有好几门课都考了不及格。

雅容的例子说明，一个内向不善交际的女孩，会因为无法与周围的人进行沟通而显得很孤单，还容易与同伴之间发生矛盾和冲突。

此外，还有一些女孩会为此而产生焦虑不安的情绪，甚至出现不愿上学、怕没人跟自己玩，怕受人欺负的问题。

学校也是社会的一个小缩影，一个在学校里难以与同学正常交往的女孩，将来走上社会又如何应对纷繁复杂的人际关系呢？富养女孩，一定不能忽视对女孩的交际能力的培养。

方法一：及早培养女孩的交际能力。

要培养女孩的交际能力，就要从身边的小事做起，并且在女孩出生后就要实行。

比如，让幼小的女孩学会与他人友好和睦地相处，包括学会谦虚、有礼貌、能与别的小朋友分享玩具等。家里买了新的玩具，我们可以提醒女孩请邻居家的孩子来一起玩。别的小朋友上门来玩耍，我们要讲表示欢迎的话，消除女孩的恐惧心理，还要叫自己的孩子拿出好吃的东西招待小朋友，拿出好玩的东西给小朋友玩。

这样，让女孩有充分的时间和小朋友们一起交往，得到更多的交往机会，体验到和同伴交往的无穷乐趣。

此外，在把女孩带到一个集体环境中玩耍时，爸爸妈妈要注意女孩是否与别的伙伴进行了交流。很多时候，一帮孩子聚在一起玩耍时，多半是各玩各的，很少有交流，也没有沟通与合作。这种氛围自然不利于提高女孩的交际能力，比较合适的做法就是鼓励女孩与别人同玩一种游戏。

我们应当鼓励女孩多交朋友，并为女孩创造与别的小伙伴进行合作、分享的机会。在集体活动中，遇到与自己意愿相悖的事，我们应教育女孩学会忍让，与同伴友好合作，暂时克制自己的愿望，服从多数人的意见。例如，几个孩子在一起商量做什么游戏，大家都说玩动物园，而自己却想玩过家家。此时，女孩就要学会克制自己的愿望，和同伴们一起高高兴兴地玩动物园的游戏。这样才能使交往顺利进行。

方法二：不轻易介入女孩的“人际战争”。

在人际交往活动中，女孩难免会与别人发生矛盾冲突。要么是女孩想把别人的东西据为己有，要么是别人想强行霸占她的东西。有时候，为了一个很普通的玩具，几个孩子就会抢来抢去，甚至会打起来。这个时候，我们应该怎么办呢？

一般情况下，我们出于对女孩的怜爱，总是会出面帮助女孩，用大人的权威制止孩子间的“战争”，尤其是对方是男孩时，这种“帮助”行为更加明显。然而，这种作法不利于女孩交际能力的发展，更不利于女孩的情感发展。

其实，遇到这种情况时，我们先不要紧张，也不要不好意思，更不要强行让一方服从另一方。比较合理的办法，就是引导孩子们相互交换玩具，从而让女孩学会处理“人际战争”的正确方法。

方法三：让过分自卑或者过分高傲的女孩融入集体中。

有些女孩不敢和同龄人交往是因为比较自卑，比如觉得自己长得丑、不如别人聪明等。对这样的女孩，我们要在日常生活中多赞美她，让她发现自身的优点，帮助女孩建立自信。千万不要指责、讥讽女孩，那样会让女孩的自卑感更加严重。

与自卑的女孩相反，有的女孩难以与别人交往，是因为她们恃才傲物，目中无人。对这样的女孩，我们就要采取不同的教育方式。在日常生活中，引导女孩多注意别人的优点，让她明白“天外有天，人上有人”的道理。时间长了，女孩就会形成积极的情绪，人际交往能力自然提高了。

方法四：教给女孩基本的交往技能。

为了帮助女孩成为受同伴欢迎的人，在人际交往中得到快乐，我们应有意识地教给女孩一些交往的技能。

我们应让女孩在交往中学会使用礼貌用语：“请”、“谢谢”、“对不起”等，告诉女孩只有懂得礼貌的人，别人才愿意和她一起玩耍，也才肯把心爱的玩具给她玩。对女孩在活动中礼貌语言用得好的时候要及时进行鼓励表扬，以便强化女孩的礼貌行为，形成良好的礼貌习惯。

此外，还要教女孩学会遵守集体规则。要让女孩明白，在集体活动中，孩子们会自己制定一些规则来约束每个人的行为，谁破坏了这些规则，谁就会受到集体的排斥。只有自觉遵守集体规则的人，才能得到大家的喜爱，也才会有更多的朋友和她一起玩。

细节43：“不比男孩差”——锻炼女孩的韧性

人生路上，女孩会遇到许多挑战。倘若女孩无法坚持到最后，即使成功就在眼前，也无法体会到满足感。这样的女孩，一生都不会幸福。

富养女孩，就是要鼓励女孩凡事要坚持，让女孩永远看到希望，并具有挑战困难的决心。

一个坚持不懈、持之以恒的女孩，才能领悟到生命的真谛和生活的美好，才会觉得没有虚度美好的年华，才会觉得自己的整个人生都充满价值。

虽然与男孩相比，女孩具有一定的韧性，凡事能够坚持，但也不全如此。有些女孩，做事总是半途而废，仅有五分钟热度。在女孩小的时候，这种表现尤其明显。她做事往往凭兴趣，容易见异思迁、虎头蛇尾。这就需要爸爸妈妈来引导，我们可以从以下几方面入手培养女孩持之以恒的精神。

方法一：目标法。

研究表明，2～3岁的女孩出现了坚持性，但总体上，3岁左右的女孩坚持性发展水平是很低的，3岁前的女孩往往很容易放弃有难度的活动。4～5岁的女孩的坚持性水平获得了很大的发展，更愿意坚持做好每一项活动。因此，分析女孩的意志品质，应与女孩的生理及心理发展相联系。

我们应为女孩布置难度适宜的活动，以训练女孩的恒心，并通过言语、物质等激励机制，帮助女孩坚持做好每一件事情。女孩年龄大一点时，可以让女孩学会制定可行的学习、活动计划和目标，让女孩有章可循，自觉按计划和目标学习、生活。

我们在为女孩制定目的、任务时，应尽量与女孩的实际活动能力相适宜，并与女孩的身心发展相一致。如果我们制定的目的、任务低于或高于女孩实际所能承受的能力和范围，均不利于女孩坚持不懈品德的形成和女孩可贵毅力的培养，影响女孩好习惯的养成。比如，让女孩玩拼图，一次给的过多，她可能觉得很难完成。如果由少渐多，并在拼图过程中给女孩一点鼓励，那么女孩可能就乐于配合了。

方法二：榜样法。

父母自己要有恒心，做事的态度也非常重要。女孩会观察父母做事的态度，进而形成自己的做事方式。如果父母自己做事就是三天打鱼，两天晒网，那么很难培养出一个做事有恒心的女孩。

同样的，如果今天要求女孩弹半个小时电子琴、明天自己又忘了监督女孩、后天又有什么事耽误了，那么，培养女孩的坚持性就变成了一句空话。父母对女孩提要求时，语气要坚定，但不要总是在女孩身边不停地唠叨，甚至斥责女孩。因为，培养女孩的坚持性本身就是一个需要耐心的漫长的过程。

方法三：与女孩一起做一件事。

我们可以和女孩一起读几本篇幅较长的故事书，来培养女孩的坚持性。很多父母在女孩自己会认字时，就会抛弃和女孩一起读书的习惯。实际上，女孩在读章节较多的书时，既缺乏耐心，又缺乏一定的技巧，如果我们能和女孩一起讨论故事的发生、发展以及怎样结尾，慢慢地让女孩融入故事里面，读书在女孩眼中便会成为一件兴趣十足的事。

此外，我们还可以和女孩一同游戏，一同下棋，一同进行体育运动。在这些活动中，女孩可能会遇到困难，也可能坚持的时间不会很长，需要我们的支持和鼓励。

我们应经常告诉女孩，坚持就是胜利，坚持就能成功。对女孩坚持做某件事的习惯，我们应给予及时鼓励，要求并督促女孩将每一件事情做完。锻炼女孩的意志，我们要有决心和恒心，要舍得让女孩吃苦。

方法四：让女孩感悟一下生命成长的漫长过程。

生命的成长是需要时间的，如果女孩能够体会到生命成长的漫长过程，那么她就能对“坚持”的含义有所顿悟，从而培养出做事有始有终的性格。

4岁的诗丹兴趣十足，但就是做事没有坚持性，今天学跳舞，明天学画画，后天又玩起积木了，这让爸爸妈妈很是苦恼。爸爸和妈妈商量了一下，决定换个方式来培养诗丹的坚持性。

几天后，爸爸妈妈去花卉市场买了一些鸡冠花的花籽和两个花盆。回到家，爸爸妈妈把花籽和花盆交给诗丹，告诉她只要把花籽种到花盆里，就能长出一盆漂亮的花来。诗丹一听非常高兴，在爸爸的帮助下把花籽种下了。

第二天一起床，诗丹就跑到花盆面前：“咦，怎么没有花呢?”

妈妈闻声走了过来，忍不住笑了：“傻孩子，你昨天才撒下的种子，今天怎么可能长大呢?”

诗丹很着急，问：“那它什么时候才能长大呢?”

“要想看到美丽的花，你必须隔几天给它浇一次水，有时还要给它松松土，还要让它享受到充足的阳光。这样，种子才会慢慢发芽、长叶子、开花。”

诗丹听了，有些泄气：“那我要等多久呢?”

妈妈笑着拍拍她的小脑袋：“不用很久的，只要你按妈妈说的去做，你就能看到美丽的花了。”

接下来，诗丹为了看到美丽的花，天天都要跑到花盆面前观察一番，并按时浇水。渐渐地，诗丹不断有新的发现：“爸爸妈妈，你们快来看，我的花发芽了!”“我的花长叶子了!”“我的花又长高了!“

几周后，诗丹还没起床，妈妈就推醒了她：“快起来，快去看看你的鸡冠花!”

诗丹连忙爬下小床，跑到花盆前："耶！好漂亮的花啊！"

通过亲手种花，诗丹体会到一个生命的成长，感到十分开心，也领悟到了坚持的含义。从那以后，诗丹以往做事散漫、没耐性的毛病改了很多，她居然能把以前没能坚持画完的画一口气画完，还要坚持让它更加完美。

事实上，生活中处处蕴含着培养女孩坚持性的教育契机，只要我们做有心人，就一定能成功地让自己的女孩养成做事有恒心的品心。

细节44：让害羞的女孩变大方的秘诀

含羞草，自然界的一种植物，外界稍有触碰，就会合上叶子。含羞草般的女孩，往往羞羞答答，不愿意主动与人交往。害羞的女孩通常会神经过敏、疑惑不安、孤单、沮丧以及难交朋友。

在一个开放、竞争激烈的社会里，那些大气的女孩往往更能适应不断变化的环境。害羞的女孩因为自身性格原因无法适应社会的竞争性，与人交往中也常常处于下风。

富养女孩，就是要让女孩变得有教养、有见识、待人接物落落大方。那么，如何为害羞的女孩把脉并加以妥善诊治呢？

方法一：分析女孩害羞的成因。

事实上，害羞也是一种情绪，是内心深处的胆怯或者自卑的一种外在表现形式。且不要说小女孩，我们每个人在一生中都可能有过羞怯的经历，只不过时间长短不同而已。

导致女孩害羞的原因也很多，其中不能肯定自己也是一个重要的原因。因为女孩比较敏感，有的女孩可能受过某种创伤，比如被同学欺负、受人打骂、被人奚落，这些都会让女孩的自尊心受损。

有的女孩家庭环境不和谐，父母经常在女孩面前吵架，这样会使女孩缺乏温暖、依靠、交流和亲情的安抚，女孩就会有一种不如别人、低人一等的感觉，导致女孩形成了羞怯自卑的心理。

因此，要让女孩不再害羞，我们首先要进行自我反省：

女孩是否只是比较含蓄而不是拘谨？我们是否给了女孩足够的安全感？

女孩是否有机会表达内心的感受？我们是否对女孩太严厉？

此外，一份研究资料表明，害羞的女孩，有时候其父母本身也存在不同程度的羞怯情绪。女孩受了父母的感染，无形之中也养成了害羞的习惯。因此，我们不仅要自我反省，找到女孩害羞的成因，还要改变自身的拘谨，为人处事端庄大方，才能为女孩树立一个好榜样。

方法二：为女孩提供充足的社交机会。

很多女孩害羞，是因为从小没有与外界接触的机会。因此，我们要多带女孩出去走走，让女孩有机会接触人，在与别人交往的过程变得大方起来。

当然，这是一个循序渐进的过程，最初应当在比较安全的环境中锻炼她，然后再渐渐扩大范围。

海琼是一个非常害羞的小女孩，在她很小的时候，见到一个陌生人就会哇哇大哭。奶奶认为这不过是小女孩的天性，但海琼的爸爸妈妈却决定要通过后天的教育，让海琼改掉这个缺点。为此，爸爸妈妈抓住了每一个机会对海琼进行锻炼。

朋友请客时，他们尽可能带上海琼，鼓励海琼主动向叔叔阿姨们问好。

家里来了客人，爸爸总要郑重地把海琼介绍给他们。当海琼长大一些时，妈妈就叫海琼给客人泡茶。不仅如此，爸爸妈妈还喜欢在客人面前夸奖海琼，这让海琼特别高兴。当然，每次客人走后，爸爸妈妈就会告诉海琼，在接待客人的过程中，她的哪些做法是好的，哪些做法需要改进。

此外，妈妈出去购物也会带上海琼一起去。还尽量让海琼去问问价格。

在爸爸妈妈的精心培养下，海琼的性格发生了改变。她的羞涩情绪越来越少，在待人接物方面有了更多的主动性，整个人也变得彬彬有礼、落落大方。

方法三：进行场景模拟练习。

爸爸妈妈可以让女孩把她感到害羞的情形列出来，然后再进行训练。

5岁的雨梅很喜欢看书，也很聪明。不过，雨梅不够大方，从来不敢主动表现自己。

有一次，幼儿园的老师对雨梅的妈妈说："雨梅什么都好，就是容易害羞。比如让她上台领操，别的小朋友都会争着做这件事，而她却摇头不肯。"

妈妈听了，若有所思，其实雨梅在家里也有类似的表现。雨梅的故事讲得很好，可家里来了客人，让雨梅讲一个，她却死活不肯讲，问她为什么，她回答说"不好意思"。

妈妈决定想办法让雨梅来克服这个毛病。妈妈先在纸上把雨梅感到害羞的情形列了出来，然后又有针对性地列出一张"克服羞怯"的训练表。

表上列着："向警察叔叔问路。""向老师请教问题。""夸奖邻居娜娜的新衣服漂亮。"

经过一段时间的训练，雨梅变得大方了很多。

方法四：物质奖励和精神奖励相结合。

当女孩在我们的鼓励下，有了一两次不错的表现时，我们可以奖励一样她喜欢的东西，比如一张贴画、一个小玩偶或者其他女孩都喜欢的东西。或者在墙上贴一张表格，每有一次不错的表现，就奖励一个五角星。

等到贴画或者五角星的数量达到一定数目时，可以带她去游乐场玩或者是从事女孩喜欢的活动。

一段时间之后，如果女孩的大方行为已经得到了巩固，我们就可以取消奖励贴纸之类的行为，改用口头表扬，同样可以收到不错的效果。在口头表扬时，不要吝惜赞美之词，比如“你很棒”、“你太了不起”了。

西方的父母经常用这些词汇来鼓励孩子，因此西方的孩子大多都表现得比我国的孩子大方。而中国的父母会感到这样的词语有些夸张，事实上成长中的女孩非常需要这样的鼓励，尤其是那些害羞的女孩。

细节 45：自信——成就女孩的一生

每一个女孩，都曾有过美好的梦。从婴儿到成人，从梦想与现实的交错中，都是在忐忑不安中成长起来的。

梦境是那么美妙，然而从梦境中跌落又是那么的痛心。很多女性在回忆起童年时那个美好的梦境时，都会摇头叹息：“那是不可能的！我那时多么孩子气！”

之所以这么说，都是因为她们缺乏足够的自信，不敢用行动来完成理想与现实之间的过渡。一个充满自信的女孩，才能穿过梦想的门槛，在光怪陆离的现实世界中，坚持自己的梦想，直到实现。

富养女孩，就是要在女孩童年的时候，就把自信传输给她，让女孩能够离开梦想的大门，满怀信心踏入现实，为自己美好的未来而奋斗。

方法一：适当放手，让女孩自己做决定。

在女孩成长的过程中，我们要让女孩明白她也能够有所成就。要让女孩明白，自己的目标要靠自己去控制，要能够做出独立的选择。

在生活中，我们不妨给女孩更多的“权利”，允许女孩做出更多的决定。比如，让女孩从小决定穿什么样的衣服，如何安排自己的课余时间，参加什么样的兴趣班。这样，女孩从中享受到了自主权，她会逐渐意识到父母对她的信任，并会作出正确的选择，也明白自己的选择会有什么样的后果。

相反，一个从小就任由父母安排好一切的女孩，不仅对自己没有信心，也会对生活感到无助、被动。长大以后，一旦父母不能再帮助她作决定，她就会怨天尤人，手足无措，到处寻求帮助，而不相信自己的能力。

方法二：维护女孩的自尊心。

心理学家指出，孩子的自尊心直接影响着自信心，如果自尊心受到伤害，那么孩子也难以建立自信心。

下班了，爸爸高高兴兴地回到家。10 岁的天瑜正在客厅里玩电子游戏，妈妈则在厨房里做饭。

爸爸先走到工具间，想拿一样工具，没想到眼前的情形让他大吃一惊：工具间里一片狼藉，工具被扔了一地，旁边还散放着天瑜的几个小玩具。

爸爸不由得怒火中烧，转身走到客厅，一把将天瑜抓了出来，把她推推搡搡地领到工具间，厉声问：“这是什么？啊？我告诉你多少次了，用完工具放回原处，你长没长脑子啊？怎么老是这样？”

天瑜害怕得有些发抖，生怕爸爸打她，连忙大声叫妈妈。妈妈急忙跑了过来，这时爸爸已经怒不可遏地扬起了手掌，妈妈一把拦住爸爸：“怎么了？”

爸爸怒气冲冲地甩开妈妈的手，说：“你问她！”

妈妈看看天瑜，用鼓励的眼神示意她说话。

天瑜低着头低声说：“妈妈，我的玩具娃娃坏了，我把它拿到工具间想修好它。就在这个时候，你喊我接电话，我拿起电话和同学聊了起来。放下电话后，我就忘了这事了，转身去打游戏了。妈妈，我总是记不住我要做的事。”

妈妈连忙说：“不是的，你不是想修好自己的玩具娃娃吗？”

见妈妈没有生气，天瑜才壮着胆子抬起头看着妈妈。

妈妈又说：“那现在让爸爸和你一起修理玩具娃娃，好不好？”

天瑜认真地点点头。

爸爸有些莫名其妙，妈妈示意他帮天瑜修玩具娃娃，他虽然余怒未消，但也慢慢平静下来了。

于是，爸爸蹲下身和天瑜一起修理她的玩具娃娃。修好后，爸爸正准备收拾工具，天瑜却说：“爸爸，我来收拾，我知道它们原来放在哪里，我来放好吗？”

爸爸听了天瑜的话，很是惊喜。他点了点头，站在一边看着天瑜认真地收拾着。

在这个案例中，爸爸差一点伤害了天瑜的自尊心，让她觉得自己什么都做不好；而妈妈及时改正了爸爸的错误。女孩小的时候难免要犯错误，我们应该做的，就是对她提出改正建立，而不是随意批评训斥，损伤她的自尊心。

此外，还有一点，我们也要注意，那就是不能过分关注女孩的体重或者女孩的饮食量。一项研究发现，父母越盯着女孩的体重不放，越控制食物，女孩对自己的评价就越低，自尊心也越容易受伤害。

方法三：保护女孩的个性。

一个自信的女孩，也是一个有个性的女孩。她知道自己想要什么，也知道自己信奉什么。她不会人云亦云，而是会坚持自己的观点和见解。

一个有个性的女孩喜欢说："我能做这件事。""我不支持这种观点。""我想要这个。"

这些话正是女孩富有自信心的表现，自信能让女孩在人生紧要关头把握好自己的方向，而不至于迷路。

第六章 富养关键之三："重金"打造女孩的超凡气质

有句话说得好，女孩可以不漂亮，但不能没有气质。一个有气质的女孩往往会给别人留下深刻的印象，也会给她的人生之路平添几分成功的筹码。

要富养女孩，就要从培养女孩超凡的气质入手。我们很难给予女孩"沉鱼落雁"、"倾国倾城"般的容貌，但我们完全可以通过后天的富养，打造女孩的气质，让女孩即使走进"花的海洋"里，也能"质压群芳"。

事实上，每个女孩都有着超凡气质的潜质，只要我们顺应女孩的天性，倾听女孩内心的声音，精心打造，就能培养出一个气质高贵优雅的女孩。

细节 46：举止——举手投足间培养女孩的淑女气质

我们也许可以用"站如松，坐如钟，卧如弓，行如风"来对淑女的举止作要求。因为对女孩来说，优雅的举止如同漂亮的衣服一样，能够起到锦上添花的作用。一个举手投足之间富有淑女气质的女孩，往往能够在公众中产生巨大的感召力，甚至会产生一种魔法般的吸引力。这样的女孩，不仅能够博得异性的青睐，还能赢得同性的敬重。

当然，良好的举止绝不是与生俱来的，而是在父母的富养下，一点一滴培养起来的。要培养一个举止优雅的女孩，父母就要从她的孩童时期开始，进行举止方面的培养。

方法一：让女孩从小养成仪表整洁的习惯。

女孩的仪容仪表的整洁是非常重要的，一个干净清爽的女孩本身就是一张形象气质的名片。

在女孩3岁左右时，爸爸妈妈就应当教女孩树立“干净整洁”的意识，每天洗脸时，要把脖子、手都洗干净。再大一点，女孩要学着剪指甲、洗头发，并且养成勤剪、勤洗的习惯。早晚刷牙，饭后漱口，注意口腔卫生。让女孩养成经常洗澡的习惯，保证身体没有异味。女孩的衣着要干净、整洁、合体。

方法二：教女孩学习优雅的坐势、站势及行走姿势。

女孩3岁时，爸爸妈妈就应对女孩的站、坐、行走以及神态、动作等方面提出优美的要求。与此同时，妈妈也应当注意自己的举止，给女孩作一个榜样。

女孩的站立姿势应当是优美的，身体直立、挺胸收腹、脚尖稍向外呈V字形；要避免无精打采、耸肩、塌腰等，那样会给别人一种非常懒散、不美观的印象。

女孩的坐姿应当是端正挺直的，而不能死板僵硬，更不能半躺半坐。生活中，我们不仅看到一些女孩坐下时大大咧咧，双腿分开，或者把腿随意往前伸，样子极不雅观。事实上，正确的坐姿要求女孩膝盖以下的腿总是直立的，正确的坐法会使双腿看起来好像相叠在一起。

走路时，女孩应当挺胸抬头，肩臂自然摆动，步速适中。要告诉女孩走路时不得迈“八字步”，或者摇摇晃晃，以及扭捏碎步。

无论是站立、走路或坐下，最容易忽略的是手的动作，这里有一个最基本的原则，那就是保持自然。站立时，教女孩把手的位置放在腰部或外侧，但不要紧贴腰际，那样会显得很胖，所以一定要保持一点儿空隙。坐下时，可以把双手自然放在膝盖或者扶手上，显得大方得体。要让女孩记住，在正式场合中不要双手叉腰或者双肩环抱于胸前。

无论是什么样的姿势，女孩的表情神态都要表现出对别人的尊重、理解和友善，自然微笑，而不能有各种“小动作”，比如随便剔牙、掏耳朵、挖鼻孔、搔痒、抠脚等。

方法三：用各种方式告诉女孩“什么是优雅的举止”。

生活中，很多父母都会说自己的女孩：“你是女孩，要有女孩样。”“女孩子要文雅些。”

这样的话没什么错，但是太过空泛。要想让女孩有良好的举止，那么我们应当告诉女孩在什么样的场合下，做出什么样的举动才是优雅的。

当然，可能我们本身也不清楚什么样的标准才叫优雅，那么我们可以借助图书、光盘、电视等媒介资料来解决这个问题。比如，和女孩一起看一些介绍举止的图书，或者观看类似的光盘，从中进行观赏、学习、研究。此外，电视上的世界小姐选美大赛、主持人选秀节目也是不错的学习题材。

需要注意的是，我们向女孩讲解优雅举止的标准时，不要用教训、命令的口吻，而是要循循善诱、谆谆教导。当优雅举止成为女孩一种不自觉的习惯，女孩卓尔不凡的气质也就形成了。

方法四：多提示和表扬女孩。

即使我们下了很大工夫来培养女孩良好的举止，但女孩还是会有“犯错”的时候，比如，客人来了，女孩忘了向客人问好，或者没给客人倒茶。这个时候，你是不是会很生气地“教训”女孩，说她“今天太没礼貌了”？

其实，女孩的一些错误行为往往出于考虑少，而不是有意冒犯。因此，如果我们此时严厉地斥责女孩，并给女孩制定规矩，那么往往会使女孩产生反感和抵触情绪。因此，如果我们想让女孩的举止变得优雅，那么最好多提示和表扬她。

妈妈带媛媛去一位阿姨家做客。路上，妈妈用提示的口吻对媛媛说：“我们去看阿姨的时候，如果你能安安静静地坐在自己的座位上，而不是到处乱跑，那么妈妈会很高兴的。”

做客回来后，妈妈这样表扬了媛媛：“我今天很高兴，我喜欢你像个小淑女一样坐在那里的样子。”

一般来说，当我们对女孩子有所提示时，女孩子往往会牢记并努力实现父母的期望。而我们适时的表扬，则可以让女孩的这种好习惯得到延续。

经常作这样的提示和表扬，用不了多久你就会发现，你已经不再需要提示、只需适时表扬就可以了。

此外，我们还可以制定一些家庭内部的基本原则，来引导女孩形或文雅举止。

吃饭时，洋洋把胳膊放在了桌子上。妈妈看到了，有些生气。

因为，爸爸妈妈不止一次告诉洋洋，吃饭时不要把胳膊放在桌子上。

妈妈本来想批评洋洋“不懂事”，转念一想，便用很轻松的口气说：“我们家的规矩是吃饭时，胳膊不放在桌子上，对吧。”

一旁的爸爸笑着点点头，而洋洋已经悄悄把胳膊从桌子上拿开了。

与严厉的批评相比较，制定基本的原则会比较容易被女孩所接受，因为你是在说一种制度、一种行为，而不是在批评她。

细节 47：谈吐——让女孩“说”出气质

谈吐文雅，是女孩聪明、有教养、有才智的体现。

一个外形漂亮的女孩，却讲出满口粗俗的话，一定会令人失望；一个既不漂亮又满口脏话的女孩，到哪里都会令人反感。

高雅的谈吐，是女孩走向社会的一张通行证，也是女孩超凡脱俗的内在精神气质的表现，更是良好修养的有力说明。

高雅的谈吐，能让女孩的魅力完全放射出来，让周围的人受到深深的感染。作为父母，我们应当如何培养女孩高雅的谈吐呢？

方法一：抓住女孩学说话的“黄金阶段”。

女孩年幼时，特别想说话。她们会饶有兴趣地听着爸爸妈妈的每一句话，冷不防地，她们就会脱口而出类似的词语、短句。女孩会手舞足蹈地同邻居阿姨说话、同爸爸妈妈的朋友说话。

因此，幼年时期，正是女孩学说话的黄金阶段，也是我们培养女孩高雅谈吐的关键时期。在这个阶段里，我们要多花些工夫去培养女孩的语言才能，一方面发挥女孩聪明机灵的天性；另一方面，可从中培养女孩的语言礼仪。

方法二：让女孩的声音富有艺术性。

女孩的可爱表现在三个方面：声音、形象和性情。但是，在实际生活中，人们往往注意到的只有后两点。其实，声音在女孩子的可爱之中占有的分量是很重的，有一种奇妙又神奇的力量，如同女孩裸露的灵魂。

女孩优雅的声音，像磁场感应，达到“不见其人，只闻其声”就产生好感的效果。

在女孩开口学说话时，爸爸妈妈就要注意让女孩养成温柔的音调，千万不要太高、太亮。古人说得好，有理不在声高。女孩温柔的声音，娓娓动听，就像高山流水的音乐，美妙绝伦；就像林中清脆的鸟声，悦耳动听；就像飘溢流香的酒，沁人心脾。温柔的声音是世界上最美丽动听的音乐，令人陶醉。

同时，要让女孩带着感情去说话。女孩本是感性的，有感情的声音才能发挥女孩与生俱来柔情似水的天性，去制造声音抑扬顿挫、欲言又止的磁场。在磁场里，女孩的感性将成为一个被关注的焦点，产生强大的磁力。

当然，我们并不是说要训练女孩刻意修炼自己的声音，达到出神入化的地步，而是说女孩的声音一定要有艺术。毕竟先天的音质不同，有的女孩声音清脆响亮，有的女孩则有些沙哑，但不管是什么样的声音，只要音调适中、富有感情，都能制造出磁场来。

方法三：让女孩学会正确的用词。

在女孩学说话的过程当中，注意不要让女孩用“嗯”、“喔”等简单的鼻音词汇来表达自己的意见。要知道，这种发音会给别人留下极其不好的印象。

当女孩长大后进入社会时，这种词汇会让别人觉得女孩很“懒惰”，一副慵懒的说话的样子；同时也让对方觉得女孩态度不好，不尊重人。因此，父母要让女孩学会用准确、清晰的词语来表达自己的意见，比如“对”、“很好”、“是这样的”，这的词汇才会向别人传递一种礼貌、尊重的感觉。

同时，女孩在学说话的过程当中，就像会自己的习惯动作一样，不知不觉会形成自己的口头禅。女孩的模仿能力很强，可能听到别人说一句“没劲”、“真无聊”，她就学会了。或者不小心听到大人说“他妈的”、“神经病”，误以为好玩，也随口说出来了。因此，爸爸妈妈要注意及时优化女孩的口头禅，把那些消极的口头禅从女孩的词库中抹除。

方法四：让女孩养成文雅的说话态度。

女孩在与别人交谈时，态度要诚恳、亲切，简洁得体，不要沉默不语，也不能喋喋不休。

谈话时，女孩的举止要落落大方。女孩不仅要会说话，更要学会听别人说话，不随意打断，不随便接话。谈话时，要平视对方，而不能东张西望，或者翻看其他东西。交谈的人比较多时，注意不要只和其中一个人说话，而冷落了其他人。

在训练女孩说话时，要注意不要让女孩养成“咄咄逼人”的说话习惯。一般来说，女孩不应当与别人口枪舌战，但是并不意味着女孩就应该忍气吞声，没有反驳与辩解的权利。相反，我们要引导女孩发挥才思敏捷的优势，说话有条不紊，应答如流，这样的女孩到哪里都受欢迎。

此外，女孩的说话时，要注意自己的语速、语气、语调，说话的内容要注意场合，不要在公众场合高谈阔论，手舞足蹈。谈吐是女孩风度、气质和优雅的表现。

女孩子的谈吐除了讲话的内容外，讲话的姿态、表情、语速、声调等都体现一种艺术。谈话时，女孩可以适当地使用肢体语言，但是过多的动作就会适得其反。

一个优雅的女孩应该知道：该说的话说，不该说的话不说。说话像泼妇骂街、唠唠叨叨、道人闲话、说三道四、粗俗不堪的女孩只会令人厌倦。

细节 48：礼仪——仪表美是女孩的第一要素

在这个丰富多彩的社会里，每一个女孩的生活与个性应当是富有格调的，而一个富有格调的女孩总是有气质的。富养女孩，就是要让女孩在激烈的竞争中始终不失本色，而气质女孩的表现符号之一就是文明礼仪的培养。

对一个女孩子来说，良好的气质不仅是外在的相貌、优雅的举止、高雅的谈吐，还应当包括行为美，这是个人礼仪的重要组成部分。

很多时候，我们花了很多精力去教导女孩礼仪方面的知识，但是女孩总是犯这样那样的“错误”。这时，我们往往会怀着“恨铁不成钢”的心情，直接阻止女孩那些不符合礼仪的行为。渐渐地，在我们的严格约束和管教下，女孩无论是待人接物，还是出门会客，都会表现得优雅得体。

然而，她们真的明白了“礼仪”二字的含义了吗？答案是否定的。

无数事实也证明，那些小时候在父母粗鲁、强迫的教育下学会礼仪的女孩，长大成人后往往会产生强烈的叛逆心理，故意说脏话、置基本的礼仪于脑后。

在女孩看来，礼仪不过是儿时父母对自己的一种要求和需要，而不是一定要去遵守的做人准则。在内心深处，女孩一直没弄明白自己为什么要懂礼貌、以礼待人。

儿时的女孩之所以乖巧可爱、讲文明、懂礼仪，多半是因为女孩之天性是善于顺从，所以她没有向父母询问“为什么要这样做”，而是直接选择了遵从父母的意愿。长大成人后，女孩自然很容易把这些表面的教条统统抛到脑后，我行我素。因此，礼仪教育必须进入女孩的内心，才会形成一种持久的气质。

方法一：在日常生活中培养女孩良好的礼仪行为。

在这个广泛的社会交际中，一个有着高雅气质和良好风度的女孩，往往能成为社交场合中的“亮点”，也更容易受到别人的欢迎。

这就需要爸爸妈妈在日常生活中加以培养，把这一礼仪传授给女孩。

10 岁的可岚乖巧懂事，待人彬彬有礼。每次家里来了客人，可岚都会事先把屋子收拾整齐，把茶具摆好。

客人到来时，她会主动迎接客人进屋，帮客人放好衣物，请客人在合适的位置落座。然后，她会询问客人喝什么饮料，并主动送上。客人走的时候，她会送到门口，并和客人说声“再见，欢迎您再来。”

有一次，妈妈的一个几年不见面的老同学梅姨来家做客。当可岚为她递上茶水时，梅姨注意到可岚是用双手递过茶杯的。梅姨一时间大为惊讶，因为她那已经 15 岁的女儿给别人递东西，总是用一只手，即使面对长辈也不例外。

梅姨到来时，爸爸妈妈都不在家，可岚便主动与梅姨交谈，大大方方地回答了梅姨的一些问题。梅姨一边和可岚说话，一边寻思老同学是怎么教出这么有礼貌的女孩的。

妈妈回来后，梅姨顾不上说别的，连忙问：“老同学，你这女儿太懂事了，年龄不大，待客的礼仪样样精通，你快说说，你是怎么训练她的?”

妈妈一听，乐了：“我们根本没专门训练。从她很小的时候，来了客人就跟在我身边，看我招待客人。时间长了，她就学会了。当然，我们也会在适当的时候给她一些指点。”

梅姨听了，沉思良久，仿佛明白了自己的女儿为什么在这方面这么差劲。

在生活中培养女孩的待客之道是一个好办法，同样的道理，培养女孩的做客之道也是一样的。

在女孩幼年时，爸爸妈妈不妨多带女孩出门拜访朋友，从而教给女孩基本的做客之道。比如，吃饭时，不能抢先入座，也不能先动食品；要先请长辈坐下，等长辈动筷后再动，用餐时双肘不能放在桌子上。吃完饭后，稍微等一会，或者说声“我用好了，请慢慢用”，然后再去别的房间休息。告别时，要说感谢的话或者发出邀请，如“今天很高兴”、“欢迎到我家玩”。

方法二：引导而不是强迫女孩。

可爱的女孩如同一株柔弱的小树苗，她的成长需要我们正确的引导和培养。如果我们总是强迫女孩执行相应的礼仪行为，就如同硬生生地把小树苗的枝条捆绑起来，试图让树苗向着我们要求的方向成长。看起来，我们成功了，其实却是失败了。

对女孩进行礼仪教育，最好的方法就是引导她去体验他人的心情，带领她去感悟礼仪所能带来的更加美好的东西。

5岁的雨嘉正抱着一个包装盒左看看右瞧瞧，这是妈妈的好朋友莫阿姨从国外给她带来的一件礼物。礼物的包装很漂亮，是一个精美的印有白雪公主的卡通包装盒。

妈妈正和莫阿姨说话，雨嘉在一边抱着礼物又摇又晃，后来一使劲，把外边的包装纸撕了下来。妈妈见状，有些生气，刚想训斥雨嘉，又觉得不太好，便笑着对莫阿姨说：“谢谢你送雨嘉这么漂亮的礼物！”

莫阿姨笑道："没什么，一件小礼物而已，希望她会喜欢。"

妈妈说这句话，本来是希望雨嘉反应快一点，能跟着自己说话，向莫阿姨表示感谢。没想到，雨嘉的心思都被礼物吸引住了，压根没听到妈妈说的话。

妈妈忍住气，送走了莫阿姨。然后，妈妈把雨嘉叫到面前："雨嘉啊，莫阿姨给你买了这么好的礼物，我们给她写一封感谢信或者打一个电话如何？要是莫阿姨知道我们也惦记着她，她也会高兴的。"

雨嘉听了，想了想，说："那我给莫阿姨打个电话吧。"

妈妈又说："雨嘉，下次收到礼物时，要记住当面说声'谢谢'，那样莫阿姨就更高兴了。"

雨嘉点点头，妈妈拍了拍她的小脑瓜："去打电话吧。"

在这个故事中，雨嘉妈妈的做法就比较恰当，她没有当着客人的面教训雨嘉，而是采用了多次引导的方法，让雨嘉从中领悟到接受礼物应有的礼节。

事实上，真正的礼仪教育，应当如同春风化雨一般，能够沉淀在女孩的内心深处，让女孩学会尊重他人的情感、懂得感恩，这才是正确而有效的气质教育。

方法三：给女孩做个好榜样。

爸爸妈妈要让女孩养成使用文明礼貌用语的好习惯，如经常说"您好"、"谢谢"、"请"、"对不起"、"没关系"等。在这方面，爸爸妈妈自己要以身作则，给女孩作个好榜样。

4 岁的兰兰和妈妈一起去姥姥家玩，正好舅舅一家要出去逛街，大家就结伴出去了。

回到姥姥家时，楼道的灯坏了。舅舅正在包里摸钥匙，众人却听到兰兰一边用脚踢着防盗门一边大声叫："开门！不开门我就踢门了！”

妈妈大吃一惊，刚想责备兰兰，突然想起自己的老公每次回来晚了，总是一边用脚踢门，一边吼道：“开门啊，不开我就踢门了！”

一般来说，爸爸妈妈带着女孩在外交际时，常常会十分注意提醒和鼓励孩子使用礼貌用语，如“请”、“谢谢”、“对不起”等。回家之后，很多父母却放松了对孩子的要求，认为在家里用不用礼貌用语是无所谓的事情，或者自己也根本不注意。

上面这个小故事里，兰兰只是模仿爸爸在家说话的样子，一不留神就在外人面前“露馅”了。其实，礼貌用语不仅是指在外人面前，在家人面前也一样。女孩子良好气质的形成，并不在于她在他人面前表现如何，而在于这种良好的表现是否是她的一种习惯。所以，要让女孩懂礼仪，就应当让女孩在外、在家的表现保持一致。

细节49：装扮——引导女孩选择适合自己的衣服

装扮，也就是女孩的衣着服饰，那是女孩内在品位、气质的无声表达，也是尽情展现女孩个性的魅力符号。一个打扮得体的女孩，无疑是一个亮点，无形之中就为自己平添几分韵味。

富养女孩，不仅要让女孩有优雅的举止、不俗的谈吐，还要让女孩学会选择适合自己的衣服，穿出自己的独特个性来。倘若一个女孩，对穿着打扮表现出一副无所谓的样子，那会如何呢？

曼兰是一个不怎么喜欢讲究穿着打扮的女孩，留着短短的板寸，穿的衣服也总是偏向男孩的款式。

从小到大，曼兰从来不觉得这有什么不好，因为她的妈妈也同样不爱打扮，说话也是大大咧咧的。妈妈从来没为曼兰的衣服操过心，只要能穿上身就可以了。倒不是家里经济条件不好，没有能力给曼兰添置漂亮的衣服，而是妈妈总认为一个女孩子太注重打扮，很容易变得爱虚荣。

上初中后，曼兰班上的女同学一个个都出落得亭亭玉立，穿衣打扮也变得多姿多彩，而曼兰还是一副假小子样，课余时间也喜欢和男生一起打打闹闹。

有一次，曼兰正和一帮男生兴奋地谈天说地，说到兴奋处，还抡起拳头打了一个男生一下。那个男生生气地指责道："你看你，穿衣打扮像男孩，说话也这样，怎么一点儿女生的样子都没有?"

曼兰一下就沉默了，很长时间都缓不过劲来。

看得出来，曼兰其实是一个很开朗、外向的女孩，幼年时期一副假小子打扮也没什么，但到了一定的年龄对衣着打扮还是无所顾忌，那么她可能会受到来自多方面的批评和压力。这种压力不仅会影响女孩的人际交往，也可能对她未来的婚恋生活产生不好的影响。

因此，富养女孩，就要教给女孩一些必要的着装知识，让女孩学会选择适合自己的衣服。

说到这儿，可能有的父母会说："我家的女孩根本不用我们教，小小年纪就爱'臭美'了，整天对着镜子研究自己的长相，琢磨自己的衣服，这样下去，不也是个问题吗?"

其实，爱美本是女孩的天性，也是一种积极的、健康的追求。一个外表令人愉悦的女孩不仅能让别人赏心悦目，更能展示自己的美丽和气质，获得更多的自信。父母要做的就是对女孩的"臭美"进行正确的引导和鼓励，让女孩从外表到内心，建立自我的感觉，并养成良好的行为习惯。

方法一：抓住女孩的“审美敏感期”进行引导。

在生活中，我们时常可以看到一些小女孩，喜欢偷穿妈妈的高跟鞋，一摇一晃地走来走去；喜欢照镜子；喜欢漂亮的衣服；喜欢让大人拍照……

有些父母为此感到担忧，怕女孩这么小就如此爱“臭美”，长大了还不成了一个只注重穿衣打扮的“花架子”了？其实，这是因为女孩的审美敏感期已经到来了。儿童心理学家指出，女孩到了3岁后，开始对自己的衣着产生了浓厚的兴趣，并且对自我和环境有了一定的审美要求。

从3岁开始，女孩对什么东西都有了自己的美丑判断。女孩认为美的，就特别喜欢，根本不管它是否适合自己；女孩认为丑的，就坚决不碰。爸爸妈妈对此也不必过于紧张，可以从日常生活中入手，一点一滴地帮助女孩树立自己的审美观，女孩就可能成为一个审美能力极高的气质女孩。

即使女孩的打扮很“怪异”，也要尽量让自己的反应平淡一些，通过对女孩精神方面的关注，让女孩自己把注意力也转移到精神方面。比如，你可以说：“今天阳光不错，穿件鲜艳的衣服，人也会觉得很精神。”

相反，在女孩的“审美敏感期”，如果我们经常粗暴地加以干涉、阻止、限制，那么女孩的审美发展就会停滞，并遭到破坏。

方法二：教女孩学会正确的衣着搭配。

爸爸妈妈要让女孩明白，衣着打扮不仅是个人的喜好，也是社交礼仪的需要，不同的场合要有不同的打扮。

如果女孩穿着很怪异，不妨向她讲明道理，告诉她衣着得体是基本的着装要求，明确告诉她哪些衣服绝对不能穿出家门。如果她想让自己更漂亮，那么她可以根据场合和身份选择合适的衣服，还要考虑天气的变化，适当增减衣服。

平时，妈妈与女孩一起研究一下衣着搭配的学问，让女孩自己选择穿着的色彩、款式，并给予她一些建议。

方法三：让女孩自己动手设计服装。

9 岁的雅丝不仅喜欢漂亮的衣服，也喜欢自己动手给芭比娃娃设计衣服。

有一次，她正在摆弄小碎布，妈妈回来发现了她的举动，便说："雅丝，为什么不给你自己设计一套衣服呢？"

雅丝有些为难："我怕不好看。"

妈妈鼓励道："没关系啊，自己设计出来的衣服更对自己的胃口嘛。再说，你不是很喜欢画画吗？"

接下来，妈妈又给雅丝讲了一些设计衣服的步骤、要领，并建议雅丝向她喜欢看的漫画书取材。

在妈妈的鼓励下，雅丝看了很多漫画书，并收集了网络聊天工具中 QQ 秀的服饰。接着，她把从中找到的自己喜欢的元素一起画出来，并修改色彩、样式，加上装饰，最后画出了一个图样。

"妈妈，你看我画我的图样！"雅丝兴奋地举着一张图纸跑到妈妈面前。

妈妈接过来一看，上边画着一件粉色的上衣和一条粉色的裙子，款式新颖、时尚，又有童话元素。

妈妈一把拉起雅丝："走，我们去挑选布料。"

妈妈带着雅丝来到商场，挑到了合适的布料，然后又把图样送到裁缝店加工。

衣服做好后，雅丝高高兴兴地穿在身上，在全家人面前优雅地转了一圈，众人都大声叫好。第二天，雅丝穿上这身衣服去上学，街上的行人纷纷向她行"注目礼"，班上的同学还问她衣服是在哪里买的。

雅丝高兴极了，回到家告诉妈妈："我长大了要做服装设计师，让别人穿上我设计的衣服。"

妈妈点点头："好啊，只要你努力，肯定会成功的。"

其实，雅丝能不能成为一个服装设计师并不重要，重要的是在自己动手设计服装的过程当中，她已经学到了很多东西，也进一步提高了自己的审美能力。

美丽的最高境界就是拥有自己的个性，不随波逐流。这样的女孩，才不会为流行所累，更不会为衣服而痴迷，而是懂得如何打扮自己，让自己更漂亮、更有气质。

细节 50：音乐——提高女孩自身的修养

音乐对于女孩子智能的开发以及素养的提升有着很重要的作用，也是培养女孩超凡气质的一种不可缺少的教育方式。

也许有的父母会说，我们自己都没什么音乐细胞，孩子当然不会有音乐天赋了，所以学音乐也没什么作用。其实不然，不管父母有没有音乐细胞，只要在家庭环境中为女孩提供一种音乐氛围，尤其是在女孩 6 岁以前注意对其音乐天赋的引导，就能为女孩日后的音乐学习奠定良好的基础。

一项科学研究表明，音乐训练能对女孩的神经网络产生深远的影响，能让女孩享受到一种深沉的爱，让女孩的心里充满快乐。这种情绪能促进女孩神经系统的发育，能够调节血流量和神经系统的活动功能，有利于女孩的记忆、理解、想象能力的发展，对女孩的身心健康成长大有裨益。

一个对音乐有着感知力的女孩，能够深切感受和理解优美、崇高的情感；一个在音乐中成长的女孩，她的心灵不会为世事所缠扰，能够保持一颗不老的心。

著名作曲家、音乐评论家德彪西说过："音乐是热情洋溢的自由艺术，是室外的艺术，像自然那样无边无际，像风、像天空、像海洋。"

因此，女孩的生活中不能缺少音乐，音乐不仅能带给女孩心灵上的宁静，还能提高女孩自身的修养。良好的艺术修养对培养女孩超凡气质的重要性不言自明，那很可能是女孩一生的财富。当然，艺术修养不是天生的，它需要在艺术欣赏和才艺学习中逐渐培养和锻炼起来。

方法一：经常给女孩播放轻松、欢快的音乐。

在女孩出生后，爸爸妈妈不妨经常让女孩听些欢快的乐曲，用音乐来刺激其神经，能让女孩感受到愉悦和安全，并对这个世界产生积极的认同。此外，让女孩听音乐电台的广播、听幼儿歌曲、看音乐电视。如果一个女孩一出生就生活在美妙的音乐之中，那么她就会觉得音乐是生活必不可少的一部分。

事实上，虽然对音乐的感知力并不是女孩的特长，但是女孩的思维细腻，富有想象力，比男孩更容易走进音乐的幻想中。女孩隐藏的音乐才能是极其丰富宝贵的，远远超出成人的估计。

欣妍两岁半了，因为爸爸是小提琴手，家里经常播放优美的乐曲。在欣妍还没出生时，就已经生活在音乐声中了。出生后，音乐声又伴随着她一起成长，她对音乐有一种特殊的依赖性。因为欣妍太喜欢音乐了，爸爸妈妈就把音乐当成了一个"法宝"，只要欣妍哭闹，他们就放她最喜欢的音乐给她听。

有一次，欣妍为了一点小事哭个不停，爸爸就给她放了一首她最喜欢听的曲子。可是，由于电压不足，录音机里放出的音乐“跑调”了。这个时候，欣妍的哭声还没完全停止，便一边哭一边哽咽地告诉爸爸：“磁带坏了！”

欣妍的话令站在一旁的保姆孟阿姨惊诧不已，因为她一点都没听出来。

可见，女孩出生后，如果每天都能接触音乐、听音乐，慢慢地，女孩就能真正发现音乐中的美感，并能逐渐听懂音乐，也会学着用音乐来表达自己的情感了。

方法二：帮助女孩分析音乐表达的意义。

为了提高女孩的音乐素养，光让她听还不够，还要帮她分析音乐表达的意义。也就是说，要让女孩明白自己正在听什么，比如呼啸的北风、潺潺的小溪、滴答的小雨等。

这样，通过听自然界的声音，女孩就能理解声音的基本含义。再听音乐时，就能借助于最初对声音的感受、辨别和记忆能力，从而了解音乐所描绘的事物形象，直到有了乐感。因为，女孩要熟悉现实世界中所感受过、听过的各种音响，才能体会出音乐是怎样通过对现实世界各种音响的模拟和反映，来表现这个世界的。

方法三：判断女孩是否有音乐天赋。

对那些有音乐天赋的女孩，爸爸妈妈不妨及时加以引导，用科学的方法去开发、训练和培养她，不仅有助于其气质的形成，也有助于女孩未来的人生发展。

怎么判断女孩是否有音乐天赋呢？爸爸妈妈可以在日常生活中加以观察——

在家庭生活中，那些有音乐天赋的女孩自幼喜欢唱歌，特别是别人没唱过的歌。这些女孩的音准、节奏比较准确，而且还能用符合歌曲内容的表情歌唱。不管什么时候，女孩听到音乐时总是全神贯注、专心致志。

没有专人的引导，有音乐天赋的女孩能自发地亲近某件乐器，喜欢摆弄，甚至自己能够弄出准确的曲调来。

有音乐天赋的女孩对各种声音有特殊的兴趣和敏感。如：风声、雨声、水流声、波浪声、树叶声、雨滴声、虫鸣鸟叫声，或者能辨析脚步声、敲门声、电话中的一声招呼，等等。

如果女孩具备以上一些特征，那就说明她具有优秀的音乐发展潜力。这个时候，爸爸妈妈应该及时引导女孩向音乐方面发展，以便女孩长大后能够在作曲、演奏、演唱、音乐鉴赏等领域有所成就。

此外，爸爸妈妈也可以请专业的老师，为女孩作一个测试，做到心中有数。

一般测试的方法为——

让女孩在钢琴上弹出一乐句或一小乐段，看能否模唱；能否快速模唱单音，确定音准；能否快速模唱双音、和弦，可以用旋律或和声两种弹法。

打出从简单到复杂的节奏，看其能否模仿。

在测试中，有音乐天赋的女孩发音纯净、明亮、动听。唱歌的音调准确、有节奏感。随着音乐的展开，有明显的情绪变化，会伴着音乐的节拍、速度和表达的内容，做出相应的动作反应。

当然，如果测试结果一般，也不必灰心，更不要逼着女孩学习音乐。那样不仅不能开发女孩的音乐智能，反而会让女孩对音乐产生“憎恨”的心理，对其气质的培养也没有什么效果。

细节 51：舞蹈——让女孩更灵动、更具活力

每一个女孩都是一个天生的舞者，每一个女孩都梦想着能站在那方舞台上，尽情旋转。

跳舞的女孩，身上所散发出的青春活力与韵味，既养眼又养心。跳舞的女孩，身上那种艺术气质会表现在日常生活中，即使是平平常常的举手投足，都美得可以入诗入画。因为她们长期处于美的渗透与潜移默化中，身体已经充满了“旋律”的味道。跳舞的女孩，如同手工制作的陶器，需要经过细雕、造形、绘画、着色、上釉等一道道工序，最终才能捧出一件光彩照人、俏丽而又华贵的作品。

女孩学舞蹈的好处很多，舞蹈让女孩的身体富有灵动感，也让女孩的气质更加出众。并且，女孩学舞蹈也是一个内外兼修的过程。要知道，形体艺术修炼，需要女孩付出相当艰苦的努力。在一次次的自我挑战中，在与同伴比拼意志的过程中，女孩的心灵也得到了锤炼。

女孩学舞蹈的好处还在于，不仅外在优美，而且也会令心灵沉淀出一种“我能”的自信。当这种苦行僧式的修炼上升到一定境界时，舞蹈就成了一个女孩的行为艺术。这个时候的女孩，不仅举手投足韵味满满，待人接物也会大方得体、自成风度，成为一个名副其实的气质美女。

要知道，形体的优美、肢体的灵活与柔韧、较强的审美能力，这些正是培养女孩子超凡气质所必需的。

因此，要想让女孩成长为一个更有才艺、更具个人魅力的女

性，我们应从小就注重培养女孩的舞蹈气质。那么，我们应该怎样去引导孩子学习舞蹈，进而让孩子拥有优美的气质呢?

方法一：发现并培养女孩的舞蹈天赋。

一般来说，具有舞蹈智能的女孩，在很小的时候，大约1～4岁就会表现出其舞蹈方面的天赋。

对舞蹈有强烈的兴趣。动作协调、轻盈、优美、灵活；动作完全与音乐一致。

脚的走、跑、行进、跳跃等动作，富有节奏且灵活自如。

能利用手和手臂的结合，做出许多动作，喜欢模仿性动作，喜欢电视上的舞蹈节目。

能伴着音乐的节拍律动，愿意与小朋友一起表演，能根据自己学过的动作，编创一些简单的舞蹈。

如果女孩没有表现出天生的舞蹈天赋，我们还可以在日常生活中加强培养女孩对舞蹈的兴趣。例如，经常让女孩通过电视观看少儿文艺节目、歌舞表演等，让女孩用感官直接感受舞蹈的美，引起孩子对舞蹈的注意和兴趣。这时，如果你发现自己的小公主喜欢"手舞足蹈"时，更要积极地加以引导。

此外，我们还应鼓励年龄较小的女孩学习一些儿童舞。儿童舞动作简单且富有韵律，女孩十分容易掌握。即使不送女孩进入专业的舞蹈学校进行学习，也要让女孩积极地加入班级或集体组织的舞蹈学习中。

当女孩对自己的舞蹈充满自信时，自然会对舞蹈产生浓厚的兴趣。

方法二：在合适的年龄学习舞蹈。

如果我们希望自己的女孩进行专业的舞蹈训练，第一要看女孩的兴趣，第二要看女孩的身体条件。而且进行专业舞蹈学习时，女孩的年龄也不宜太小。

女孩开始学舞蹈最好是4～5岁，这个时候的女孩有一定的专注力，也能听懂老师的话。4岁以下的女孩，骨骼韧带及各种器官正处于不成熟期，应注重培养其兴趣和训练动律，达到四肢协调，有节奏感。比如学习简单有趣的小舞蹈、几种简单的步伐，不宜给予某一局部动作过多重复训练。

在选舞蹈培训点时，父母要先看班级人数。一般小班教学效果好，每班人数控制在25人以内。舞蹈教学强调言传身教，每个动作都要手把手地教，人数太多，会影响教学效果。选择时，父母最好参观孩子所在年龄段的班级，并试听课。此外，舞蹈老师的资质也很重要。好的舞蹈培训教师，须有6年以上扎实的基本功训练，有多年舞台表演经验，懂得少儿心理，并有责任心。

方法三：不要用考级和难度作为评价的标准。

近年来，舞蹈考级逐年升温，很多父母也把考级作为一项考察女孩舞蹈水平的标准。

一位舞蹈专家提醒："特长学习不能将考级放在第一位，它不是评定孩子的唯一标准"。

此外，很多父母盲目攀比，认为女孩跳舞，动作越难越好。一些老师为迎合父母的这种心态，忽略专业知识和技术，盲目拔高训练难度。然而，女孩年幼时骨骼发育尚未完全成熟，动作难度超出女孩的承受能力，会带来终身伤害，并且让女孩对舞蹈产生恐惧感。

事实上，跳舞是循序渐进的过程，它与训练程度及女孩的先天条件有关。一般来说，女孩经过两三年或更长时间的基本功训练，手臂、腿、腰的力量达到一定程度，做一些高难度的动作就水到渠成。

方法四：让女孩学会“苦中作乐”。

学任何舞蹈都辛苦，但只要认真对待，就会发现其中的乐趣。芭蕾的专业性相对较强，但它是学其他舞蹈的基础，就算女孩学民族舞或拉丁舞，一开始也要进行芭蕾基础训练。

女孩学舞蹈，我们首先应当多鼓励。其次，常带女孩看现场表演或舞蹈训练录相，培养女孩的舞蹈素养。让女孩从小就在伴有音乐的舞蹈中，循序渐进，由内而外地一路兼修下来，那么，未来的淑女不久后就会出现在你的眼前了。

细节 52：绘画——尽情地涂鸦，展现女孩的心灵语言

法国艺术家罗丹曾说过：“这个世界并不缺少美，只是缺少发现美的眼睛。”

是的，这是一个非常美丽的世界。放眼望去，蓝蓝的天，碧绿的草，火红的太阳，还有那七色的彩虹，一切都是那么的美妙。只是，美丽的东西总是瞬息万变的，为了留住这些美好的瞬间，人们学会了绘画。

绘画是人类表达思想、抒发情感与交流思想所采取的一种艺术手法，而女孩同样可以用绘画来表达自己的想法，并在潜移默化中把这种美表现在外在的气质中。

女孩子都有着敏感的神经，有着卓越的色彩感知力，对美有着非凡的理解。只是，有些美，她看到了却说不出来，只能用心去体会。而绘画，就是给了女孩创造美的机会。

绘画是一个对女孩进行美育的重要途径，还能陶冶情操，启迪智慧，促进女孩的全面发展。科学研究表明，绘画能锻炼女孩的感

知能力，增长各方面的知识，还能锻炼女孩的动手能力。

绘画还能培养女孩的想象力与创造力，并可加强女孩独立工作与思考的能力。即使只是信手涂鸦，也能培养女孩的审美情趣，对女孩的观察力、想象力、创造力的培养和发展都有着极其重要的作用。

富养女孩，就是要让女孩在涂鸦中尽情展示自己的心灵语言，表达内心的真实想法。我们可以采用以下几个方法来培养女孩对美的感知力：

方法一：让女孩自由地涂鸦。

女孩两岁多时就喜欢画画，还喜欢拿着笔到处乱涂乱划。这个时候，我们千万不要打击女孩的积极性，即使那些内容在我们眼里看来非常可笑，但在女孩眼里却是伟大的创作。

让女孩自由画画，也是使女孩的心理获得自我保护的重要手段。女孩内心的抑郁，心理上的负担，不会像大人那样通过和几个知心朋友谈谈心求得解脱，女孩没有这个能力。而绘画，特别是自由画，是女孩心理的自诉。女孩平时无法表露的内心矛盾可以从中得到发泄，使心理负担减轻，有利于保持心理健康。

方法二：对3岁以前的女孩进行色彩、图形方面的训练。

3岁以前的女孩，还很难称得上是有意识地画画。她们控制笔的能力、手眼协调的能力都有待进一步的发展，但她们对色彩是很敏感的。

因此，对这个年龄的女孩，父母不妨将侧重点放在色彩训练上。画画时，要求女孩先认清颜色，并准确地说出名称，区分颜色的深浅等。比如，要求女孩说出需要什么颜色的颜料，“红色”、“绿色”、“蓝色”。

有些比较容易混淆的颜色，如蓝绿、蓝紫等，可以设计一些色彩游戏来训练女孩的眼力，进行强化训练。还可以让女孩给各种颜色找朋友来比较哪些颜色放在一起更好看等。

方法三：对4岁左右的女孩进行画面内容的训练。

4岁左右的女孩各方面的能力都更强一些，参与性好，也更有主见，所以在保持兴趣的同时要对她们提出更多的要求。这个时候的女孩要了解线条的简单造型、色彩的运用等。对这个年龄的女孩而言，画画更多的还是要看内容，而非完全是画面效果。

女孩的画是她自己认识生活的体现，所以建议父母要帮助女孩丰富生活内容，充实生活经验，开阔眼界。在女孩画画的同时多让她自己来讲讲画面的内容，并帮她记录下来，回过头再看会很有意思的。

女孩学习涂色时，父母最好不要强求，开始要顺着女孩。即使她涂不匀或者出线都是正常的，不要为此而打击了女孩画画的热情。当然，单纯的涂色也是不可取的，父母可以设计一些有趣的涂色游戏，让女孩在游戏中得到锻炼。

方法四：通过手工游戏培养女孩的画画兴趣。

小女孩们都喜欢玩，都喜欢新鲜的东西。所以，学画画时，父母不妨多提供一些绘画工具，如油画棒、毛笔、彩色水笔、皱纸、水粉颜料、胶水、毛条、手工纸、铅画纸、卡纸、白报纸、彩色卡纸、旧报纸、广告纸，等等。

在画画时，运用这些工具和女孩一起玩绘画游戏、手工游戏，吸引女孩动手参与，渐渐喜欢上画画。对女孩而言，手工游戏是一个很好的锻炼机会。撕、剪、揉、捏、搓、粘贴等，既练了手劲又增强了手指的灵活性。父母可以设计一些手工活动，让女孩选择喜欢的颜色，完成后通过比较让孩子自己选择衬底、装裱，效果往往不错。

此外，学习画那些圆、长线、短线、简单的几何图形时，也可以用游戏的方式来加深印象，通过吹泡泡、玩小雨伞、观察杨柳枝的方式，让枯燥的图形变得生动活泼起来。

方法五：多鼓励、表扬女孩。

儿童画是没有对错的游戏，我们不能以成人固有的眼光来看待它们。在画画时，我们要鼓励女孩大胆作画，经常为女孩的进步加油。对女孩的每一幅画，都要说几句赞赏的话，这样才能让女孩对画画更有信心。有时候，即使明知不好看也不妨让女孩尝试一下，然后再比较给她看，这样做远比我们的说教效果好。

乐乐从幼儿园回来，让全家人看她画的一只猴子。

妈妈当时正忙，随意看了一眼，就说："猴子的后腿是这样的吗?"

没想到，乐乐一听非常着急："是这样的！就是这样的！"

妈妈见状，连忙又看了一眼，安慰乐乐："确实挺像的，画得真棒！能不能再画一张呢?"

没想到，乐乐更加不高兴了，一边小声嘀咕，一边拿起铅笔在画上乱涂一气。

没一会，乐乐把画全涂黑了，还挑衅似的拿到妈妈面前："好看吗?"

妈妈看了看，突然惊讶又兴奋地说："哦，你画得是猴子晚上去吃桃子吧？天太黑了，什么也看不见，难怪一团黑。没想到乐乐的想象力这么丰富呢！"

本来，乐乐很灰心也很丧气。听了妈妈的这番话，她又看了看被自己涂黑的画，突然也高兴了。

"妈妈，猴子是想偷桃子，白天怕人看见，晚上又太黑了，它很着急呢。"

妈妈又启发乐乐："那桃树在哪里呢？有什么办法能让猴子看到桃树吗？"

乐乐想了想，说："那我可以在这边画几棵桃树，在这面画一盏灯，猴子不就可以看到桃子了吗？"

妈妈让乐乐的话逗得哈哈大笑，母女二人又一起交流了很久，最后乐乐又重新画了一幅画。

乐乐的故事说明，女孩是很敏感和脆弱的，一旦自信心不够，就很容易自暴自弃。因此，爸爸妈妈要多和女孩交流，当女孩画不下去的时候，要进行一些引导性的交谈，鼓励女孩运用已有的经验进行想象，自己来丰富画面。

细节53：阅读——博览群书，培养知性气质

一个不爱读书的女孩很难说她有气质，一个没有知识的女孩即使有美貌，也很难有迷人的气质。如果说女孩的十分气质包括一分容貌、两分自信、三分浪漫的话，那么余下的四分应该是知识。

"腹有诗书气自华"，这是一条恒久不变的法则，也是女孩一份永不过时的美丽。莎士比亚说过："人的美丑是先天带来的命运，有没有素养则是书籍造就的命运。"

富养女孩，就是要让女孩爱上阅读，让女孩心有明灯，在喧哗的尘世中守住这份宁静港湾，始终视书籍为精神的伴侣；让女孩的心情一天比一天愉快年轻，使累积的知识最终打造出一个有着超凡气质的女孩。

小女孩大都喜欢阅读，那是因为在那些古老的童话故事里，有

很多令她们向往的人物，也有很多她们尊重的英雄，还有很多她们想拥有的梦想。教育心理学家认为，女孩喜欢阅读表明她们不愿意做旁观者，而是要融入她所能感知到的关系中去。

阅读对女孩的好处是显而易见的，通过和父母一起阅读，女孩可以发挥自己的想象力，按自己的方式参与、安排故事，并从中反映、分享她们的愿望和快乐。更重要的是，女孩通过阅读，提高了自己的文化修养和艺术品位，对她的学习成绩的提高以及独特气质的形成都大有裨益。然而，大千世界，对女孩的诱惑真是太多了，我们如何让女孩爱上阅读呢？

方法一：尽早开始阅读并持之以恒。

女孩阅读越早越好，而且贵在坚持。但不同年龄女孩的认知水平不一样，所以阅读的方式方法也不太一样。

女孩出生后，我们就应该读一些词句优美的名篇名句，这时女孩虽然不懂其中的意思，但在潜意识里会留下深刻的印象。等女孩会说话时，我们每天最好抽出 10～30 分钟的时间，与女孩一起阅读一些故事性强、有寓意的图文并茂的儿童读物。亲子阅读不仅能让女孩明白许多道理，而且能增进我们与女孩之间的情感交流。

随着女孩年龄的增长，尤其是上学后，阅读就显得更为重要。女孩上学后不但要多识字而且要理解其中的意思，这时光凭老师上课教的几个字、几篇课文是远远不够的，最好的办法就是多阅读。这个时候，要让女孩坚持每天阅读一篇课外文章，像历史小故事、名人趣事、漫画、幽默等，只要不是观点偏激的、低俗的、不健康的东西都可以拿来阅读。

这样不仅可以提高女孩识文断字的能力，而且会丰富女孩的知识，培养塑造女孩高尚的道德品质。

方法二：创设良好的家庭阅读环境。

我们要尽可能为女孩创造有趣、轻松、自在的阅读环境，如图书一定要放在伸手可及、取放自如的地方。阅读时让女孩姿势舒适，不能让女孩产生不适感。

我们可以在家里布置一个空间专门供女孩阅读。一个灵巧的小书架、一小块漂亮的地毯、一个舒适的小沙发，都会让女孩更加热爱阅读，让阅读伴随女孩度过更多愉快的时光。

我们可以利用节假日带女孩去书店，书店里琳琅满目的图书会令女孩兴奋不已。但是，把图书带回家，需要花不少钱。在这里可以让女孩学会取舍，我们可以规定每次只买一本书，告诉女孩看完了再来买。这样，女孩为了得到更多心仪的图书，回家后必定认真看书，阅读兴趣就会经久不衰。

同时，不断给女孩买书，营造书香家庭的环境。有了读书的氛围，在不干扰女孩的阅读选择的同时，也不要对女孩的阅读时间和数量做具体限制，那么，随着家中藏书的不断积累，女孩就会自然而然地爱上阅读。

方法三：做女孩的榜样和倾听者。

要让女孩爱读书，先要让她在读书之前爱上读书的气氛，我们要努力在家庭中营造读书的气氛。

我们自己首先要热爱阅读，以自身读书的热情感染女孩。如果我们自己不看书，把业余时间都耗费在电视机前或麻将桌上，却要求女孩爱看书，是难以培养女孩阅读兴趣的。

不仅如此，我们还要学会做一个聆听者，分享女孩阅读的感受。当女孩把自己所学知识讲给我们听时，不管她表达得是否具体和正确，我们都要专注地聆听。

如果她讲到我们所不知道的事情时，我们要从语言和表情上体现出惊喜和对女孩由衷的欣赏。因为，我们承认了自己的“无知”，而女孩则会从我们的“无知”中找到自信和成功感。

方法四：让女孩体验阅读的“成就感”。

“成就感”永远是女孩坚持阅读的最大的支持力。为了让女孩时刻保持对阅读的兴趣，我们就应该经常提供一些方式，让女孩体验成功。

比如，我们先把一篇小故事分成几个角色，在讲完故事之后，和女孩一道进行角色对话，在家庭里演绎一台“小话剧”。这样不仅能让女孩的兴趣变浓，也加深了父母与女孩之间的感情。

再比如，引导女孩把自己熟悉的、感兴趣的内容，讲给小朋友听。女孩在讲解的过程中，不仅加深了印象，更能在小朋友的赞美、羡慕中得到满足，感受到阅读的乐趣，从而更加激发女孩的阅读兴趣。

方法五：带女孩去少儿图书馆感受阅读文化。

到少儿图书馆，是去感受一种阅读文化，将女孩拉进阅读世界的第一步，从而引发女孩阅读的动机。少儿图书馆是为女孩营造自在、有趣、丰富的阅读情境，引领女孩成为爱书人的最重要的社会资源。

然而，一个温暖情境的组成，不只是一个地点和一本书。人，才是引导孩子学习“与书对话”的关键。在图书馆的阅读环境中，工作人员、同龄伙伴以及父母，都可以成为女孩阅读的引导人，引导女孩选书、看书、读书，引导女孩发问、讨论、思考，进而引导女孩对阅读的兴趣。

第七章 富养关键之四：如何让女孩爱上学习

学习，是每一个适龄孩子都必须做的事，然而并不是每一个孩子都喜欢学习、会学习。一项调查显示，只有6％的学生喜欢学习，也会学习；94％的学生认为学习是一件令人烦恼的事，更是一件困难的事。与学习相比，他们更希望的事就是放假休息，或者上体育课。

这个结果让我们担忧：这么多的学生都把学习看成是一件困难的事，就说明大部分学生其实不会学习，也没有找到学习的乐趣。

富养女孩，不仅要让女孩出落得大方得体、谈吐有度，还要让女孩爱上学习、会学习，只有这样，女孩才能在未来的社会竞争中赢得一方舞台。

细节54：引导女孩爱上学习的4个方法

大量的统计资料证明，在欧美，80％的孩子从小是在轻松快乐的学习环境中长大的。在他们长大后，这种快乐学习的态度一直延续了下去，让他们在工作中也如鱼得水。

反观国内，很多孩子从小就陷在“头悬梁，锥刺股”的学习“陷阱”里，一个个都背着一个硕大的书包，平时有做不完的作业，周末则有上不完的培训班。在这种氛围下成长起来的女孩，有几个能做到快乐学习呢?

富养女孩，就是要让女孩学会快乐学习，“活到老，学到老”，而不是单纯地为了应付学习的考试、父母的期望。

方法一：让女孩向课堂时间要效率。

作为父母，最好不要回到家给女孩额外补课，帮女孩查漏补缺。

要知道，快乐学习，要的就是效率，这个效率应该体现在课堂上，而不是家庭学习中。我们要让女孩学会注重和珍惜课堂上的时间，认真听课，跟着老师的思路走，积极主动地开动脑筋。

在女孩学习了一天之后，睡觉之前不妨来十分钟左右的娱乐活动，比如听会儿音乐，看会儿电视，读会儿报纸，这样有助于放松女孩的神经，也有助于女孩的睡眠。

方法二：让女孩体验到成功的快乐。

女孩很重视“关系”，这使得女孩很在意别人对自己的评价，她是按照别人的评价去认识自己的。

一个总是失败的女孩体验不到成功的快乐，也就不去努力了，更谈不上快乐学习了。对此，我们不妨让女孩从较容易的事情入手，来体会一下成功的感觉，然后再慢慢提高难度。

雪卉上三年级了，数学成绩一直比较差，几乎每次的数学作业都没按时完成过。

这天晚上，爸爸妈妈又接到数学老师的电话，说雪卉又做完数学作业，希望家长好好配合一下。放下电话，妈妈很是着急，忍不住数落了雪卉几句，没想到雪卉还非常委屈，眼泪一个劲地往下掉。

爸爸连忙示意妈妈不要说了，把雪卉拉到一边，说：“雪卉，是不是感觉数学题很难做。”

雪卉点点头：“太难了，我根本做不出来。”

“所有的题都很难吗?”

雪卉低着头，不说话了。

爸爸想了想，有了主意。他拿过雪卉的数学书，翻开看了看，然后说：“雪卉，这里有两道题，你看看能不能做出来?”

雪卉接过来，看了看，开始动手做题。十五分钟后，雪卉告诉爸爸：“爸爸，我做出来了。”

爸爸拍拍雪卉的肩膀：“你看，不是所有的题都很难吧？你还是能做出来的，对不对?”

雪卉点点头，爸爸又趁热打铁，让雪卉再做几道比较难的题，雪卉费了些时间，最后做出来了。接下来，爸爸不断鼓励雪卉向自己挑战，雪卉的数学成绩也越来越好了。

当女孩的学习不好时，我们不要将失败的原因归为女孩不聪明。相反，我们要从学习态度、意志力等方面去寻找原因，再找出相应的对策。

并且，我们在辅导女孩时，不要代替女孩学习，会让女孩养成依赖心理和遇事退缩的习惯。要教给女孩获得知识的方法，如教女孩如何去查工具书，如何获得自己想要的资料等。

这样，女孩才能愉快地生活、快乐地学习，心情总是像阳光一样灿烂，从而有更好的表现。

方法三：给女孩提供一个快乐学习的氛围。

要让女孩快乐学习，我们的思想一定要放得开。平时，不要对女孩作太高的要求，一切顺其自然地发展，在家里为女孩营造一种家庭和睦的氛围。

学习的环境也是非常重要的。我们要尽可能地为女孩提供一个单独的房间或者一个学习的地方，配备一盏台灯、一张桌子、一个书柜。

在女孩学习之余，我们还要注意女孩的爱好，为女孩提供各种兴趣的选择，并给予必要的引导。一个快乐的女孩，能够从很多方面得到快乐，这样的女孩才会在紧张的学习之余去寻找更多快乐的事情，让自己的视野更开阔，让自己的心灵得到放松。

方法四：学习娱乐相结合。

我们要鼓励女孩在课堂学习之外，多进行一些丰富多彩的课余活动。比如，完成家庭作业后，多看些经典图书或者自己喜爱的文学书报刊物。我们也可以利用周末、假期的时间，带女孩参加一些有意义的活动，比如去公园、做游戏、参加劳动实践、进行短途旅游等。

这样做，是为了让女孩学会放松调节自己，而不是把宝贵的课外时间用来做那些繁杂的复习资料或者进行“题海大战”。

快乐学习，就是要教育、鼓励女孩放松，始终保持学习竞技的最佳状态，让女孩明白放松自己并不是“放纵自己”，只有会学习也会玩的人，才能在激烈的社会竞争中站稳脚跟。

细节55：如何培养女孩良好的学习习惯

英国唯物主义哲学家培根，在谈到习惯时曾深有感触地说：“习惯真是一种顽强而巨大的力量，它可以主宰人的一生。”

一个有趣的行为研究项目结果显示，在一个人一天的行为中，大约只有5%基本属于非习惯性的，而剩下95%的行为是属于习惯性的。当诸如拖延成性、懒于改变、不动脑子、缺少恒心等坏习惯牢牢占据日常生活时，你可能一辈子都偿还不清这些因为习惯而欠下的“债务”。

富养女孩，就要女孩从小养成良好的学习习惯，让好习惯渗透到女孩的内心深处，成为一种不变的准则。

其实大多数女孩在学习上发生的问题都不是智力上的问题，主要是学习习惯不良，也就是我们平时所说的非智力因素的问题。

有的父母认为学习习惯是个小问题，“长大了懂事了，自然就会好的。”

其实，这种“自发论”对女孩的成长是极为不利的。许多专家经过长期调查研究证实，3～12岁是孩子形成良好行为习惯的关键期。在这个时期中，女孩求知的欲望强烈，容易接受成人的引导和训练。

12岁以后，要纠正女孩已经形成的习惯就困难多了。虽说积习难改，但并不是说不能改，只是所花费的时间和精力要更多一些，训练的强度要更高。培养良好的学习习惯，要从平时生活学习小事抓起，主要方法是：

方法一：从教育自己开始，成为女孩的榜样。

女孩良好习惯的养成首先取决于父母。女孩最初形成的行为习惯几乎都是从模仿父母或最接近的家庭成员而来的。

父母是女孩学习的最直接、最具体的榜样，其一言一行犹如一本无字教科书，潜移默化地影响着孩子。在女孩面前，父母从自身的思想品德到生活小节都不再是小事。

正如托尔斯泰所说：“教育孩子的实质在于教育自己，而自我教育则是父母影响孩子最有力的方法。”

方法二：让女孩明确学习责任，自己承担后果。

作为一个学生，女孩的首要责任就是学习。在新学期开始时，我们就要与女孩约法三章，在未完成学校的功课之前，不能去做任何与作业无关的事情，例如玩游戏、看电视。

爸爸妈妈可以分配女孩去做些力所能及的家务活，如整理自己的衣物用品，让孩子从中了解所谓“责任”的意义。当女孩完成“责任”后，要给予小小的奖励，让她感受到尽全力去做并取得成绩时，给自己带来的自豪和自信。反之，女孩必须承担不负责任所带来的惩罚，如停止看动画片一周等。

方法三：为女孩订立时间表。

根据女孩年龄的大小和学习任务的轻重以及季节的变化，科学地为女孩安排和调整好作息时间。

女孩吃饭、睡觉、做作业、玩耍的时间一经规定就要严格执行并坚持下去。按时做作业、复习功课，按时休息，每天监督孩子，令其养成习惯。

我们可以和女孩一起制定作息表，然后自觉地按时间表去执行。比如，可以按月制定时间表，某年某月，放学后几点到几点做什么，或者用多长时间复习功课。

只要坚持下去，习惯就会变成女孩自觉的行为准则。如果女孩这一个月坚定不移地执行了，那么我们就要适当地奖励女孩。

方法四：要求女孩专心、按时完成作业。

每天放学回家，必须完成当天的作业。在一段时间里，我们要做到每天检查，定期和教师联系，直到女孩养成习惯。每天放学回家，必须复习当天在学校学过的内容。

在指定的做作业和复习功课的时间内，必须集中精神，做作业一丝不苟，抓紧时间不拖拉，用奖惩的方法逐天训练，直到女孩能自觉坚持。女孩做作业的认真态度也是一个重要的学习品质，要做好相关的训练。

有一点要注意，这项训练一定要做，特别是要训练那些做功课马虎拖拉的女孩。在一段时间里，我们要做到每天督促，直到女孩养成习惯。

方法五：每天梳理知识点，进行深刻理解。

女孩对所学内容必须充分理解，不应死记硬背而不求甚解。

在一段时间里，要逐天询问女孩当天所学内容的要点，帮助女孩养成理解的学习习惯。每天询问女孩上课的内容实际上就是去推动女孩的理解习惯的养成。

每天对女孩进行这样的训练，就能有效地帮助女孩抓住她上课听的核心内容，这对一个人的思维能力包括掌握知识的能力都是至关重要的。

但是，我们开始对女孩进行这种训练的时候得下点工夫，要天天跟女孩讨论，才能让女孩养成习惯。

方法六：让女孩学会自己准备功课。

充分的准备是造就成功最基本的要素。在做任何事情前，我们都需要为新的事项做些必要的准备。

所以，爸爸妈妈可以从小让女孩习惯为“第二天”的上课做准备，其中包括学业预习、书包用具准备等。

与此同时，在完成作业和复习之后，要让女孩对第二天的课程进行预习，为第二天的新课做好准备。

方法七：巩固与监督相结合，给女孩以充分的信心。

要培养女孩良好的学习习惯，最佳的办法就是经常不动声色地观察女孩的行为表现。

当女孩表现优秀时给予表扬，不断巩固优良习惯；在稍有偏差时适时提醒，以求及时纠正习惯。另外，爸爸妈妈千万不能吝啬对女孩的表扬与肯定，不要觉得多表扬会助长女孩的骄傲之气。相反，及时表扬女孩的正确行为，会刺激女孩形成和巩固良好的学习习惯。

同时，我们要给予女孩一定的“行为空间”，以良性地谈心方式与女孩沟通，斥责、辱骂只会带来一时的效果。只有当女孩真正对自己有信心，她才会按良好习惯行事。如果女孩能够经常自我激励、自我鞭策，她便有可能避免学业失败。

辅导女孩学习是一门学问，我们只要认真坚持去做，定会有成效，特别是对低年级的女孩。

细节 56：自学能力——比任何教育方法都有效

现代社会，人们获取知识的渠道很多，女孩在课堂上学到的知识是远远不够的。

富养女孩，就是要引导女孩学会自我学习，自主地去获得更多的知识。

所谓自学能力，就是不依赖老师，能通过自己独立学习、钻研而获取知识的能力。从社会发展的要求看，扫盲的标准在不断提高。联合国教科文组织出版的《学会生存》一书中指出：“未来的‘文盲’不再是不识字的人，而是没有学会怎样学习的人。”

随着社会的发展，环境的变化，需要人们不断学习，不断适应，以免被淘汰。在信息化时代里，各种各样的知识多得如山似海，一个人穷尽一生的精力也学不完。如果女孩初步具备了自学的能力和科学思维的方法，就如同在学海中找到了船只，在书山中找到了路径，就可以主动获取取自己所需要的知识。

要培养女孩的自学能力，并不是越早越好。这种能力要求女孩具有最一般的文化科学知识的基础，具有读、写、算的基本技能，以及中等以上的智力水平。

在女孩具备了这些条件时，我们应当这样来培养女孩的自学能力：

方法一：自学，从独立阅读开始。

要让女孩学会自学，就要让女孩先学会独立阅读。在为女孩挑选图书时，要挑选适合女孩年龄的书籍。

女孩年幼时，掌握的词汇有限，需要文字简单、画面生动的注音读物和连环画，如《世界童话名著连环画》等，从而把女孩引向丰富多彩、充满幻想和诗意的世界。女孩年龄大一些时，选择的图书一要实用，二要立足于启迪思维、开发智力。

要注意一点，不要选择那些给她们加重学习负担的“资料”，那样只会产生适得其反的效果，可以选择《儿童百科全书》、《十万个为什么》之类的图书。在这个过程中，我们要注意培养女孩独立阅读的能力，并让女孩学会根据需要主动去阅读书籍报刊，自学能力就能突飞猛进，终生受益无穷。

此外，预习也是培养独立阅读能力的重要途径，可以要求女孩对主科进行预习。

方法二：引导女孩正确看待各种视听媒介。

现在，电视、电脑等非常普及，大多数女孩一出生就被各种视听媒介包围了。很多父母担心看电视会影响女孩的学习，便采取了“管制”的办法，不让女孩看电视。然而，这种作法只能救了一时之急，却不利女孩长远的发展。一旦女孩长大成人，童年时被压抑的“电视情结”就可能爆发出来，最后，她们的生活中除了电视就没有更多的放松方式了。

因此，我们不能一概反对女孩看电视，关键是正确地引导。比如，引导女孩看《智慧树》、《新闻联播》和好的动画片、故事片，不要看暴力性质的录像片和无聊、空虚的动画片。在看电视的过程中，不妨让女孩多质疑提问，这是女孩对待各种视听媒介的正确态度，也是培养女孩自学能力的重要途径。我们要鼓励女孩敢问、善问。女孩的问题越多，好奇心越强，她最终获得的知识就越多，自学的能力也越强。

方法三：让女孩学会理解、分析、组合外界信息。

在学习中，有些女孩为了应付考试而习惯于一味死记硬背书本知识。在低年级时，这种方式还能让女孩轻松取得好成绩，而在升入高年级时，女孩就会感到学习吃力，难以应付。此外，一些父母在向女孩讲解知识时，也习惯了只“讲”不启发女孩“理解”，单纯地让女孩按某种僵硬的程式去学习，这种形式主义的危害是很大的。

英国哲学家培根说过：“我们不应该像蚂蚁，只会收集；我们应该像蜜蜂，既采集蜜汁，又进行加工，只有这样，才能酿出香甜的蜜来。”

要培养女孩的自学能力，要让女孩学会把接收到的信息与头脑中的原有知识相联系，并纳入自己的知识结构。比如，我们可以引导女孩自己把书本上的内容和通过学习实践所获得的经验结合起来，作整理小结。

此外，应鼓励女孩发表自己独特的见解，善于与人探讨问题，并把自己的学习心得介绍给同学，帮助学习有困难的同学赶上来。这样，女孩就会把外界的信息与自己原有的知识结构更好地结合起来，无形之中，女孩的自学能力也得到了锻炼。

方法四：教女孩学会整理资料。

单纯地把外界的信息纳入知识结构，本身是一种存储，但并不是长期的、永久的存储。为了防止遗忘，我们可以指导女孩写读书笔记、做卡片，把有用的资料普及下来。

现在，随着电脑在家庭中的普通，整理资料也更为方便了。我们可以让女孩学会用电脑来对相关的资料进行归纳、整理，这样不仅查找信息方便，也能加强女孩的自学能力。

方法五：自学能力与成绩无关。

有些父母认为，成绩好的女孩才需要培养自学能力；成绩差的女孩，应付课堂学习都很吃力，那还有什么精力去自学呢?

其实，对于那些学习成绩较差的女孩，我们也要重视培养她们的自学能力。因为，自学能力是伴随女孩一生的财富，与成绩没有直接联系。

当然，成绩差的女孩一般能力较弱，我们在培养她们的自学能力时，要采取欲进先退的策略，适当降低要求，放慢进度，激发女孩的学习兴趣。

我们可以采取各种各样的练习，让学习较差的女孩在学习上顺利爬坡，时间长了，再要求女孩恢复正常的学习速度。

总之，不能挫伤女孩学习的积极性，督促女孩抓紧时间迎头赶上。这样，女孩的自学能力才能慢慢培养起来。

细节57：鼓励女孩带着“问号”去学习

柏拉图说：“好奇者，知识之门。”

因为好奇，女孩会去探索丰富多彩的外部世界。这种接触和探索，不仅丰富了女孩的生活，而且让她获得有关外界事物的状态和性质的知识。女孩的好奇心代表喜爱接触新事物，当一个人对新事物接触得越多，她就会越想知道更多；想知道更多，正是学习的动力来源。

然而，在生活中，有些父母对女孩的好奇心很不以为然，面对女孩那些奇怪的问题，不是表现得很冷淡，就是不理不睬，或者找个理由搪塞过去。这些做法都会伤害女孩的好奇心，打击她们求知的欲望，也会影响她们的学习动力。

富养女孩，就是要从小保护女孩的这种好奇心，并充分给予女孩空间和自由，让女孩心中充满好奇心去自发地学习。

方法一：从童年时代激发女孩的好奇心。

女孩在婴幼儿时期的好奇心都比较强，但并不是说女婴在任何时候，对任何事物都表现出一种强烈的好奇，只有那些新而有趣的东西才能引起她们的兴趣。

在女孩的房间或小床边放些色彩鲜艳的图片和能发出悦耳声音的玩具，能促进女孩探索心理的发展。当女孩的求知欲与好奇心被兴趣唤醒，她们会自觉地去探索未知，以期找到渴求的答案。

女孩到了两岁左右，爸爸妈妈可以给女孩讲故事，做些小手工、小实验，来承载女孩的好奇之舟。女孩到了三四岁，爸爸妈妈可以用书籍来激发女孩的好奇心，鼓励女孩到书籍中去探索知识的无穷奥秘。

我们要为女孩选购些适合女孩特点的小读物。为了提高女孩阅读的兴趣，我们每天最好能挤出一些时间与女孩一起阅读。阅读所带来的快乐已经在生活体验中得到了反复证实：如果女孩在婴幼儿时经常听父母讲故事，那么她识字后就会迫不及待地去读故事。

方法二：鼓励女孩做生活中的“小问号”。

雁荷从小就对身边的事情充满了好奇心。随着她知识和经历的增加，雁荷经常会向爸爸妈妈提出这样或那样的问题。

“为什么月亮有时圆，有时扁？”

“为什么冬天光秃秃的树枝在春天会长出新芽？”

面对雁荷的这些问题，爸爸妈妈总是表现出浓厚的兴趣，再忙也会坐下来给她仔细讲一讲，还不断启发雁荷，引导雁荷把好奇心转到分析问题和积极思考等方面上来。

有时候，雁荷的问题太奇怪了，爸爸妈妈就告诉她：“这些事，你以后读的书多了，懂得的道理多了，就能理解了。”

在爸爸妈妈的鼓励下，雁荷对学习的兴趣越来越浓厚，因为她知道只要学习，就能解决很多问题。

在生活中，有些父母不仅鼓励女孩的好奇心，甚至在无形中压抑了女孩的好奇心。有时，女孩观察事物时，这些父母会加以阻挠，理由是“有什么好看的”。而女孩往往问完父母第一个问题后，便不再问第二个。因为她们知道父母不喜欢她们追问下去，然而发问正是学习的动力之源。

我们不仅不能压抑女孩的好奇心、禁止女孩发问，反而要鼓励女孩；因为长大后，她就不一定想要知道那么多了。对于女孩一些奇怪的问题，爸爸妈妈一定要耐心回答，回答不了时可以与女孩一起去寻找答案。

要知道，有好奇心的女孩才会有自我学习的动力，当学习让孩子尝到新事物的快乐后，它又会变成新的学习动力。有条件的话，我们应当带女孩多到去各个地方旅游，让女孩多接触新事物，并告诉女孩，很多问题都可以通过学习来解决。

方法三：正确对待女孩因好奇心而导致的破坏行为。

女孩的好奇心在很多时候表现为好动。由于年幼无知，女孩的好奇心常常会导致破坏性行为的发生。

3岁的语蝶，有一天在阳台上玩耍，突然心血来潮，想知道爸爸养的那些花，埋在土里的根长得什么样，便把花连根拔了。

爸爸回来的时候，语蝶还在用力拔一颗茉莉花。爸爸看到眼前的情景大吃一惊，走上前问："语蝶，你在干吗呢？"

"爸爸，我想看看它们的根长得是什么样的？"

爸爸怜爱地拍拍语蝶的小脑袋："傻孩子，这些花之所以开得这么漂亮，全靠它们的根从土壤里吸取水分和营养。如果根离开了土壤，那么花就会死的。"

语蝶一听，吓了一跳，眼睛睁得大大的。爸爸连忙安慰她："没事，只要我们把花重新栽到花盆里，它们就没事了。"说完，爸爸就让语蝶和他一起把拔出来的花又栽到花盆里。

爸爸没有因为语蝶的破坏性行为而指责她，这不仅保护了语蝶的好奇心，还让语蝶学到了有关根的知识。后来，语蝶还成了爸爸养花的好助手。

方法四：把女孩的好奇心引向大自然。

大自然是一个培养女孩好奇心的大课堂，那些绚丽多姿的景象和奇妙无比的变化都是一个个活生生的好例子。

我们要经常带女孩投身到大自然中去，让女孩观察四季的各种美景。在春天，让女孩做个小"法布尔"，观察各种虫草花鸟的变化。在夏天的夜晚，可以带女孩去乡下的田边地头，追逐萤火虫。到了秋天，一起在广阔的田野驻足，让女孩去感受丰收的喜悦。冬天，让女孩看落英缤纷，雪花片片。

这样，女孩的心灵在探索大自然的奥秘中得到了净化，好奇心也得到了极大的满足，学习的动机也更强。

方法五：让女孩一起解决问题。

当大家对一个问题束手无策时，可以引导女孩跟爸爸妈妈一起想办法解决。比如去图书馆查资料、请教有关的人、求助互联网等。这些都会激发女孩的兴趣，并且把这样的习惯和态度转移到她们的学习当中去。

当然，如果父母本身就是一个有高度好奇心、很爱发问的人，那么对女孩的影响就更大了。

细节 58：教女孩制定学习计划

有句话说得好："平时做事无计划，急时做事无头绪。"这就是说，凡事都要有个计划，学习当然也概莫能外。

学习计划，有利于女孩实现学习目标，养成学习习惯，合理安排时间，有条理有节奏地学习，提高学习效率。

学习计划，有利于女孩从自己的学习实际出发，有重点地、合理地学习各科知识。学习计划还对女孩有约束和激励作用，可提高女孩的学习自觉性。

有一个名叫孟雪瑶的学生，就读于一所普通中学。在市一级的初三学生语文、数学、化学、外语竞赛中，她都获得了二等奖，在物理竞赛中获得了一等奖。

这样的成绩，在一所非重点学校是令人瞩目的。

孟雪瑶出色的成绩，引起学校领导的注意。调查发现，孟雪瑶能取得这么好的成绩，除了她具备各种良好的因素外，还得益于其具体的学习计划。

原来，孟雪瑶进入初中以来，一直在父母的指导下，给自己制定学习计划。在学习计划的引导下，她始终能够主动地有规律地学习，从而取得了优异成绩。

如果我们能够指导自己的女孩，像孟雪瑶一样，结合个人的具体情况，制定一个切实可行的、通过努力能够实现的学习计划，那么，成功之路就在女孩脚下了。那么，如何帮助女孩合理地制定学习计划呢？

方法一：计划要符合女孩个人的能力和特点。

学习计划要求不宜过高，因为要求过高不仅难以执行，而且容易让女孩心里没底、产生自卑感。学习计划定得好，方向明确，能激励女孩进取，鼓励女孩积极参加学习竞赛，全面地完成学习任务。反之，如同一纸空文，难以付诸实现。

所以，在制定这一计划时，我们必须对女孩的学习基础、接受能力、自学能力、兴趣爱好、性格脾气以及身体素质，都要有一个正确的分析和估计。根据有利条件和不利因素，结合校方的学科活动，比如培优补差、竞赛等来制定。要注意，不能从个人的喜恶出发，更不要照抄别人的计划。此外，还要注意家庭环境、经济状况、近邻关系等条件。

方法二：考虑全部生活的平衡。

制定学习计划不能只考虑学习而不顾其他。其实，学习只是人生中的一个方面，其他活动对学习都有一定的影响。

在制定学习计划时，必须全面考虑。既要使学习在一天中占首位，又要使学习同其他活动协调起来。具体安排中，除保证学习时间外，必须兼顾娱乐和休息，充分考虑女孩的身体健康，注意劳逸结合，尽量切合女孩的实际。对节假日的安排，尽可能丰富一些，除了学习时间的安排，还要留出与同学、朋友、家人聊天，听广播，看电视，看书等活动的时间。

要制定周密的作息制度，可让女孩主动掌握时间，利用时间，珍惜时间，做时间的主人。长期坚持下去，可使女孩养成严肃的生活作风，养成勤学的好习惯，达到提高学习效率，形成良好学习习惯的目的。

方法三：要根据时期的不同来制定不同的计划。

一般可分为学年计划、学期计划和一周作息时间表等三种。

12 岁的晓丝正上初二，为了让晓丝更好地适应初二的学习，爸爸帮她制定了一份计划表。这是一份一周的时间表，周一到周五以学习的内容居多，周六周日则安排了较多的娱乐时间。

在各科目的时间分配顺序上，爸爸作了交叉安排，比如学完语文看会数学，学完物理看会英语。爸爸认为，内容相近的科目，连续学习会互相干扰。在变化学习科目的时间上，爸爸也定得比较灵活，留出了半小时的"机动时间"，让晓丝自己根据学习的进度来决定。

除了正常的学习安排，爸爸还特意安排了"中场休息时间"，就是每学习四十分钟后，休息十分钟左右，做些简单的体育活动，如做体操。在时间表上，爸爸把预习和复习的时间分开，先复习后预习。此外，在时间表上，爸爸还把晓丝在学校的"空闲时间"也作了安排。比如充分利用上课时的空闲时间和自学时间，对课堂上的笔记进行整理。

在这份时间表的安排下，晓丝的学习、娱乐生活都安排得紧紧有条，当其他同学抱怨学习内容太多顾不过来时，晓丝则轻松"过关"。

一份合理的时间表，能让女孩在学习上收到事半功倍的效果。事实上，女孩的学龄不同，计划内容也不同。因而各阶段计划不能雷同，应体现学龄特征。

对于一些女孩来说，制定计划时还可征求教师的意见，以解决“吃不饱”或“消化不了”的问题。

方法四：要有一定的灵活性。

计划不应绝对不变，应根据实际情况和执行计划中的体会允许有些变动。

例如，有一天，女孩因参加运动会而觉得身体非常疲倦，那么就应该及时改变计划早早休息。如果单纯为了执行计划，硬让女孩一边打盹儿一边坚持在规定的时间里学习，或是不解完十道题目就不睡觉，那就无异于削足适履了。

学习计划既要有灵活性，又必须以基本不变为原则，这样才有利于养成良好的习惯。但是，如果女孩把什么情况都看成是例外，随便变更计划，那么就难以养成好习惯。所以，在一开始制定计划时就要考虑留有余地，计划一旦定好之后，就尽可能不要变动，坚持这一原则十分重要。

方法五：监督女孩执行学习计划。

计划制定得如何，要看女孩执行得如何。一旦在执行时发现问题，我们就应当及时修正。

一般来说，符合实际情况而制定的计划都是可行的，能够实现的。但是，并不等于说，计划一制定就万事大吉了。

对一些女孩来说，制定计划不容易，执行计划会更难。这时候，我们要帮助女孩找原因，引导女孩克服得过且过的思想，改变放任自流的习惯。要鼓励女孩以顽强的毅力，不折不扣地执行计划，并适当督促，直到其自觉执行为止。

另外，在计划的制定中，要特别考虑攻下弱科和克服性格弱点的办法。因为女孩学习成绩的提高，取决于女孩的自我控制力和性格的健全。

细节59：预习——提高学习效率的关键词

中国有句古话："凡事预则立，不预则废。"这句话强调不管做什么事，都要事先有充分的准备。

女孩学习课程知识，课前的预习，既是心理准备，也是具体内容的准备。预习是促使女孩积极主动学习，提高课堂效率的关键，是激发女孩求知欲、学习兴趣和培养女孩自学能力的重要手段。具体来说，我们可以采用以下几个方法来让女孩学会预习。

方法一：学会预习要趁早。

萱萱上一年级了，最开始总是跟不上老师讲课的进度。妈妈发现后，决定培养她学会预习。以语文为例，妈妈对她的语文预习要求为：一画，大声地朗读课文，标出自己不认识的字和不理解的词、句子。二问，问妈妈那些不认识的字或词，自学字、词，并写下来。三分析，对课文进行分析，说一说课文里的主要内容，最好能够用图画把课文的意思表达出来。四回答，尝试回答课后作业题。五提问，提出通过预习后还不懂的问题。

"有疑则进"，有了求知欲，萱萱对语文就有了兴趣。这样，通过预习，萱萱学会了带着问题去听课，把主要精力放在预习时未能解决的问题上。在听课时，萱萱非常积极主动，也没有了以前的畏难情绪，相反，她对自己充满了自信。

妈妈对萱萱的引导是正确的，看似简单的预习，让萱萱信心倍增，而这正是成功的学习所需要的一种心理优势。

方法二：告诉女孩预习不要太"简约"。

预习通常表现为两种方式：一是浏览式预习；二是自学式

预习。

一般女孩采取第一种预习方式居多。这种预习只是对未来的课堂作浮光掠影式的了解，但对未来概念出现的盲点和难点不能做较好的估计和确定。这种方式对文科类科目比较适合，或者由于时间比较短促，所以只能采取简单的浏览式预习的方式作应对。

有的女孩，预习功课走马观花，流于形式，不动脑子，这样达不到应有的效果。对此，要告诉女孩，预习就要认真阅读教材，了解教材内容，思考内容重点，发现学习难点，做好听讲的准备。对于重点课程，可以指导女孩准备一个预习本，记下重点和难点。

第二种自学式预习，不仅要细致地阅读课文，而且要能根据课后练习来验证自己掌握的水平和程度。这是一种比较高级的预习方式，实际上也就是自学。不过这种方式对中等程度以上的女孩更合适。

方法三：让预习成为习惯。

培养女孩的预习习惯，我们要遵循这样的规律：扶一半放一半。根据女孩的具体情况决定什么时候放手让女孩独立完成预习任务，千万不可操之过急。

放学了，10岁的凡凡要一回到家就要看电视。

妈妈说："先写作业再看电视！"

"妈妈，我在学校写完了啊！"

"那你可以预习一下明天的新课嘛！"

"明天再说明天的事嘛，再说老师明天一讲我就听懂了，还要预习吗？"

妈妈听了，摇摇头："你这孩子，嘴巴真是不饶人。"

于是，妈妈便耐心地给凡凡讲预习的好处："预习是预先自己学习，发现问题，这样你明天上课时就能带着问题听课了。有了预习的基础，你就会想老师明天会怎么讲呢，老师讲的和我理解的是不是一样呢……”

凡凡听妈妈说得头头是道，就想试一下再说。结果，第二天放学回来，凡凡高兴地告诉妈妈：“妈妈，妈妈，我今天问了老师一个问题，老师夸我是个勤于思考的好孩子，其实，那个问题是我昨天预习的时候想了半天没想通的。妈妈，我今天还要预习。”

妈妈点点头，趁机和凡凡约定：以后写完作业都要预习，并且要养成习惯。在妈妈的监督下，凡凡慢慢养成了预习的好习惯，学习成绩也有了提高。

妈妈的引导让凡凡对预习有了兴趣，而妈妈的督促让凡凡养成了预习的习惯，也让凡凡对学习的兴趣更加浓厚了。

事实上，预习是培养、提高学习能力的重要环节，也是提高学习质量的重要环节。同时，预习也是认真听讲的前提。在学习过程中，女孩会不会听讲是最重要的。

在预习的过程中，要求女孩大胆提问题，提问题先过脑子，准备好问什么，怎么问。最好是在女孩完成作业后，提醒女孩作新课预习，并且对女孩预习的结果进行检查。

这就要求我们得付出一点时间，了解女孩的课程，知道女孩现在该做什么，明天该学什么，让督促和检查都能有的放矢，这也是对女孩学习的一种帮助。

方法四：指导而不包办。

当女孩预习中遇到困难时，我们要尽量多提供解决问题的方法，而不是包办代替，直接告诉她答案。有的父母，生怕学习上的疑难问题难住了女孩，只要女孩一提出，而自己又能帮助的话，马上就会为其代劳。

这样一来，女孩原本经过思考，费点力就能解决问题，却要依靠父母解决了，久而久之，形成依赖心理，就难以养成自己努力克服困难、解决疑难的习惯了。这对女孩的预习和自学是十分不利的。

我们应当鼓励女孩尽量靠自己的努力去解决学习中的疑难问题。在女孩阅读材料的过程中，遇到不认识的字或不懂的词语，必须查工具书争取自己学会。不明白的内容用铅笔划出来，准备课堂上听老师讲解。让女孩按预习要求认真完成各项作业，多鼓励女孩孩子主动探索知识，而不是强迫女孩去完成。

方法五：预习应该有所选择。

预习是重要的，是非常有意义的，但不是必要的。预习是为听课服务的。预习应该是在有条件的情况下来进行。

对于学习状况较差的女孩来说，比预习更重要的是如何在作业以外的时间把以前的薄弱环节和空白点及时弥补上来。每个女孩的个体情况不一样，所以在这个问题上不能盲从。

需要强调的一点是，成功的预习，会使听课质量更高，学习的效率也会更高。但是，不符合实际情况的预习，不仅浪费时间，而且容易让女孩对预习产生反感，对预习可能就没有兴趣了。

细节 60：教女孩学会“温故而知新”

很多女孩平时学习不错，小测试成绩也很好，但一到大的考试就不行。

有的女孩表示，一到考试，有的概念、定理或者公式怎么也想不起来。奇怪的是，一下了考场，就想起来了。为什么？

出现这种情况的女孩，固然可能存在考试技巧和心理素质较差的原因，但更多是由于复习做得不好而造成的。

什么是复习呢？说得简单一点，那就是“温故而知新”；从字面上可以理解为“再一次温习”的过程。复习是一个承上启下的过程，通过复习，不仅可以加深认识和理解那些遗忘、生疏的概念或知识点，还能为新知识的学习和理解做更好的准备。本质上讲，复习是强化记忆的过程，也许是材料，也许是技能，都是一个认识固化的过程。

富养女孩，就是让女孩学会“温故而知新”，通过复习来制胜考场。

方法一：引导女孩注重复习，而不是“临时抱佛脚”。

复习是学习的需要，不是单纯地为了考试。

珊珊是一个很聪明的女孩，她的理解能力、反应能力都不错，课堂练习也做得又快又准确，平时小测试也不错，但考试却总是发挥不好。

珊珊很是苦恼，爸爸妈妈也很奇怪。于是，爸爸仔细地询问了一下珊珊的学习情况，发现珊珊往往只是在考前才对所有的学习内容进行复习。每次考前复习时，她一看内容觉得自己都会，总感觉自己没什么问题。结果，到了考场就感觉不顺手。考试时，她不是忘了这个定理就是记不清那个公式。

所以，爸爸妈妈应该帮助女孩养成经常复习的好习惯，而不是到了考试的时候才想起要督促她。因为复习是出于学习的需要，不仅仅是为了应付考试。

平时进行复习的方法很简单，那就是有意识地、有规律地、及时地操作。

我们应当要求女孩注重平时的小复习，就是课后的复习和单元的复习。

◆ 课后复习四步走。

第一，静心回忆。把课堂上老师讲的知识，认真回忆一遍，老师讲的内容，理解和记住了哪些，还有哪些不太理解或没记住。

第二，细读课文。对所学知识有个全面的掌握，看有没有忽略或遗漏的地方。

第三，深入思考。通过认真推敲，搞清知识的来龙去脉，把知识学活。

第四，反复记忆。运用一定的记忆方法，把知识牢固地储存在头脑里。

◆ 单元复习不可少。

它可以把知识系统化，既利于理解，又利于巩固。比如，学完有机化学后，把有机化学的各类反应，各种有机物之间的联系，通过归纳整理，系统地复习一遍，既有助于知识的理解和巩固，又有利于新知识的学习。

也就是说，每学过一个知识单元，就应该做一次复习；每个星期都应该对本周的学习内容做一次复习；每一个月也应该对该月的所有学习内容进行一次全面复习。

只有这样，女孩才能明白自己到底哪里学得好，哪里学得还有不足，然后及时采取相应措施来解决。这样做，最大的好处就是考前的大复习会很轻松。

期末复习，是学期结束前或一门课程学完之后的复习。这类复习要把知识条理化、系统化，加深理解，牢固记忆，为学习新知识奠定坚实的基础。

有的女孩为了应付考试，突击复习，开夜车。由于忽视了课后复习和单元复习，在知识的理解和记忆方面，欠账太多。加上时间短，复习的内容多，只能死记硬背，结果搞得头晕脑胀，效果很差。这种做法是不足取的。

方法二：周末学习安排以复习为主，而不是补课。

我们不必在周末给女孩搞什么补课活动，学习安排应该多以总结性的复习为主。

要知道，那些缺乏经验和不负责任的补课老师通常只会简单让学生做许多题目，缺乏针对性的盲目补课往往是低效大量重复的劳动。只有在女孩的基础较差的情况下，才应该考虑采取补课的方式来弥补。

周末的复习安排，尽量以阶段性为主，也就是以一周、一月为单位，对所讲过的内容进行查漏补缺和归纳总结。

方法三：引导女孩科学复习。

女孩是否能够科学地复习，是学会学习的重要内容。

对理科类的科目，为了避免问题对下阶段的学习产生影响，在学习完一个章节后就要做全面复习。目标是尽快把问题解决，而不让问题成为历史遗留。对于文学概念、文法、单词等文科内容，复习更多体现的是记忆。对逻辑性较强的数学、物理等知识点，记忆是重要的一环，但复习更多是以查漏补缺、总结归纳和针对练习为主。

在复习时，要让女孩学会及时复习。也就是学习新知识后立即复习，比如上午学习的内容，下午自修课或晚上抽时间复习。这样，不仅有助于理解，又能有效地防止遗忘。如果等到新知识在脑海中忘得差不多时再去复习，那等于重新记忆，效果自然差。

复习时，不能“贪多求快”，应当把内容分散在几个间隔不长的时间里进行复习，通过课后复习和单元复习，把复习的内容分散开来，采用“各个击破”的战术，不要在考试前临时抱佛脚。

随着女孩年级的升高，所学的科目也越来越多。复习时，要注意把几门性质不同的课程交叉起来复习，而不是在较长时间“专攻”一门课程。因为单一的复习，由于内容的类似，刺激物过于单调，容易引起女孩大脑疲劳，降低复习效果。穿插复习由于是把不同性质的内容，交叉开来复习，大脑可以在较长时间里保持兴奋状态。

这一点在期末复习时尤为重要。女孩要学会根据各门课程学习的不同情况，统筹安排复习时间，运用穿插复习的方法，千万不要“单打一”。我们要引导女孩把复习当作学习过程的有机组成部分，在复习中逐步掌握一套适合于自己的科学的复习方法。

细节61：“这次又没及格”——请理性看待女孩的成绩

家，是女孩的港湾；父母，是女孩的依靠，女孩的身心健康和童年幸福是非常重要的。

在如今的教育环境下，一些父母同教师一般，一天到晚围绕着作业、分数折腾，甚至“成绩”一词也成女孩在学校里考试分数的代名词。

家，这个港湾正在失去成长过程中的温馨；父母，也一天到晚了围绕着女孩的分数或悲或喜。然而，学校里的成绩只是一个简单的衡量标准，绝对不是唯一的标准，更不是女孩优秀与否的标志。

富养女孩，就是要理性看待女孩的成绩，不因为分数的高低而情绪起伏不定，更不能让女孩做分数的“奴隶”。

方法一：分数不是“物质财富”。

女孩在学校里考试的分数实际上总是呈正态分布的，多数人的分数一定集中在平均分数附近，分散在两端的毕竟是少数。即便是高考那样人们都拼命努力去得分的考试，统计的结果也是这样。考很低的分数当然容易，交张白卷就可以了；想得到较高的分数就困难了，因为筛选考试都是有区分度的。

考试分数都是有满分封“顶”的，不像我们的薪金会随着劳动时间的增加或者跟着 GDP 的增加而无止境地增加，更不会因为心黑去坑蒙拐骗可以“翻番”。

正因为这样，女孩在分数上的增加永远不会令父母满意；而我们用获得物质财富的心态去看待女孩的学科分数完全没有道理。

方法二：以平常心看待女孩的成绩。

很多父母对女孩的成绩都非常看重，且不要说不及格，即使女孩考了六七十分，他们也会异常紧张。

时间一长，女孩就学“乖”了。只要考了低分，她就会想方设法掩饰过去，甚至撒谎。一旦被揭穿了，又会受到父母的严厉训斥。长期下去，女孩的学习动机就会下降，直至厌恶学习。

因此，我们要理解女孩，帮助女孩来寻找问题，并提供相应的解决方案，这才是真正的解决问题之道。用一颗平常心对待女孩的成绩吧，无论好一点，还是差一点，都给她一个温和拥抱，说：“你很棒，我爱你。”

方法三：女孩的分数不是我们炫耀的资本。

13 岁的晨芙从小就是爸爸妈妈的掌上明珠，也是爸爸大学同学中年龄最大的孩子。

晨芙出生时，爸爸的同学大部分还是单身。于是，很多同学都认了晨芙做干女儿。其中，几个干爸干妈选择了丁克生活，晨芙又成了好几个家庭的“独生女”，兼任若干家庭的“长女”。这样一来，晨芙每一点一滴的成长和进步，都成为干爸干妈们聚会的理由。

晨芙也非常争气，从上幼儿园起，就每学期捧回各种奖状、奖杯。现在上初一，不但学习成绩一直名列前茅，还是小小舞蹈家。上周，晨芙又在全市舞蹈大赛中得了第一名。

爸爸妈妈非常高兴，立即打电话给晨芙的干爸干妈们，约好周末聚到一起为晨芙庆祝。

周末到了，大家齐聚一堂。爸爸妈妈笑逐颜开，而晨芙却眉头紧锁，笑得相当勉强，就连叫“干爸”、“干妈”也是有气无力，仿佛忍着巨大的悲伤。

爸爸见状，很不高兴，就责备晨芙：“晨芙，干爸干妈们都是抽出时间来为你庆祝的，你怎么表现得这么冷淡？”

晨芙一听，突然失声痛哭，众人都吓了一跳，爸爸妈妈更是惊得手足无措。在众人的拼命安慰下，才知道晨芙背后的心酸。

原来，晨芙从小受到众人的关爱，过着众星捧月般的生活，表面上很幸福，事实上，她的爸爸妈妈整天唠叨：“要好好学习，不然对不住我们。”“要好好练舞，不然对不住干爸干妈们。”

只要有一次考不好，爸爸妈妈就唉声叹气，感觉无法向别人交代，搞得家里气氛压抑；只要得到奖励，父母就大张旗鼓地请干爸干妈们前来庆祝，一派喜气。

晨芙的自尊心很强，又特希望让父母有面子，于是从小做什么都很拼命。越是这样，爸爸就越觉得这样的教育方式促成了女儿的优秀，就越变本加厉地为其成功庆祝，为失败叹气。没想到，长期以来，他们的做法已经在晨芙心中形成一种巨大的压力。

晨芙一边哭一边说着这些心酸的事，最后说了一句：“你们只知道我得了第一名欢天喜地地庆祝，有谁知道，我曾想过如果这次不是第一，我就自杀？”

这句话把众人惊得目瞪口呆，面面相觑，一时间空气仿佛凝固了……

晨芙还是个孩子，父母过多地关注她的成功与失败，就在无形之中给她造成了心理压力，剥夺了她做孩子的快乐与轻松，甚至还有可能酿成无法弥补的祸端。

方法四：注重分数之外的“软件”。

女孩的分数一旦领先了，就会出现“分障”的现象，再增加就很困难了。女孩分数的进一步的突破往往由女孩的学习心态、方法、习惯决定，甚至与花费在学习上的时间和做题背书多少都可能不相关。

我们应看重女孩的思想和行为等“软件”的装备，发挥女孩自我激励的潜能，给女孩插上理想的“翅膀”。否则，在学校里，女孩已经为分数所累；回到家，父母又用分数这个唯一指标衡量女孩的学习效果，甚至期望用时间来堆积女孩的分数，女孩就会感受到莫大的压力。

方法五：教会女孩正确看待自己的成绩。

富养女孩，要让女孩养成对成绩“宠辱不惊”的风度。考了高分、拿了奖状，也当作是平常的事，一笑了之；同样的，考试失利了，也不懊恼，还是一笑了之。

这样，女孩就不会把学习的结果与成绩紧密挂钩，始终认为获奖、失利只是对自己学习的一次小小的检阅，并不能代表自己获得了圆满的成功。

细节 62：帮助女孩缓解学习中的隐形压力

2008 年 9 月 2 日，开学第一天，一份《广州市中学生学习情况调查研究》的抽样报告新鲜出炉。调查结果表明，超过四成的中学生承认学习压力大，女生比男生更好学。

正是因为女孩的好学，无形之中让女孩背负的学习压力也更大。因为女孩是用“关系”解读这个世界的，她们希望自己能够成为父母眼里的乖乖女、老师眼里的好学生、众人眼里的好女孩。于是，她们加倍用功，希望自己的努力能得到回报。然而，并不是每一个女孩都能如愿以偿。一旦辛苦学习没能得到期望的回报，女孩就会不可避免地做出一些“傻事”来。

翻开报纸、点开网页，一个个触目惊心的故事，都在诉说着一个个如花似玉的女孩因学习压力过大而出现的种种不良行为，轻则厌学、逃学，重则得了心理疾病，甚至离家出走、选择轻生……

这不是我们想要的结果，这更不是富养女孩的初衷。因此，我们要做的就是帮助女孩缓解学习压力，把压力控制在一个限度内，让女孩能快乐学习，正确面对压力。

方法一：不给女孩额外“加码”。

谷梦是一个很内向的女孩，不到6岁就被父母送入了小学，10岁就上了小学六年级。

谷梦学习很勤奋，但不是那种很有天赋的孩子。如今，眼看要考中学了，父母希望她能考外校，于是让她加班加点地搞冲刺：每周有3个晚上放学后要去上英语培优班，周末两天是培训数学和作文。

谷梦每天做完学校的作业已是筋疲力尽，可还有一大堆培优班的东西弄不懂。她自己着急，又不敢说不去学了，可是越学越学不懂，几次上课都把她急哭了。

谷梦几乎没有一天在11点前睡觉，即使躺到床上，也总是翻来覆去睡不着，常常折腾到零点才睡着。可是还是睡不踏实，经常说梦话，有时“腾”地一下从床上坐起来。

有一天晚上，谷梦竟然半夜2点从床上爬起来梦游，坐在书桌前连喊：“上课了！上课了！”

每一个人的承受能力都是有限的。10岁的女孩还不太会用语言表达自己的真实情感，谷梦更是将压抑的情绪深深地埋藏在心底。谷梦以后怎么办呢？其实，当前最要紧的是，谷梦的父母应当与她好好商量一下，充分尊重谷梦的想法，把一些她不愿意去上的培优课取消。要知道，10岁正是女孩长身体的时候，保证每天晚上有9小时以上的睡眠比去培优班学习对孩子的成长更重要。

父母的期望值越高，给女孩的压力就会越大。因此，女孩的学习压力大，父母负有最直接的责任。为了女孩的健康成长，每一对父母都要注意不要给女孩额外增加压力。

我们要转变教育观念，破除“成功唯有上大学一条路”的想法，要认真思考女孩的长处、短处、兴趣、偏好，和女孩一起精心设计她的成材之路。对那些在学习上确实存在种种障碍的女孩，要在科学分析的基础上另辟蹊径。

方法二：缓解女孩的学习压力要及时。

目前，中小学课程有一定难度，有的女孩因为某一个问题没弄明白，一步没跟上导致步步跟不上，渐渐失去了学习的信心和兴趣。所以，从女孩上一年级开始，我们就注意女孩是否跟得上学习进度。

有条件的，每周都要和女孩一起总结一次，发现哪里出现了问题就要及时补上。必要的时候，还要请专门的老师给女孩进行专题辅导。只有女孩在学习上的困难得到解决，女孩的学习兴趣才能得到提高，女孩的学习压力才不会太大。

方法三：正确引导女孩的学习动机。

学习动机是女孩学习的根本动力，只有随着年龄的增长，不断地明确认识到学习目的中社会性意义的内容，学生的学习才会有持久的动力。在相当长的时间里，暂时性的、直接性的目标也会激励女孩的学习干劲。

因此我们要注意经常鼓励女孩，不断在女孩面前树立起各种小的、直接的目标，用讲故事、树榜样等方法激发女孩的兴趣，并潜移默化地向孩子灌输社会性理想，帮助女孩将目光投向社会、世界和未来。

一些父母爱用“将来没饭吃”、“不读书一辈子干苦力”等话数落女孩，既没有给女孩讲道理，又没有直接激发女孩的具体实例，往往不起任何作用。

方法四：鼓励成绩不好的女孩。

女孩的可塑性很强，一时的分数偏低，并不能代表全部，也不能就此断定她学习不好。

我们不仅要帮助女孩克服学习上的困难，还要不时地给予女孩积极的鼓励，特别要注意发现女孩在学习以外的优点和长处。与此同时，对女孩辅以必要的严格要求，两方面交替对女孩施以刺激，达到强化学习动机的目的。

方法五：让女孩养成良好的学习习惯。

很多时候，女孩缺乏学习兴趣，学习发生困难大多数不是因为智力问题，而是没有养成良好的学习习惯。比如，上课不认真听讲、注意力不集中、爱做小动作、做事没耐心、写作业爱拖拉不认真等。

富养女孩，就是要从小注意培养女孩良好的心理素质，用日常生活、游戏、习作等方式有意识地训练女孩的注意力、认真态度、专注做事的习惯和严谨的做人处世态度。良好的习惯，能让女孩合理安排学习时间、认真完成作业、勇于面对学习中的小挫折。

方法六：寻求专业心理机构的帮助。

对于学习压力过大，已经明显表现出病态心理和行为的女孩，要积极求教于心理咨询和治疗机构。

在专业人员的指导下对女孩进行科学的辅导，逐步帮助女孩及时得到积极矫治。

细节63：英语——引导女孩发挥自己的优势

女孩在语言上有着得天独厚的优势，与男孩相比，女孩通常能够比男孩更早、更生动、更流利地使用语言。正因为这样，女孩在英语的学习上要比男孩容易，也更容易学好英语。

然而，并不是每一个女孩都能轻松学好英语，不少女孩对英语也颇为头痛，该记的单词记不住，该理解的语法不明白……

出现这种现象的原因，除了女孩自身的畏难情绪，女孩在英语上的学习方法也有待提高。

方法一：信心与恒心助女孩学好英语。

要学好英语，就要培养女孩对英语的信心，相信自己能够学好英语。有了这种信心，才能对英语保持长久的热情。

有了信心，还要有恒心。我们要引导女孩对英语保持长时间稳定而积极的态度。有了恒心，女孩才能坚持不懈地去攻克一个个英语难关，直到预定目标顺利完成。

此外，我们还要督促女孩及时复习，进行查漏补缺。否则，学过的单词很快就忘光了；没弄懂的知识点也会越来越多。

方法二：带女孩攻克单词关。

随着年级的升高，女孩要学的单词越来越多。不少女孩为了学好英语，从早到晚不停地背单词。然而，即使她们背了若干遍，效果也不是很好。一到考试时，背过的单词不是想不起来，就是乱成了一团。

为什么会这样呢？这是因为，女孩只是脱离了句子和课文孤立地背单词，大脑对这类东西难以留下深刻的印象。

著名的心理学家艾宾浩斯曾拿自己做过对比实验，发现记住 18 个有意义的音节，只需要 9 遍，而记住 18 个无意义的音节，却用了 80 遍。

不仅如此，孤立地背单词，还难以掌握它在句子中的灵活用法。因此，即使女孩通过死背硬记，记住了一部分单词，但对单词在句法中的实际运用一天所知，也是没有用的。

怎么办呢？爸爸妈妈可以让女孩精读或背诵课文。这里的课文，不局限于英语教材，也可以是名家的英语演讲、新闻评论、散文等。这样，女孩可以从中加强对英文句子的意念单元及其表达语调的认识，同时也能借此培养开口说英语的勇气。

在大量的整段的背诵过程中，大脑重复不断激活记忆的单词，单词的用法自然而然就深入骨髓了。实际上，这种“深入骨髓”就形成了女孩学英语最重要的“语感”！

平时，我们要鼓励女孩多阅读英文报纸及杂志，多欣赏文学作品，尤其是英文小说。此外，也可以多练习用英文写日记，或用英文跟朋友通信。

方法三：让女孩时时刻刻练听力。

雨灵上初中后，开始对英语失去了原有的兴趣。

妈妈问她原因，她嘟哝道：“每次听磁带，我根本听不懂！”

妈妈鼓励雨灵：“其实，听不懂也是一种学习，只不过你自己觉察不到而已。虽然暂时听不懂，但你的耳膜已经开始尝试着适应一种新的语言发音，你的大脑也在调整频率准备接受一种新的信息代码，这本身就是一种飞跃。”

雨灵似信非信：“真的假的？”

“当然是真的，前提是你要坚持听，一有时间就要打开录音机放磁带，让自己常常处于英语的语言环境中。也许你没听懂什么，但不要紧，你可以随便做其他的事，不用有意听。只要你经常把自己放在一个有英语发音的环境里，你的听力就会慢慢提高。”

接下来，只要有空，妈妈就提醒雨灵去放磁带。吃饭时，妈妈也会放些英文歌曲；看电视时，妈妈也有意让雨灵听些英语新闻。

最开始，雨灵老是抱怨自己听不懂，时间长了，她的抱怨越来越少。

在一次英语听力小测试中，雨灵惊喜地发现自己能听懂大部分对话了！这个时候，她终于明白了妈妈的良苦用心。

事实上，要学好一门语言，最好的办法就是进入这门语言的环境中，让自己的双耳接受相应的熏陶。

当然，在我们没有条件为女孩创造这样的环境时，随时随地多听，制造一种类似的“听力小环境”，同样能起到事半功倍的作用。

方法四：让女孩把读写听背结合起来。

一般来说，女孩学英语都有各自的一套办法：有的只爱大声读个不停，有的只爱闷头看个不休，有的不写就记不住，有的不听心里就没底。

这些方法，虽然都有一定的作用，但科学实验证明：眼手口舌脑的综合运用，才能更快更深地在大脑皮层上留下不易磨灭的印象。

学英语尤其需要多种感官的综合运用。否则，不是成了只会看不会说的“哑巴英语”，就是一听就两耳一抹黑的“聋子英语”。

方法五：引导女孩多了解英语背后的文化。

事实上，语言是文化的一种象征，所以透过一国语言可以深入观察该国的文化。本来这是很简单的道理，可是却被很多女孩忽视了。就英语而言，有“英式英语”、“美式英语”，及“黑人英语”等各类“英语”，各有各的特色，而那些特色都跟着它背后的文化有关。

正如西方人不懂中国文化就不能理解“中庸之道”、“墨守成规”一样，缺乏西方文化常识就难以理解什么叫“This is my Waterloo!”（“这是我的滑铁卢”指拿破仑的一次失败。）因此，我们要引导女孩不能单纯地把英语作为一门语言去学习，而且要作为一种文化去感悟。

细节 64：数学——其实难不倒女孩

在人们的印象中，女孩学语文、英语相对容易，而学习数学等理科类的科目就比较困难了。然而，美国得克萨斯大学、明尼苏达大学和威斯康星大学组成的课题组在 2008 年进行的研究结果显示，女孩完全能和男孩一样学好数学。

据奥地利《新闻报》报道，该研究项目的科学家首先想消除一种偏见：女孩不擅长数学。课题组以国际奥林匹克数学竞赛和其他一些数学竞赛的结果作为研究基础。这些竞赛结果表明，女孩的数学成绩不一定逊于男孩，只要她们同样有机会参加竞赛。

在许多国家，女孩的数学天赋没有被发现。如美国在很多年里只让男孩参加比赛。1998 年，16 岁的美国女孩梅拉妮·伍德结束了男孩独霸竞赛的局面并获得银牌。她为后来给美国队夺得金牌的两个具有数学天赋的女孩作出了榜样。

这就告诉我们，女孩学不好数学只是一种传统的偏见。富养女孩，就是不再让数学成为女孩心中的痛，而应当采取多种方法来让女孩学好数学。

方法一：培养女孩对数学的兴趣。

女孩学不好数学，外界因素和心理因素不容忽视。目前，社会、家庭、学校对学生的期望值普遍过高。而女孩性格较为文静、内向，心理承受能力较差，加上数学学科难度大，导致了她们对数学的兴趣淡化，能力下降。

所以，我们要多关心女孩的思想和学习，经常和女孩谈心，了解女孩在思想上、学习上存在的问题，帮助女孩分析原因，制定合理的学习计划。

同时，我们要以积极的态度对待女孩的数学学习，要多鼓励少指责，帮助女孩扔掉沉重的思想包袱，轻松愉快地投入到数学学习中。此外，我们可以多给女孩讲些女性成才的事例和现实生活中的实例，帮助女孩树立学好数学的信心。

事实上，女孩的情感平稳度比较高，只要她们感兴趣，就会克服困难，努力学好数学。

方法二：方法得当，学好数学不是梦。

受生理、心理等因素影响，女孩对知识的理解、应用能力相对要差一些，对问题的反应速度也慢一些，而预习正好能弥补女孩这方面的不足。预习不仅让女孩对课程有一定的了解，便于听课时有的放矢，突破难点，还能让女孩把被动的学数学变成主动参与。

一般来说，女孩的依赖性更强，有惰性，缺乏独立钻研和质疑问题的精神；女孩的面子观念强，感情色彩浓，对成绩的起落看得过重，思想压力较大。对此，我们不妨引导女孩看淡成绩，多从学习中找乐趣，而不是让分数左右自己的心情。

在数学学习中，女孩遇到困难容易畏缩，不敢大胆提问，羞于同老师交流，懒得自己去分析事物的个性特征及事物之间的各种联系，不能触类旁通，解一题就会一题，缺乏主动钻研和创造精神。

在这一点上，我们要纠正女孩学数学只喜欢做基础题的习惯，鼓励女孩多做综合题，多做难题，从中感受到成功的快乐。

此外，针对女孩上数学课喜欢记笔记，复习时也喜欢看笔记的习惯，我们要引导女孩重视课堂听讲和能力的训练。

方法三：信心让女孩在数学天地里自由飞翔。

近年来，“奥数”班一直是众多父母关注的焦点。那么，女孩适合上“奥数”班吗？女孩能学好“奥数”吗？怎么平衡数学学习和其他学科学习的关系？

2007年，南京金陵中学高三女生潘宇在全国第五届女子数学奥林匹克竞赛获得金牌。

一时间，潘宇受到众多女孩父母的关注，大家都想知道潘宇是如何学好数学的。潘宇表示，学好数学，除了兴趣，还要对自己有信心，相信自己能学好。

针对众多家长对奥数的关注，潘宇认为奥数不是人人都喜欢学、适合学的，不能强求。如果想学，应该是从小接触比较好，在小学阶段就可以培养兴趣，带着兴趣去学习，这样学起来也开心，如果学了一段时间不喜欢，还可以更换。

潘宇不仅数学成绩棒，其他的文科理科功课成绩都不错。她是怎么做到这一点的呢？

潘宇很自信地说：“如果你学习一门课，学得很好，肯定有一定的办法，可以运用到其他的科目当中。比如学数学，可以超前去学，那么学物理、化学都可以超前学，这样就会显得比较简单。学习时，不要一直看一门课。如果一直看，即使很喜欢也会感觉头痛，完全可以抽空再看看别的科目，当作休息。”

潘宇的故事说明，女孩要学好数学，最重要的不是逻辑思维能力，而是自信心。如果女孩不管学什么课程，都对自己充满信心，并认真对待，针对每个学科的特点制定合理的计划去学习，那么女孩学什么都没有问题。

第八章 富养女孩，父母更应掌握的12种教育艺术

富养女孩，我们不仅要给女孩足够的关爱和支持，还要掌握一些必要的教育艺术。富养女孩，就要明白富养不是娇纵。女孩不仅需要鲜花和掌声，也需要鞭策和引导。

我们不仅要给女孩健康的身体和充实的心灵，还要教女孩学会自我保护，并为女孩营造一种和谐的家庭氛围。

总而言之，我们应当尽可能了解富养女孩的种种教育艺术，从而做到真正的富养，而不是流于形式的“富养”。

细节65：引导“娇气”的女儿

在家庭生活中，女孩向大人撒点娇、要赖，也不是什么错误，但是娇气过了头，会影响女孩的健康成长。娇气往往只被人理解为行为上的撒娇、要赖，其实，娇气在某种程度上意味着软弱无能。

现代父母往往忽视耐寒、吃苦、负重对女孩意志培养的重要性，这是人赖以生存的重要能力。可惜的是，很多女孩得不到这方

面的锻炼，因而上演了一幕幕令人哭笑不得的“娇气女孩剧”。

15岁的夏瑶离家到一所职业中专求学。在宿舍，像打热水、拖地、擦玻璃等活，夏瑶基本不干，也不太爱活动。不仅如此，夏瑶除了偶尔自己洗洗袜子之外，衣服床单被褥等都是掏钱让别人洗。

有一次，夏瑶感冒了。远在东北的妈妈知道后，居然和姥姥坐飞机来到了学校，专程来给她“送药”。妈妈还对夏瑶的老师说：“这孩子从小体质就不好，经常感冒。这次电话里听说又感冒了，好几天都没好，我心疼坏了。放下电话，我和她姥姥立即带上药坐飞机赶来了。”

一时间，夏瑶妈妈坐飞机送药的“事迹”传遍了学校，同学们议论纷纷，觉得这“太离谱”了。

在这个案例中，妈妈的心情是可以理解的，但专程坐飞机来给女孩送感冒药就显得有些过分溺爱女孩了。这样不仅让女孩难以养成自理能力，对女孩以后的成长也会造成不利的影响。

富养女孩，并不是要娇纵女孩。作为父母，我们要注意在生活、学习、劳动、心理等几个女孩容易出现娇气的方面，运用合适的方法，打造一个独立、优雅和大气的女孩。

方法一：家务劳动和户外锻炼。

有些女孩不仅吃东西挑三拣四、穿衣服特别挑剔，还特别“脆弱”，身体稍微不舒服，就要请病假；在学校也不爱上体育课，对打扫卫生的“脏活”、“累活”更是极端讨厌……

针对这样的女孩，我们一方面要让女孩多做些力所能及的家务劳动，像洗碗、洗衣服、打扫卫生间等，鼓励女孩把劳动视为生活的一部分。另一方面，我们要让女孩经常参加户外锻炼，像慢跑、爬山、游泳等。可以根据女孩的年龄和体质选择合适的运动，但一定要坚持下来。

方法二：常放手，不做女孩的“拐杖”。

有些女孩娇气，受到父母和老师的表扬就喜形于色，却受不了一点委屈。

对此，爸爸妈妈不妨有意识地锻炼女孩的心理承受能力，从学习时间的安排、作业的完成、学习用品的准备，都要求女孩自己完成。同时，还要注意女孩的情绪变化，不管是在学校得到了表扬还是批评，都要教女孩学会正确对待。

时间一长，女孩就能为自己的学习负责，而不是依赖于父母这根“拐杖”，也能经得起表扬和批评了。

方法三：妈妈装“娇气”，“逼”女孩变能干。

在一个家庭中，如果妈妈很能干，那么女孩多半会娇气些，因为妈妈把大大小小的事都做好了，女孩无事可干了。对此，妈妈不妨在女孩面前装得“娇气”些，“逼”着女孩变能干。

纯纯是爸爸妈妈的掌上明珠，因为爸爸妈妈为了工作，直到妈妈32岁才有了她。按说，妈妈对纯纯应当更加娇惯才对。

但妈妈却说：“在家里，我才是‘特保儿’，很多时候都是纯纯照顾我！”

纯纯很小的时候，爸爸就告诉她：“妈妈身体不好，我们要多照顾她。”

平时坐公交车，要是妈妈没有座位，纯纯就会急得像热锅上的蚂蚁；一旦妈妈落了座，纯纯就会松口气，贴心地站在旁边。出门旅游时，也是纯纯帮忙收拾和保管行李。在火车上，别的大人忙着帮孩子泡面；妈妈却坐在窗前欣赏风景，由纯纯帮她泡面。

在“照顾”妈妈的经历中，纯纯变得大方、成熟、懂事，不仅生活自理能力强，学习成绩也非常优秀，大学毕业后赴哈佛大学直接攻读生物学博士，并获得全额奖学金。

方法四：带女孩“下乡”锻炼。

女孩之所以娇气，很多时候还是因为生活条件太优裕了。倘若爸爸妈妈能带女孩见识一个完全不同于城市的生活环境，她就能从中受到启发和锻炼，主动改正自己娇气的毛病。

13 岁的碧萱是一个不折不扣的“娇女孩”，非常依赖父母，生活自理能力很弱，动不动还耍点脾气，不懂得感恩。

爸爸妈妈想了很多办法，也未能改掉她的这些毛病。去年国庆，爸爸妈妈带碧萱回到乡下的老家，在亲戚家住了一段时间。

初到乡下的亲戚家时，碧萱看什么都不顺眼，总觉得父母是故意和她过不去。在农村，各方面的条件显然比不上城里，生活方式更有天壤之别，这让碧萱很恼火：游戏不能打，商场不能逛，大餐不能吃，在她看来，一切都糟糕透了。

过了两天，爸爸带碧萱参观自己小时候的生活环境，给她讲述自己当年就是从很困难的条件中，靠着自己一步一步拼搏，才有了现在的条件。

后来，乡下亲戚家的孩子还带碧萱参观他们的学校。通过他们的介绍，碧萱了解到，平时他们就住在学校，周末要走很远的路回家。想想自己平时就是打的或由爸妈开车送去上学，碧萱觉得自己有些过意不去。碧萱还看到，农村孩子还要经常帮助父母干农活，利用空闲时间学习，而他们的成绩也并不差。

渐渐地，碧萱也开始学着帮助亲戚干简单的农活，如与亲戚家的孩子下地扯猪草。通过劳动，碧萱找到了快乐。在乡下呆了十几天后，碧萱逐渐尝试着改变自己。不在父母面前任性了，学会理解父母的苦心了。

一家人刚回到城里，碧萱就向爸爸妈妈宣布：“妈妈，以后我的衣服我会自己洗，我的房间我也自己打扫，不会让你们操心了！”

爸爸妈妈很欣慰：乡下生活让这个娇气的女孩改变了不少。

细节 66："女儿在想什么？"——倾听女孩的技巧

我们往往会认为小女孩不懂得什么叫“感觉”，更不晓得如何“表达”自己的内心世界。其实，每一个女孩对发生在自己身上的事情，都很清楚自己的“感觉”，并会用行动来表现内心感受。

和女孩谈心，可以及时地掌握女孩的思想动态，帮助女孩学会正确处理生活中遇到的问题。同时，我们能通过语言把存在于自己头脑中的经验、思想比较准确地传达给女孩。

与女孩谈心，是富养女孩的教育艺术之一。我们作为倾听者，给予女孩的关注、尊重、空间与时间，是给女孩最有效的帮助。

方法一：从童年时就养成和女孩谈心的习惯。

我们需要认同、接纳女孩个人的感受，并且随时挪出时间，准备好聆听她的心声。

和女孩谈心，最好在女孩年龄小的时候就养成习惯，每天都有一段谈心的时间。时间不在于长短，而是固定的。比如：放学后、吃晚饭时、散步时、上床睡觉前等，尽量安排好你们和女孩的谈心活动。

女孩年龄越小，记忆力越有限。因此，最好当天谈论当天的事情。要告诉女孩，每天什么时候，是她的专用时间，可以单独与爸爸妈妈谈心。女孩对这样的安排，通常是很兴奋的。

方法二：选择良好的谈心背景。

这个背景包括环境背景和心理背景。良好的环境背景会给人轻松愉快、心旷神怡的感觉。谈心时，我们可以带女孩走出家门，漫步在幽静的湖边，穿行于林荫小道，欣赏着悦目的景色，呼吸着新鲜的空气，边走边谈。或者，选择女孩非常喜欢的娱乐场所。

在这种地方谈话，女孩能够直率地道出真情。良好的心理背景，可使人坦率真诚，无话不谈。因此，不要在双方气头上去谈心，也不要在家庭气氛不正常时谈心。

女孩自身和周围环境里随时都可能发生一些事情，如果抓住典型事件，及时交流思想，其效果要比平时好。一般来说，家长会之后是女孩最急于和父母谈话的时候，如果能抓住这个机会，就可以了解女孩的很多情况。

方法三：不限定谈话的内容。

谈心时，可以自由地谈，随意地谈，不必限定谈话的内容。当女孩与你单独相处时，不要对她有任何期望，只要你专心地听。如果女孩不想跟你说什么，你可以跟女孩说说她所做过表现不错的事，借以让女孩看见你对她的肯定。

此外，千万不要因为这段共处的时间而设定谈话的内容，更不要限定女孩在此时刻需做些什么、说什么。因为，女孩的心思意念并不在我们的操纵范围之内。比如，当我们带女孩游山玩水时，只要彼此玩得开心就好，别去碰触一些有深度、有意义、或伤感的话题。

我们可以谈谈彼此的心情，包括日常生活中的感受、感想和想法等，特别是女孩对自己、他人以及对一般事件的感受和想法。我们也可以谈谈愉快兴奋的话题，可以是对理想与将来的憧憬，也可以是对童年往事的追忆。

方式四：选择不同的谈话方式，增强谈话的效果。

女孩的性格不同，年龄不同，这就需要我们根据女孩的特点，选择适当的谈话方式。

对性格比较外向的女孩，我们可以采用直叙法，直接向女孩表明自己的态度，其特点是快捷。对性格比较内向的女孩，我们可以采用间接法，先向女孩讲一个小故事或引用一个事例等，以引起女孩谈话的兴趣，然后顺势引导到谈话的主题上来。

对于年龄大一些、知识面较宽、认识问题较深刻，且善言辞的女孩，可采用辩答式。双方不拘时间、地点，进行内容广泛的交谈，其间有询问、有对答、有辩论，寓深刻的教育于轻松的谈话之中，以达到对孩子启发或诱导的目的。对于脾气倔、缺点多的女孩可采用指导式。当女孩犯了错误而且经过认真思考，有了初步反省后，我们可找女孩谈心。

谈心时，我们要选准角度，可以直接剖析问题的实质，也可以从别人的经历谈起，进行深入浅出、由远及近的分析、交谈。谈心时，不要前拉后扯、横挂竖联地算总账，那样只能引起女孩的反感。

方法五：接受女孩的真实感觉。

谈心是我们和女孩彼此交换心情及感觉的一种活动。女孩的心理敏感、脆弱的，容易受伤害和退缩。而且，感觉本身不应有是非对错，比如愤怒是错的，快乐是对的。也就是说，凡是女孩真实的内心感觉，我们要学习静静地听，尝试着去接受、了解她们的感受，而不是冷冷淡淡的表现，或者加以批评、论断、命令、分析、急着给予解决方案等……

因此，我们应避免引用一些显示出你对孩子不信任的开头词，比如：

你一定要……

为什么你不？

你有没有试过？

和你同年纪的孩子都不像你这样！

我像你这么大时……

你应该……

你必须……

我早就知道了！

别烦我！

请记住，在这个分享心情与感觉的过程中，女孩期待我们的信任。她需要的是我们与她讨论她的想法及感受，而不是需要我们的建议。

除了耐心聆听，我们也需要学习引用正面的话语来回应女孩。比如：

我相信你能够处理这件事。

我知道你很能干。

对于那件事你打算怎么样？

你还喜欢你的决定吗？

你想不想谈那件事？

可以让我知道你对这件事的感受吗？

能听到你对这件事的看法与感受真好。

在谈话达到目的后，应当适可而止。谈话是可以经常进行的，不求长谈，只求效果。另外，在谈话时，语言不妨幽默一些。

我们除了耐心地聆听，最重要是需常常鼓励女孩用语言表达她的思想以及感觉。语言的交流是增进彼此了解和亲密关系的唯一工具，多与女孩谈心聊天，你会知道她在想什么？有什么感觉？

如果我们能在适当的时候给予女孩指导，并告诉女孩哪些是不适宜的。如此一来，当女孩有心事、困难、疑惑时，就会主动与我们分享，并愿意让我们来协助她。

细节67：父母的鼓励，女孩能力的催化剂

科学家爱因斯坦说过："最重要的教育方法就是鼓励孩子去采取实际行动。"

女孩需要爸爸妈妈的鼓励，犹如禾苗需要阳光和雨露。鼓励是女孩能力的催化剂，鼓励能把女孩的潜能调动起来，从而达到充分释放能量的状态。

富养女孩，就是要通过鼓励让女孩不断保持这种状态，并且成为女孩后期的本性，从而终身受益。

方法一：及时鼓励女孩不断进步。

放学了，圆圆一进门就高兴地对妈妈说："妈妈，今天的踢毽子比赛我得了第一名。"

"哦？和谁比赛啊？为什么踢毽子啊？"妈妈一边忙活着，一边回应了一句。

"今天上体育课，老师让我们女生比赛踢毽子，我踢得最多，老师还夸我很棒呢！"圆圆的脸上带着得意的笑容。

妈妈依然在忙活着，随口说了句："噢，知道了，今天老师留作业了吗？快去做作业吧！"

妈妈好像没有听到圆圆说的话，这使得圆圆非常失望，闷闷不乐地走开了。她不明白为什么自己得了第一名，妈妈一点高兴的样子都没表现出来，也不夸奖她。

在生活中，我们是不是都像圆圆的妈妈一样，总是忽视了女孩除学习以外的成绩，从而失去了鼓励女孩的最佳时机呢？

案例中的圆圆，因为没有及时得到妈妈的鼓励，心里非常失落。如果妈妈再对她说："你要好好学习，在考试上也拿第一名。"这时，圆圆是否还认为第一名对她很重要呢？事实上，圆圆很可能因为妈妈对她拿了"第一名"漠不关心，渐渐地会表现出对什么都采取无所谓的态度。

朱永新在《在教育之梦》中说："理想的父母是永不对孩子失望，决不吝啬自己的表现和鼓励，决不使用侮辱性批评的父母。"

因此，我们应该重视女孩的每一个进步，及时鼓励女孩。在这个案例中，如果妈妈说："是吗？真了不起，我家圆圆就是能干！"这时，圆圆必然会荡漾起愉悦的笑意。那么，妈妈就可以趁机鼓励道："圆圆，你在学习上也要努力，如果也能得第一名，那就更厉害了！"这样，圆圆必然会从成就感中激发斗志，这样的鼓励才是积极的鼓励。

我们应当采取多种形式来鼓励女孩的积极态度和合作精神，让她处于健康快乐的环境中，从而使她保持一种积极向上的精神。要知道，能力再弱的女孩也有她的"闪光点"，我们要从发现女孩的优点入手，及时给予肯定和鼓励，不断强化女孩积极向上的认同心理。

在家庭教育中，我们应当对女孩的每一点的进步应及时肯定，给予表扬与激励。特别是在女孩受到挫折时，要从正面说服，帮助女孩分析失败的原因，树立新的起点，奋起直追。

方法二：适当降低标准，让女孩有更多获得成功的机会。

有时候，我们可以针对女孩的实际水平，适当降低标准去要求女孩，往往会产生意想不到的效果。

爸爸妈妈给10岁的灵灵买了一台电子钢琴，希望灵灵学音乐。当钢琴运来后，爸爸妈妈告诉灵灵："这是一架魔力钢琴，只要你不断用手按上面的黑白琴键，它就会唱歌。如果你懂得了由7个数字组成的魔法，它就会唱出美妙的歌来。”

灵灵一听，非常高兴。钢琴刚安好，她就迫不及待地坐了上去，并且按出各种高低不同的音律，快乐得不得了。

过了一段时间，灵灵的表姑英英来灵灵家玩。表姑以前也学过钢琴，还考过级。听完灵灵演奏的曲子，感觉太一般了，随口说了句：“你好像在音乐上没什么天赋，这么简单的曲子，你学了这么久还没学会呢！”

灵灵本来是一个非常敏感、好强的女孩，听了表姑的这番话，不禁非常灰心，立即合上钢琴的盖子，不肯再弹了。

过了几天，爸爸察觉了灵灵的不对劲，从奶奶那里得知是英英在背后“作怪”时，便把灵灵叫了过来：“灵灵，我特别喜欢你前几天弹的那首小曲子，叫什么名字来着？”

灵灵眼睛一亮，连忙说出了自己最喜欢弹的曲子。

爸爸又说：“那你弹给我听听吧，只要能弹出来就行！”

灵灵点点头，坐到钢琴前，欢快地弹了起来。不可思议的是，她竟然弹得很流畅，节奏和旋律都把握得很好。

适当降低标准，会使女孩从不难获得的成功体验中获得自信，并争取更大的进步。要注意，不要把女孩的缺点挂在嘴上，更不要用消极的评价来打击女孩。即使女孩真的有一些缺点，也要用暗示的方法，以免对女孩产生心理压力。

如果女孩确实有了进步，我们就应及时夸奖女孩“进步挺大”，这样往往能调动女孩心理中的积极因素，促使女孩期望自己有更大的进步，往往能取得“事半功倍”的效果。

方法三：用各种故事、榜样鼓励女孩。

梦洁不像别的孩子那样看起来很伶俐。为此，她也有些自卑。

有一次，爸爸带她到海边玩，并告诉她："你看那些在海边争食的鸟儿，当海浪打来的时候，小灰雀总能迅速地起飞，它们拍打两三下翅膀就升入了天空；而海鸥总显得非常笨拙，它们从沙滩飞入天空总要很长时间，然而，真正能飞跃大海横过大洋的还是它们！"

梦洁听了，心里的那个结一下就舒展开了。从那以后，她再不为自己的"笨"而耿耿于怀了。

除了这种有意义的小故事，我们也可以用那些古今中外名人的故事来鼓励女孩。此外，也以可把邻里的品学兼优的孩子作为女孩学习的榜样，鼓励女孩向他们看齐。

细节68：巧妙利用"奖励"和"惩罚"的艺术

据调查发现，79.3％的父亲与80.7％的母亲都认为自己对孩子赏罚分明有度。

心理学家认为，奖励与惩罚都可以用于良好行为的形成或不良行为的消除。不过，用什么作为奖励物与惩罚物，奖励与惩罚的时机如何选择等，还是大有讲究的。

在女孩行为规范、道德准则的养成过程中，如何巧妙地运用表扬与惩罚也是一门学问。奖励并不一定纯粹使人的行为进一步得到增强，惩罚也不一定收到抑制不良行为的结果。

富养女孩，就是要对女孩实行赏罚分明的教育艺术，让女孩感觉到父母是爱憎分明的，而非是非不分的。能赏能罚的果断，本身就是一种魅力，能让女孩心服口服。

方法一：奖励要适可而止。

作为一种教育方式，赏识是为了唤醒女孩的争强好胜心理，让女孩感觉到，赏识是为了促其更进一步的发展。

奖励女孩要适可而止，适度的奖励能够激发女孩积极向上的情绪和愿望，有利于其良好个性和优秀品质的形成，也有助于女孩能力的发展、知识的积累和审美情趣的培养。

奖励的一个最本质的目的是为使女孩确立起一种内部激励机制，即当女孩做了好事、完成某项任务时，不需要外部奖励就能获得满足感和成就感。这也是女孩成年后从事工作和社会活动的原动力。奖励不一定是物质的，精神上的奖励同样能收到不错的效果。

柯兰在学校的作文比赛中拿了一等奖，爸爸妈妈得知后，决定给柯兰一个小小的奖励。

那天晚上，爸爸妈妈给柯兰的座位上放了一个好看的垫子。吃晚饭前，爸爸妈妈让柯兰“致词”，说说自己获奖的感想。柯兰非常高兴，不仅说了自己的一番感想，还向爸爸表示感谢，因为爸爸一直在辅导她的作文。然后，全家人一起向柯兰表示庆贺。

在柯兰长大后，她还清楚地记得自己第一次“致词”的情景，这个快乐的片断成为她一生中最难忘的记忆之一。

当然，我们也可以把奖励的权利交给女孩，让女孩自己来决定。

记一本成功日记。给女孩一本日记簿，让女孩至少每周花几分钟时间写出或画出自己获得的成功。告诉女孩，成功的定义是：自己对自己作出的任何改进，以及为这种改进付出的努力。

让女孩给自己写信。鼓励女孩在自己行为良好或尽了自己努力追求成功的时候，写一封信给自己。在写信的时候，女孩可以随意使用一个她喜欢的身份，比如自己的父母，比如班主任和校长，也可以是某个电影中的英雄。在信里，她应该描述自己认为好的行为，并且对此提出赞赏和鼓励。

让女孩给自己设计一份奖品。在家里准备一些类似彩色纸、画笔、颜料、碎布等物品，告诉女孩，只要她做了一件令自己骄傲的事，并且对父母描述自己所做的事，就可以自己为自己设计制作一份奖品：如图画、贺卡等。

此外，我们也可以让女孩选择一件她自己喜欢做的事，如看电影、打电脑游戏、买一件漂亮的衣服等。

方法二：惩罚要有度。

在奖励女孩的同时，当女孩出现不良行为的时候，我们也一定要很严肃地批评她，态度必须强硬。

惩罚是一个高难度的动作，要掌握分寸。在惩罚女孩时，要唤醒女孩的自尊自信，让女孩感觉到，接受惩罚是为了更好地做人。

女孩年纪小，社会经验少，是非观念比较薄弱，有时候做错了事情也意识不到，或者认为是小错误，无伤大雅；又觉得别人也没有发现，便得过且过。然而，千里之堤，溃于蚁穴。如果父母也不重视，姑息女孩的错误，那么，这些小错终有一天会发展为大错，到时后悔也晚了。所以，绝不可忽视女孩的错误，该惩罚的就不能姑息。

惩罚和赏识一样，都是教育的手段，并没有对错之分。但前者显然是一个更高难度的动作，一定要掌握分寸，否则很可能产生不良效果。

可是，我们周围的大多数父母都不怎么懂得惩罚女孩的艺术。他们误以为吼叫、严厉的责备及体罚可以让女孩学会正确地为人处事，改掉各种毛病，而实际上这些惩罚不但没有达到预想的目的，反而让女孩对父母产生敌意和报复的心理。

法国思想家蒙田说过：“在培育娇嫩心灵的方面，我谴责一切体罚。塑造心灵为的是荣誉与自由。强迫与压抑有着说不出的奴性味儿。我想凭理性、智慧、灵巧都做不到的事情，借武力也不会有更大的效果。”

因此，惩罚女孩的时候应该加上语言的表达，告诉女孩父母惩罚她是要让她不要再出现这样的坏习惯，而不是不爱她了。也就是说，惩罚要坚决、持续、稳定。

方法三：惩罚女孩的原则。

惩罚女孩时，要对事不对人，让女孩清楚地知道惩罚的原因，并且最重要的是告诉她正确的行为。我们应当选择合适的惩罚方式，如罚女孩不得看喜欢的动画片、罚女孩做家务、罚女孩抄写作业等，以提升教育效果。

惩罚女孩要审慎，要在平静自己的心情后，不能造成身心伤害，不要在盛怒之下惩罚孩子。

惩罚女孩不可采取杀鸡儆猴、报复、翻旧账等方式；也不在公开场合惩罚女孩，要照顾到女孩的自尊心；惩罚后要适当安抚，告诉女孩父母真心爱她，希望她能学好。如果女孩能改过，应该立即赞美，让女孩感受到父母之爱的惩罚才有意义和效果。

方法四：惩罚之后，不得“赏”。

父母教育女孩要相互配合，态度一致，赏罚分明。该奖时就要郑重其事甚至煞有介事地奖，让女孩真正体会到受奖的喜悦；该罚时也应态度明确、措施果断，让其真正知道自己错之所在。只有这样，才能培养女孩明辨是非、知错即改的品行。

如果在对女孩实施惩罚之后，父母中的一方认为女孩受了委屈，随即又用钱物或食品来安慰她，这将会使惩罚失去作用。实践证明：惩罚——奖励——惩罚的恶性循环会使女孩产生认知偏差，错误地将犯错和受奖联系起来，从而使惩罚归于失败。

所以在对女孩实行赏罚分明的教育艺术时，我们一定要以教育引导为主，事先制定规则，让女孩明白违反规则会受到怎样的惩罚。

细节69：表扬女孩的技巧

当代父母都知道表扬对女孩的成长有着重要的作用，但并不是每一对父母都深谙表扬女孩的技巧，也有的父母甚至会觉得自己的女孩太平凡了，没什么可表扬的地方。

事实上，每一个女孩都有她的长处和优点，虽然女孩的天资有别、学习事物有快有慢、学习成绩也有高有低，但判断一个女孩的好坏，却不能只取决于一个方面。

也许女孩的长相一般，但她却拥有一颗金子般的心；也许女孩的成绩一般，但谁都不能否认她是个努力的孩子；也许女孩经常会犯各种各样的错误，但在犯错误之中可能蕴涵着创造的火花……

富养女孩，就是要用心去观察和体会，不要用苛刻、挑剔的眼光去看待女孩的一言一行。我们会发现：每个女孩身上都会蕴藏着无数的优点，以及许许多多值得表扬的地方。关键在于，我们应当运用什么样的方式去表扬女孩，从而鼓励女孩不断成长。

方法一：表扬女孩要及时、明确、具体。

首先，对女孩应表扬的行为，爸爸妈妈要及时予以表扬。否则，女孩会弄不清楚为什么受到了表扬，因而对这个表扬不会有什么印象，更提不到强化好的行为了。

因为，在女孩的心目中，事情的因果关系是紧密联系在一起的，年龄越小，越是如此。表扬最好在良好行为之后进行，而不是事先许诺，从而增强女孩良好行为发生的自觉性。其次，表扬要具体。表扬得越具体，女孩越容易明白哪些是好的行为，越容易找准努力的方向。

5岁的蓉蓉看完书后，自己把书放回原处，摆放整齐。

妈妈看到后，说："你今天表现得不错。"

没想到，蓉蓉却一脸的茫然。

为什么会这样呢？因为蓉蓉不明白"不错"指什么，这样一来，妈妈对蓉蓉表扬的效果就大打折扣了。

这个时候，妈妈不妨说："你自己把书收拾得这么整齐，我真高兴！"

这样一来，蓉蓉就明白"把书放整齐"是一个好的行为，她就会主动去强化这个好的行为。

在表扬女孩时，不要用那些泛泛地表扬，如"你真聪明"、"你真棒"。虽然这样的表扬能暂时能提高女孩的自信心，但女孩不明白自己好在哪里，为什么受表扬，并且容易养成骄傲、听不得半点批评的坏习惯。

明确的表扬能为女孩指明努力的方向，这样，女孩会因为爸爸妈妈的表扬而受到鼓舞。同时，爸爸妈妈指出的不足也让女孩确立了新的目标，并使她逐步明白：只有不满足现状、不断超越自己才能取得更大的成绩。

方法二：对女孩进行正确的表扬，而不是"伪表扬"。

在女孩的成长中，女孩的天性或不是自己奋斗得来的东西，都不应作为表扬的对象，经过后天努力得到的才真正值得表扬和认可。

作家毕淑敏曾讲过一件事，她的一位朋友到德国友人家做客，见到友人的小女儿，出于礼貌和中国人的习惯，对小女孩可爱美丽的模样进行了一番表扬，小女孩很高兴。

等小女孩上楼后，友人严肃地对他说："你要对你的表扬向我的女儿道歉。"

他很不理解：为什么我表扬你的女儿，还要向她道歉呢？

小女孩的父亲说："她的容貌是遗传的，不是她自己经过努力奋斗获得的，不是自己奋斗得到的，不应该成为她的骄傲，你的表扬会误导她。"

这个故事，就是告诉我们，我们的这种表扬不仅会给女孩快乐的感觉，还会误导女孩。

也就是说，在我们对女孩的表扬中，有一些表扬是"伪表扬"，会误导女孩。

因此，我们应当这样做：

不必去表扬女孩"咿呀"学语就会叫"爸爸妈妈"，但我们可以表扬她会用"您好"、"谢谢"。不必表扬女孩上幼儿园不哭，但我们可以表扬她在幼儿园学会了叠被子。

不必表扬女孩吃饭不挑食，吃啥啥香，但我们可以表扬她能在餐桌上谦让小朋友。不必去表扬女孩比同龄人长得高，但我们可以表扬她比同龄人更有爱心。

不必表扬女孩音乐的天赋，但我们可以表扬她动听的歌声。不必表扬女孩是一个天生的舞蹈坯子，但我们可以表扬她练就的舞蹈动作。

不必表扬女孩与父母一起参加饭局，毫不怯场，但我们应该表扬她懂得就餐的规矩，懂得长幼尊卑。

要知道，伪表扬会让女孩迷失方向，滋生骄傲和不应有的优越感，正确的表扬是对女孩的劳动和付出以及取得的成果的肯定，这样才能真正激励女孩进步。

方法三：借别人之口表扬女孩。

小语的姑姑是一位事业有成的职业女性，小语从小就很崇拜姑姑。

有一次，从姑姑家做客回来，妈妈无意间提了一句："今天姑姑夸你有礼貌了。"

小语一听，非常高兴，说："真的吗?"

"真的呀，姑姑亲口对我说的。"

回来后，原先不太注意礼节的小语仿佛变了一个人，她遇到熟人就打招呼、问好，还帮楼下的张奶奶提东西。一时间，大家都说小语变得越来越懂礼貌了。

妈妈看在眼里，喜在心头。此后，每次从姑姑家做客回来，妈妈就会神秘地告诉小语："你知道吗，姑姑偷偷地对我说，小语抢着做家务，是个懂事的大孩子了。""姑姑夸你学习努力，说你将来肯定比她还要能干。"

从此，小语每去姑姑家做一次客，回来都会有很大的改变。

每个小女孩都会有自己崇拜的人，借他们的口来表扬女孩往往会产生很神奇的效果。

即使女孩没有崇拜的人所夸的那样优秀，她也会朝着那个目标去努力。因此，这样的表扬对于女孩来说，就是成长的推动器。

细节 70：批评女孩的最佳方法

与表扬女孩相比，批评女孩更要讲究方法。

在日常生活中，我们不难发现小女孩们都喜欢听表扬的话，却听不得一点批评的话。有的女孩一听到批评就使性子，闹情绪；有的女孩一挨批评就哭个不停；还有的小女孩则会做出非常“极端”的事，如离家出走、走绝路……

2006年2月25日，兰州市一个10多岁的女孩，仅仅因为假期作业未完成，遭到家人批评后，竟写下遗书后从4楼跳下。看着躺在病床上的小女孩，人们在婉惜的同时，也不禁要问：女孩为什么这么脆弱？一点批评都受不了？

与男孩相比，女孩天生就是靠“关系”来编织和理解这个世界的。爸爸妈妈对女孩的态度会直接影响女孩内心的看法，进而支配女孩作出相应的行动。

因此，批评女孩更要讲究方法，那么怎样教育批评女孩才能达到良好的教育效果呢？

方法一：情与理相结合。

当女孩犯了错误时，爸爸妈妈首先要冷静思考。然后，爸爸妈妈应当耐心地向女孩讲明道理，而不能武断、粗暴，要给女孩改正错误的机会。

批评女孩时，要晓之以理，动之以情，导之以行，持之以恒，让女孩在明理中得到健康成长。在批评女孩时，要让女孩感受到我们依然是爱她的，不会因为一时的小错误就不爱她了。在批评女孩时，爸妈妈可以搂着女孩的肩膀或把女孩抱在怀里说话，或者拉着女孩的手讲道理给她听。

这样，即便爸爸妈妈说出一些指责的话，女孩也会坦然接受。

方法二：批评时要保护好女孩的自尊心。

通常我们批评女孩时总是声色俱厉，如临大敌，在这种情况下女孩的自尊心容易受到伤害。所以，我们不如换一副表情，比如我们可以用凝重的表情、严肃的表情来表示对待女孩的错误的态度。

同时，我们语调也不必抬高八度，相反可以比平常的声音更低沉一些。我们可以缓慢地如谈心般地指出女孩的错误，并且用眼睛一直看着女孩的眼睛，让女孩通过眼神读懂你心中的期望。

此外，不要在公共场合、亲朋好友面前批评女孩。如果在这种场合下，需要批评女孩时，不妨采取耳语的办法，但态度一定要坚决。

无论采取什么样的办法，我们都要注意保护女孩的自尊心。因为，女孩的自尊心一旦受到伤害，就会出现破罐子破摔的消极心里。

方法三：沉默也是一种批评。

在批评女孩的时候，我们不妨有意识地保持沉默，用眼神、用微笑去批评女孩也是一种较好的方式。

女孩犯了错，只要你会心地对她一笑，她往往既心知肚明，又感到这是对她的一种莫大的尊重、特殊的信任。在沉默的氛围中，让女孩感受到我们的不满和责备，从而领悟到自己的过错。

一天傍晚，妈妈接7岁的叶叶回到家，吩咐叶叶自己在客厅里玩。然后，妈妈就到厨房忙着做饭。

等妈妈忙完到客厅一看：天啊！玩具、书本、画笔扔得到处都是！

一时间，妈妈非常生气，真想抬手打叶叶一顿，最终还是忍住了，用生气的眼神看着叶叶。

过了一会，叶叶竟主动对妈妈说："妈妈，对不起，我以后不这样了。"

方法四：要就事论事，而不是由此及彼。

在批评女孩时，我们只需要告诉女孩犯了什么样的错误，父母的感受如何等，千万不要夸大女孩的错误。比如，女孩有几次把屋里弄得很乱，批评女孩时就不能说"你总是把屋子弄得很乱"，只需指出这次把屋子弄乱了就可以了。

在批评女孩时，爸爸妈妈要注意不要翻旧账，不要泛化，更不要上纲上线。比如，女孩的字没写好，就是字没写好，不要“你就是不努力”、“你改不了了”。

在批评女孩时，妈妈尤其要注意不要一个劲地唠叨。如果你说的都是废话，那么女孩就会非常反感你的批评。

方法五：批评女孩的同时，指出她的优点。

爸爸妈妈在批评女孩的同时，一定要善于发现女孩的点滴优点。把女孩的优点和缺点结合起来说，她才更易接受。

即使批评女孩，也要从欣赏的角度来看待女孩，让女孩在没有任何压力下来改正缺点。否则，效果只会适得其反。

此外，批评女孩时要站在女孩的角度去看待她犯的错误，而不是把她当成人，更不要让女孩“立即改正错误”、“马上怎么样”、“必须怎么样”。

细节71：教女孩学会自我保护

女孩的安全一直是父母最关心的一个问题。与此同时，社会文化对这个问题也是矛盾的。

一方面，人们希望女孩漂亮、顺从、乐于助人，强调女性的柔美和妩媚，而不仅仅希望她们自信、有能力。这使得女孩不相信自己能够保护自己，她们更喜欢依赖别人，结果成了别人的牺牲品。另一方面，这个社会又充斥着种种暴力行为，针对女性的不法侵害事件也时有发生。

这也让众多父母们忧心忡忡，恨不得把自己的女孩装在保护套里，让女孩平安度过一生。然而，这些做法都是不可取的。富养女孩，提倡对女孩实行“授之以鱼不如授之以渔”的做法。我们要让女孩明白，只有自己的能力才是一生最大的财富。

我们要通过日常的生活、社会等各方面的教育让女孩学会自我保护，从而让女孩相信自己有能力保护自己。

方法一：通过良好的生活习惯让女孩学会保护自己。

真真5岁了，特别好动，甚至比男孩还淘气。一天中除了睡觉，几乎没有闲着的时候。

为此，爸爸妈妈特别注重对她进行安全教育。当然，爸爸妈妈并不是处处限制她，相反，在很多地方对真真是很宽松的，基本上不限制她，让她自己去摸索。

真真还是个小不点时，爸爸妈妈就尽量不用消极的口气吓唬真真：“不准碰！”“不许动！”

爸爸妈妈觉得这样的话会让真真变得特别胆小，不利于她的成长。他们尽力为真真创设一个自由而安全的环境，教她一些趋利避害的经验。

对那些比较危险的东西，爸爸妈妈会让真真“亲身体会”一下。比如，在他们的关照下，把火和很热的东西靠近真真的手，让她知道烫；让她摆弄一下别针，她就会知道别针会划破皮肤，会伤人。这样，真真就知道这些东西是危险的，并逐渐会避开这些东西，慢慢知道保护自己。

等真真大一些时，爸爸妈妈会在她做一些事或游戏之前，提前告诉她一些可能会发生的危险，如果她没有听进去，那就权当“吃一堑长一智”了。

但有些事，爸爸妈妈是一直坚持她必须照做的：家里的插座等带电的物品不能摸、不能在马路上跑、不要轻易接近小动物（猫狗）……

真真很喜欢运动，但运动是最容易使孩子受伤的，所以妈妈在这方面教她注意的地方也最多：跑步时不要猛跑，不要东张西望，手里拿着东西不要运动（尤其是棍棒），人多的地方也不宜跑步，以免互相碰撞等。

事实上，良好的生活习惯与自我保护教育是相辅相成的，比如：鞋带系得牢固可避免跌倒摔伤；热汤热水吹一吹再喝能避免烫伤；吃饭不能嬉笑打闹可避免气管进异物……

我们应当注意对女孩进行这些生活小节的训练，女孩能做的事就让她自己做，绝不包办代替。这样，女孩在自己的劳动实践中建立起了良好的生活习惯，就起到了自我保护的作用。

方法二：让女孩学会求助。

放学后，南南没有看见妈妈来接自己，心想："反正家离学校不远，我是个小学生了，能自己回家的。"

于是，她很自信地一个人走了。

南南边走边玩，这时有个中年男人跟着她走走停停。等进了小区，那个男人主动对南南说自己也住在这个小区，然后问南南家在几号几室……

爸爸妈妈要让女孩学会远离"陌生人"，并学会甩掉跟在身后的"尾巴"。

简单的方法是，到一个离你最近的十字路口，向正在执勤的交警叔叔问个路，或者直接说后面有坏人跟着你。遇到危险的时候，让女孩懂得求助是非常有效的。如果坏人胁迫女孩跟他走，就惊叫着奔向人多的地方；如果知道这时家里没人，千万不要往家里跑。

父母还要让女孩学会对陌生人给的任何东西都别动心，尤其是对"我是你爸爸妈妈的好朋友"等都别相信；并且明确告诉陌生人，父母就在附近，或用“爸爸马上就要来接我”的话，把陌生人吓走。假如陌生人还缠着你，就声东击西，趁其不备朝人多的地方跑，大声求救，高叫“火警!”以引起路边人的注意。

在女孩上学放学、外出办事时，我们应该告诉女孩尽量走大路，走人多的地方，少走僻静小路。如果必须走僻静小路，最好结伴而行。如果遇坏人打劫，尽快避开，跑向人多的地方，同时大声呼救。我们还要告诉女孩的是，此时生命安全是第一位的。这种情况下决不能逞强，钱和东西是小事，要尽量避免自己受伤害。同时，要记住坏人的样子，事后及时报警。

我们还要告诉女孩，在路上发生任何事情（如受到威胁、侵害……）都要告诉父母，不要瞒着。否则，女孩的心灵会受到严重的伤害，还找不到良性发泄的渠道。在路上，碰到火灾、有人溺水等，要大声喊人，不要自己去救火，下水救人。根据我国现行的《未成年人保护法》，孩子是不能冒这些无谓的危险的。

方法三：让女孩学会应对突发事件。

在熙熙攘攘的游乐场，4岁的森森跟着一个小姐姐从滚筒滑梯到太空舱，又从蹦蹦床到气垫床……等小姐姐走后，森森才发现自己找不到妈妈了……

小女孩遇到这种情况时，能不能冷静下来想办法找爸爸妈妈是很重要的。事实上，4岁以上的女孩已经能清楚记得家人的电话和自己的住址。平时，我们要将如何打电话、如何在街上找到公用电话的方法一遍遍地演示给女孩看。如果是5岁的女孩，我们有必要让她学会认路和辨别方向，知道离家最近的公交站名。

需要提醒的是，我们要嘱咐女孩“遇事不慌”，千万不要随“好心人”到人少的地方或他的家中。案例中，森森在游乐场与妈妈走散后，可以在原地稍等一会儿，然后请工作人员帮忙找到广播室求助。

方法四：让女孩学会保护自己的身体。

放学了，晶晶在小区里玩。

这时，一个熟悉的叔叔从背后拍了拍她的小屁股，又摸摸她的脸，反反复复地夸她是个美丽的小女孩，还说要送给她漂亮的衣服……

在女孩遭遇性侵犯的案例中，相当部分是熟人造成的。因为他们已经取得了女孩的信任，不再受到设防。所以，我们要给女孩一个原则：除了爸爸妈妈，别人都不能碰我的身体，也不要轻易暴露自己的隐私处，更不能让别人接触自己的隐私处。

此外，还要让女孩知道，不能让自己与陌生人在封闭的房间里相处。如果有人正在侵犯自己的身体，可以大声叫喊："爸爸快来呀！"以此来蒙蔽坏人，然后趁其不备，赶快逃离。

细节72：送给女孩一个温馨的"港湾"

著名教育家苏霍姆林斯基认为："家庭环境既是进行家庭教育的前提条件，它本身也是一种有效的教育方式。"

如果说女孩是一颗种子，那么家庭就是土壤，家庭环境就是空气和水分。"近朱者赤，近墨者黑"，千年古训昭示出环境对人的影响可见一斑。

一个女孩成长的过程，就是环境对其施加影响的过程。家庭、学校、社会对人的发展和成长的影响已形成共识。家庭教育是在女孩的社会化进程中最直接、最早实施影响的关键环节，对女孩的健康成长起着极为重要的作用。

在女孩的成长过程中，良好的家庭环境就是精神氧气。家庭环境对女孩的个性、心理的影响、发展是深远的甚至是终生的，对女孩形成良好的个性特征、健全人格尤其重要。

富养女孩，就是要尽力为女孩营造一个温馨的“港湾”，让女孩从小对生活充满了积极地幻想，这样女孩长大后，才能有品位地生活。

方法一：给女孩提供一个安稳的“大后方”。

荣荣出生前，爸爸妈妈就做好了准备。他们准备了足够的物品，还做了精心的教育准备。他们买了很多关于家庭教育的书，从中学习教育孩子的最好方法。

在一本书上，荣荣的妈妈看到这样一句话：“孩子未来的成功与幸福取决于我们营造的环境，而不是所教授的技能。”

为此，爸爸妈妈努力为荣荣创造一个温馨的家庭环境。他们不仅为荣荣准备了漂亮可爱的小房间，还努力用乐观和温馨来营造家庭的氛围。

荣荣一天天长大了，爸爸妈妈从来没有当着她的面吵过一次架，红过一次脸。在荣荣眼里，爸爸妈妈一直互敬互爱、互谅互让，有什么事都会互相商量，一起研究对策。即使在生活、工作中遇到各种各样的困难，爸爸妈妈也不急不躁，表现得很乐观，很有信心。

在这种环境下长大的荣荣，不仅聪明可爱，而且信心十足，对生活一直有一种积极向上的良好心态。

富养女孩，不仅是一种优越的生活环境，更是一种温馨的生活氛围，这才是富养的真实内涵。

方法二：重视与女孩之间的亲子关系。

现代社会生活节奏加快，许多父母由于工作繁忙疏于和女孩交流，而两代人之间价值观、个性等方面的差异，也容易形成心理隔阂，只有双方经常沟通交流，才能缩短心理距离，增加共同语言。

因此，除一般的日常接触外，父母还应有目的地和女孩沟通交流。比如，安排家务劳动、重大决策征求或采纳女孩的合理建议、选择好书好节目和女孩一起看，耐心地听女孩说说学校的事情，帮助女孩面对挫折、克服困难，共同出游，培养生活情趣等等，使女孩时时意识到自己是家庭一员，乐意与父母沟通。

方法三：调整心理，对女孩期望适中。

我们对女孩的期望，能使女孩感受到我们的关心和爱，是激发女孩积极向上的动力。然而，脱离女孩实际水平的过高期望，会造成家庭教育对女孩的一种高压状态。一旦女孩达不到要求，一些父母往往会失望、埋怨甚至打骂，严重影响家庭和谐。

因此，我们应实事求是地调整对女孩的期望，为女孩的幸福成长着想。

方法四：不断更新自己的知识结构，与女孩保持“同步”。

未来的家庭是学习型家庭，父母不断学习文化知识，不仅能提高家庭教育的水平，而且这种学习态度和学习精神，也为女孩树立了榜样。

悦悦的爸爸仅仅上了一年半初中，没有能力辅导悦悦的课程，但爸爸努力让自己的家成为一个书香缭绕的地方。

为了营造良好的家庭读书气氛，爸爸舍得买书，带头读书，要求自己每天至少读 20 页书。受爸爸的影响，悦悦从小就喜欢读书，养成了爱学习的好习惯。

悦悦 12 岁时，已经博览群书，能和爸爸探讨“中华民族魂的核心文化”、“改革、改良与妥协”之类话题。小学五年级时，悦悦开始读《中国通史》、《中国社会发展简史》，初一时就读完了《第三帝国的兴亡》、《领袖们》等。这种良好的家庭学习氛围使悦悦家荣获全国“学习型家庭”称号。

除了购买图书，家里可以根据经济情况和女孩的兴趣订阅一些报刊、杂志。茶余饭后，父母不妨翻看翻看，一方面自己拓宽知识面，另一方面可以就书中的某些内容为话题与女孩进行讨论与交流，这对做女孩的榜样、促进亲子情感交流、防止“代沟”的产生等都有非常重要的意义。

日常生活当中许多父母和女孩之间都有“代沟”问题，总觉得是女孩大了不听话，没办法了。其实根本原因在于有的父母平时不注意自己的学习与积累，自己的知识结构已经不如女孩了，在女孩的心目中已不再占有权威的地位了。

在这种情况下，父母行使家长权力时会导致女孩的反抗心理：要么明着对抗，你说什么她就反驳你什么，交流不起来，父母十分苦恼与伤心；要么说什么都不听你的，“非暴力不合作”，我行我素，父母什么也插不上手。

因此，我们不断更新思想、更新知识结构对女孩的影响也是非常重要的。

方法五：注重对女孩的身教言传。

心理学研究表明，在道德判断和价值定向方面，父母与子女的相关系数为0.55。女孩的思想品德素质正处于形成时期，可塑性强。在家庭生活中，父母的一言一行都起着潜移默化的教育作用，对女孩的影响非常深刻。

正如教育家马卡连柯所说：“你怎样穿衣服，怎样和别人谈话，怎样谈论其他人，你怎样表现欢欣和不快，怎样对待朋友和仇敌，怎样笑，怎样读报——所有这些对儿童都有很大的意义。”

因此，父母高尚的情操，文明的举止，会深深感染女孩，从而促使家庭心理氛围积极向上。

细节73：富养女孩，父母如何树立自己的权威

什么是“威信”？“威”指的是对原则的坚持，“信”指的是对承诺的信守。

富养女孩，威信不可少。威信这种无形的、潜在的教育魅力，无处不在的指引着女孩健康的成长。同时，威信还有着巨大的教育力量，引领着女孩前行的方向，让女孩向着精彩出发。

威信是父母与女孩之间的达成的一种默契，一种积极、肯定的互动关系。对父母来说，威信是一种威望信誉，对父母来说是一种尊重和信从。那么，父母们应当如何树立自己的威信呢？

方法一：言行一致。

古语说得好：“其身正，不令而行，其身不正，虽令不从。”因此，父母应当首先以身作则，在要求女孩的同时，自己要率先垂范，身体力行，这是树立威信的关键。

父母要让自己的言行渗透到女孩生活的方方面面，在点滴的日常生活中潜移默化地影响着女孩。

父母要尊重自己的工作，告诉女孩工作的重要性。不管你从事什么样的工作，你都要为之自豪。因为任何工作都有其美丽和尊严。要多和女孩谈谈你的工作，或者在休息日带女孩去你上班的地方看看。

在这一点上，妈妈尤其要注意。如果你是一名全职主妇，那么你也要积极参与社会。一个与世隔绝只埋头照顾丈夫孩子的妈妈，是很难持久获得自家女孩的尊敬的。

除了工作，父母还要丰富自己的生活。不要小看女孩，她能够从日常的谈话和生活习惯得知你的爱好。如果父母对国内外大事表示兴趣，通过各种渠道丰富自己的知识，与一些层次较高的朋友来往，都能获得女孩的尊敬。

此外，父母要参与社会公益活动。比如，父母可以与女孩一起积极参与救济灾民的事业，向遇到困难的同胞伸出援助之手。这样，既尽到了社会责任，也使女孩受到了深刻的教育，更让女孩对父母生出了崇敬信赖之心。

总之，父母要在生活的各个方面为女孩树立值得效仿学习的良好榜样，营造一种温馨的家庭氛围，才能在女孩面前真正树立起威信来。

方法二：答应女孩的事一定要做到。

诚实守信是我们获得女孩信任的基础，正所谓“言必信，行必果”。在“威信”一词里，“信”和“威”具有同等的地位，要让女孩对我们心悦诚服，诚实守信是不可缺少的要素。

因此，父母要做到——

不在女孩面前夸口，胡乱许诺。承诺太多而又不能兑现，我们在女孩心目中的地位会大大降低。

面对女孩提出的要求，不要随口答应，而是清楚地告诉女孩，可以还是不可以。对女孩做出承诺后，最好立刻把承诺写在一个随身的记事本上，提醒自己及时兑现。

因为某种原因对女孩失信，应该及时向孩子说明，不能敷衍了事。应该郑重向女孩道歉，并和女孩一起商量可以用什么形式弥补。

如果爸爸妈妈经常出尔反尔，答应女孩的事情总是做不到，或无果而终；抑或当面一套、背后一套；说一套，做一套，那么女孩会怎么想？如果女孩从我们这里连最起码的诚信和安全感都得不到时，她又如何相信我们呢？而威信自然无从谈起了！

方法三：在女孩面前保持良好的情绪。

要想在女孩面前树立真正的威信，那么爸爸妈妈要学会在任何情况下保持冷静和理智，这本身就非常值得女孩敬重。如果你喜欢用发火来吓唬女孩，那么你要知道：不管你怎样发火，都不如冷静来得有力。

当然，有的时候，父母真的有点难以控制自己的情绪。怎么办呢？请爸爸妈妈为女孩想想，她在向我们学习，学习如何对待自己的怒火。那么，我们想给女孩做一个什么样的榜样呢？

方法四：善于向女孩“让步”。

如果在一定的条件下向女孩让步，那么女孩会感觉到父母可亲可敬，正所谓“让步有条件，威信自然成”，这不会降低父母的威信。这里说的让步，是指在一定的条件下，而不是无条件向女孩“投降”，满足女孩的所有要求。那样的话，父母只会培养出一个自私自利、凡事只顾自己感受的“刁蛮公主”。

同样的道理，父母也不能因为女孩的眼泪、撒娇而让步。这样的让步只会让女孩“学坏”，因为她从这种“收获”中学会了对付大人的办法。

所谓有条件的让步，就是先让女孩清楚明白地说出自己的要求以及理由，然后和女孩讨论要求的合理性。最后，父母要告诉女孩她要承担的某种责任，比如：“我答应给你买演唱会的门票，但你要帮我打扫房间。”

方法五：在教育女孩的问题上，保持一致的态度。

爸爸妈妈的态度要一致，这是树立威信的重要保障。如果爸爸认为女孩做错了，妈妈却一个劲地护短；或者妈妈正在批评女孩，爸爸却拉女孩出去玩，那会是什么结果呢？时间一长，女孩就学“乖”了，不仅侥幸心理越来越强，还会变成“两面派”，到那个时候，还有什么威信可言呢？

在对女孩进行思想教育、生活习惯的培养、学习技能的锻炼时，应当一起严格要求，让女孩努力做好。在对女孩进行批评教育时，要“晓之以理，动之以情”，让女孩心服口服，从而做到信服。在这里，妈妈要注意不要一味地唠叨、唉声叹气，那样不仅无济于事，还会损害你在女孩心目中的形象。

同时，父母还要让女孩感受到我们的爱，让女孩心怀感恩之情，在心中铭记“爸爸妈妈都是为了我好！”要让女孩心存敬畏之心，但绝无憎恨之意。

细节74：做女孩的“知心朋友”

在我们心里，女孩似乎永远是一个长不大的孩子，永远是我们最爱的宝贝。我们需要不断呵护她，保护她，给她指点，为她带路。无形之中，我们也把自己的位置放得太高，养成了“家长”作风。

事实上，女孩在12岁或者更早的时候就有了“成人”的意识，她们更愿意把自己当作大人来考虑。这个时候，我们要放下架子，让自己和女孩处于平等的位置，才能走进女孩的世界。

富养女孩，就是要学会做女孩的“知心朋友”，倾听女孩的心声，为女孩加油，给女孩动力，让女孩永远向我们敞开心扉，无话不谈。

方法一：给女孩动力。

曼凡与妈妈是无话不谈的朋友。平时，只要在学习和生活中遇到难题，曼凡总是主动找妈妈商量，而妈妈也会及时给她各种建议和指点。

有一天，曼凡对妈妈说："妈妈，学校组织晚会，老师想让我当主持人。你说，我是当还是不当？"

妈妈心里明白，曼凡是一个性格内向的女孩，很腼腆。如果硬性要求，那么她会有压力；如果让她别去，那么她就失去了一次锻炼机会。

妈妈便问："你是怎么想的？想当，但有些害羞，还是原本就不想当？"

其实妈妈知道，曼凡是想去的，不然，她是不会和自己商量的。

果然，曼凡说："我想当，但一千多人的大场面呢，我怕做不好。"

"这没什么，换了我，也会很紧张。不过，人生中有许多第一次，只有经历过，才能体会到其中的酸甜苦辣。老师点名让你当主持人，说明老师信任你，认为你有这个能力。如果你拒绝了，那么老师会很失望，而你以后可能也不会有主持晚会的机会了。"

曼凡陷入了沉思。妈妈便告诉她一些缓解紧张情绪的办法，最后说："宝贝，加油，妈妈相信你能做好。况且，即使出现什么状况，也不会有人怪你。谁忍心责怪一个孩子呢？"

这下，曼凡终于信心十足地说："妈妈，你放心吧，我能行！"

晚会那天，妈妈也到了现场。曼凡的表现很不错，妈妈在台下欣慰地笑了。

其实，对曼凡来说，更重要的是她经历了人生中的又一个第一次。当下一个第一次出现的时候，她也能从容面对。而这一切，都离不开妈妈这个“朋友”的鼓励。

方法二：给女孩一个交流的机会。

要做女孩的朋友，就要经常和女孩交流，并且要注意时时给女孩一个交流的机会。有时候，女孩想和你说说学校的事，比如某位同学表现如何，学校里发生了什么好玩的事。即使你不想听，也不能对女孩说：“去去去，做作业去，别说这些没用的事。”

一旦女孩经历过几次这样的场面后，她就不愿意和你说话了。等到你想和女孩交流的时候，“碰钉子”一点都不奇怪。

芷蓝上学的时候，每天晚上都会在饭桌上向爸爸妈妈“报告”学校最近发生的事，从同学到老师，从学校的课改到当前学生的流行趋势。爸爸妈妈从来不会打断她的兴致，而且听得津津有味，不时还发表一些议论。

在爸爸妈妈看来，芷蓝说的这些事虽然与学习无关，但却反映了学校和社会最近的状况，还能从中了解到芷蓝身边的同学、班主任及各科老师的情况，是一个很好的交流机会。此外，爸爸妈妈还会从芷蓝说的这些事中来分析芷蓝的心理活动。

高中的时候，芷蓝的几个好朋友都出国留学了。芷蓝回到家，用羡慕的口气说：“英子，小凡她们都去美国留学了，听说那边的学校特别漂亮，学习环境也很宽松。”

爸爸妈妈听了，互相对视了一眼，沉默了一会，爸爸便说：“哦，英子是不是那个比较娇气的女孩啊？”

芷蓝说：“是啊，我们当时还打趣她到了国外别找不着北！”

妈妈叹了口气：“还是个孩子呢，就跑国外去了，什么事都得自己料理，也够难为她的了。”

爸爸又说：“我回头问问徐叔叔，他在美国生活多年了，比较了解美国的学校。我得问问他，到底是大学毕业后去留学好呢，还是高中没读完就出去好点。”

芷蓝一边听着爸爸妈妈的议论，一边吃着饭，显得心事重重。

过了两天，一家人吃晚饭时，芷蓝又提到了出国留学的事，爸爸便说：“前天在网上问过你徐叔叔，他说不少去美国留学的孩子，年龄太小，加上在家里养尊处优习惯了，到了美国特别不习惯，学习都没什么劲了。再说美国大学的考试也很严格，他们到美国读高中，想考所好大学也很难。”

芷蓝听了，若有所思：“哦，看来还是在国内上大学好点。”

爸爸妈妈听了，会心地笑了。

在和女孩进行日常交流时，言语要简练，不要絮絮叨叨，更不要把自己的观念强加给女孩。我们应当抓住重点问题，晓之以理、动之以情。对于一些问题，女孩往往有自己的观点。如果我们认为女孩的观点有问题，那么我们要以引导的方式提出，而不能简单粗暴地否决女孩的观点。

方法三：参与女孩喜欢的活动。

我们应当关心、支持女孩喜欢的活动，如果可能的话，不妨参与到女孩的活动中，那样会拉近你与女孩之间的距离。

17 岁的宛凝是一个很活泼的女孩，而且多才多艺。宛凝也是一个幸福的孩子，有爱她的爸爸妈妈。尤其是爸爸，在宛凝很小的时候就经常陪着宛凝做她喜欢的事情。

宛凝上小学的时候，习惯利用中午时间写毛笔字。为此，爸爸放下自己手头的稿子，陪着宛凝一起练毛笔字，一练就是一个小时。9 岁时，宛凝对乒乓球很感兴趣。为此，爸爸给她当陪练，一到周末，父女二人就拿上球拍，杀几个回合。后来，宛凝代表学校参加市里的比赛，爸爸又自愿申请当领队兼女儿的教练。上中学时，不管宛凝参加什么竞赛，爸爸都会陪着她从头到尾做好准备。

后来，妈妈给宛凝报了几个兴趣班，有舞蹈，钢琴。那时，爸爸的工作非常忙，不能像以前那样陪着宛凝了。为此，爸爸又尽量挤出时间，回到家给宛凝当观众和听众。平时在家，爸爸会陪宛凝一起看电视，一边看，一边进行讨论、辩论。

读高中时，宛凝喜欢看经典名著。每看完一部小说，爸爸就会和她交流一下心得……

有一段时间，宛凝特别喜欢国外的演唱组合，例如，Boys to Men、Back Street Boys 等。为此，爸爸出国时专门给她买了正版的 CD。在国内，爸爸还陪她一起看演唱会，听宛凝讲组合中每个人的特点，如数家珍。

在一次次共同活动中，爸爸对宛凝性格的形成和能力的培养也在无形中一步步完善。

要做女孩的朋友，参与女孩的活动，无疑是一个好办法。即使我们的工作非常忙，即使我们的时间非常有限，也不要忘了陪女孩一会，听她说说最近的事，陪她从事一会她喜欢的活动。这样，我们与女孩的交流才会处于一个良性的状态，不会出现太深的“代沟”。

细节 75：培养女孩的多种兴趣

一项科学研究表表，兴趣是求知欲的表现，女孩的求知欲越强，兴趣就越广泛、越浓厚。

然而，有的父母却认为兴趣爱好不过是一些玩耍的事，没什么意思。有的父母担心“不误正业”的爱好会影响女孩的……

其实，女孩儿时的兴趣爱好，恰恰是女孩成年以后的一些特长和财富。兴趣是最好的老师，父母会发现，女孩在做自己喜欢的事情时，会全神贯注、全力以赴，既不需要糖果和玩具哄，也不需要金钱物质利益的刺激。

富养女孩，就是要培养女孩的多种兴趣，让女孩学得更广泛、更丰富，让女孩不断体会生活的丰富多彩。

那么，我们应当如何培养女孩的兴趣呢?

方法一：注意兴趣不等于爱好。

很多父母把“兴趣”和“爱好”两个概念等同起来，发现女孩爱好某一事物时，就认为她对其产生了兴趣。

其实在这两个概念中，“爱好”的范围很广，所含感性因素偏多，而兴趣是人们对某一事物高层次的需求。比如，有的女孩喜欢看电视，这只能说她爱好看电视，而不是兴趣。

所以，我们培养女孩的兴趣要多样化，但不能太滥。要让女孩专心致志地集中到一两门主要兴趣上，而把其他的兴趣作为一般爱好就行。爸爸妈妈只有认识到这一点，把它们区分开来，才能有效地对女孩的兴趣加以引导和培养。

方法二：与女孩共同活动，培养女孩的兴趣爱好。

爸爸妈妈可以充分利用周末、节假日，与女孩一起进博物馆，逛公园，或到树林里散步，留心女孩感兴趣的商品、书籍、景物等。在共同活动中，我们要启发和引导女孩的求知欲。面对女孩的“为什么”、“这是怎么回事”等问题，我们应当耐心面对，用通俗易懂的语言为女孩解答。

这样，我们既可以了解女孩的行为特征，又能洞察女孩的内心世界，还可以和女孩共同体验快乐，从而发现并培养女孩的兴趣爱好。

此外，爸爸妈妈还可以和女孩一起写字、画画、读书、做纸工、修理日用品，一起做家务……

对女孩的劳动成果，我们要充分肯定，让女孩体验到创造成功的快乐，保护这种兴趣爱好，加以培养和正确引导，一定能收到良好的效果。

方法三：让女孩自己选择。

与其包办女孩的兴趣选择，倒不如把权力交给女孩，让女孩自己决定学什么，是否要坚持学下去。唯有这样，女孩才能从中感受到真正的快乐，兴趣才是真正的兴趣，而不至于变成“苦趣”。

婕珍今年12岁。2006年下半年，她开始学钢琴。2007年8月份，在不到一年时间里，她通过了浙江省音乐家协会音乐考级委员会组织的钢琴四级考试。

面对婕珍的好成绩，妈妈很是感慨。而当初选择学钢琴，也是婕珍自己的选择。

其实，婕珍刚上小学时，学校老师都说她的身材匀称，是块跳舞的好料。随后，在学校举办的文艺汇演上，婕珍还获得了舞蹈一等奖的好成绩。为此，老师建议妈妈送婕珍去接受专业的舞蹈培训。没想到，婕珍进了舞蹈培训班一个星期后，就回家哭鼻子：“妈妈，练舞蹈每天要压腿，很疼，我不喜欢。”

妈妈左哄又劝，婕珍一句话也听不进去，闹着要退班。拗不过婕珍的倔劲，妈妈只好另想办法。此后，妈妈带婕珍去过各种培训班，当然不是去上课，而是去感受那种环境。有一次，妈妈带婕珍去了一个钢琴培训班。

回来后，婕珍说：“妈妈，钢琴很好玩，我想学。”

在钢琴培训中心学了半个月后，婕珍深深喜欢上了钢琴。弹钢琴成了婕珍最感兴趣的事。每天放学后，婕珍都会到钢琴培训中心弹上一个小时的钢琴。

回到家后，不用妈妈提醒，做完作业后，婕珍还会快乐地再弹上一个小时钢琴。

有一次，妈妈半开玩笑地说："学钢琴费用太高，你进步也不大，以后别学钢琴了。"

婕珍一听，伤心地哭了，直到妈妈答应她继续学钢琴她才破涕为笑。

妈妈问婕珍学钢琴有什么乐趣。

婕珍说："弹钢琴能发出动人的声音，还能边弹边唱，多快乐呀。"

方法四：选择合适的培训中心。

一个好的培训中心不仅教会学生如何学习，更重要的是帮女孩培养学习兴趣。要培养女孩的兴趣爱好，为女孩喂好第一口"奶"很重要。好的启蒙老师是带女孩进入艺术殿堂的引路人。

12 岁的水岚长得亭亭玉立，正在某艺术培训中心学习舞蹈。

水岚五六岁时，妈妈就特别注重她的艺术兴趣培养。到她 10 岁时，妈妈才找到一位满意的老师，放心地送她去学习。在这之前，妈妈曾找了不少艺术培训中心，可是考察了一段时间，妈妈都觉得不适合水岚学习。

事实上，水岚刚进入这家培训中心学习时，兴致并不高，学习进度也很慢。

有一天，水岚学完舞蹈回家后，兴奋地对妈妈说："老师说了，我的乐感很好，天生就是跳舞的料！"

因为这么一句简单的鼓励，水岚对舞蹈的兴趣大大提高，两年下来，进步很快。

方法五：期望值不要太高，给女孩一个缓冲空间。

很多父母对女孩的期望很高，认为培养女孩兴趣的目的就是为了成名成家，即使达不到这样的标准，也希望女孩在培训后能获得相关等级证书，证明女孩的成绩。然而，如果我们过分看重成绩，很可能使女孩的兴趣荡然无存。

我们应当走出误区，从培养女孩的底蕴出发去培养兴趣。不论让女孩学什么，都要先启发，培养兴趣，不要逼着女孩学习弹琴、画画、练字，那样只会让女孩“憎恨”这些活动，兴趣更无从谈起。

细节76：肢体语言——增进亲子关系的最佳方法

人类之间最好的身体接触方式就是拥抱，因为它很简单又很明确地表达着人与人之间最真的关爱。

拥抱能帮助人消除沮丧、消除疲劳、增强勇气、注入活力。人类需要每天进行皮肤间的接触才可以更好地发育。

富养女孩，就是要给女孩最富足的爱，而关爱的最好的表达方式就是拥抱。倘若女孩缺乏拥抱，会造成什么样的影响呢？

科学研究表明，女孩童年时代身体接触的多少与长大后的身心健康密切相关。一些在小时候极少得到妈妈拥抱、亲昵的女孩，长大后会形成一种潜在而又深刻的对被爱、被关心、被抚慰的渴望感。有女孩的渴望是很直接的，她渴望被抱紧，被爱抚，甚至被摸一下头或者头发；有的女孩则喜欢抱着被子、枕头或者毛茸茸的玩具。这些女孩往往感觉到孤单、不被爱、自卑，容易与人产生隔阂。

在一个心理访谈节目《孤独的花朵》中，讲述了一个女孩的故事。

这个名叫南霜（化名）的女孩，18岁，有了严重的自闭症。

她不仅和自己的妈妈没有了交流，甚至和周围的任何人都没有了交流。每当和别人交流的时候，她就浑身不自在，说话结巴，手在身上到处不自觉地乱动……

在节目的过程中，心理专家问："你们有多长时间没有拥抱过对方了?"

南霜回答："大概有十几年了吧。"

专家说："你才十八岁，就有十几年没和妈妈拥抱过了吗?"

妈妈说："从上小学二年级开始，可能就没有拥抱过了吧。"

专家问南霜："你想让妈妈抱抱你吗?"

南霜说："想。"

专家说："那你们现在当着我的面拥抱一次好吗?"

母女俩都有些不自在，但最后终于抱在了一起……

科学研究则表明，如果一个女孩在婴幼儿时期就充分地享受到妈妈的"皮肤接触"，就不会形成"皮肤饥饿"。她会对自己所获得的爱得到满足，这对培养日后的情绪平衡能力、自信心以及关爱别人的能力都会起到很大的积极作用。

美国著名的心理学家赫洛德·傅斯博士研究发现，拥抱孩子可以让人年轻，并能让家人之间更亲密。常拥抱你们的女孩，能提高她的心理素质，让她变得更坚强。

富养女孩，就是让女孩在拥抱中成长，在爱中成长，学会去拥抱别人，去关爱别人。《养育女儿》一书的作者艾里姆夫妇在书中写道："多抱抱她！你要相信，你不仅在实施一种简单的身体行为，也是一种爱的交流，这是你的一项神圣的使命。"

在女孩幼年时，大多数父母对这一点或许都有体会。小女孩受到什么惊吓时，一脸的惶恐。这时妈妈会摸摸女孩的头，摸摸女孩的耳朵，同时温和亲切地对女孩说："没事了，没事了。"这时，小女孩很快就会平静下来，露出甜甜的笑容。

再比如，女孩用积木搭起的大楼轰然倒塌了，此时她可能是一脸的晦气，满肚子的沮丧。如果这时我们拍拍她的肩，拉拉她的手，用坚定的口吻鼓励她："好孩子，重新来!"那么，女孩就会重新焕发起玩的兴致。等她成功地搭起大楼后，我们通常会拍拍她的屁股或者吻吻她的脸蛋，共同分享成功的喜悦。

常抱抱女孩，常爱抚女孩，这也是早期教育的内容之一。早期教育，就是启迪女孩的心灵，开发女孩的智力，其基本特点是开发女孩的大脑。经常抱抱女孩，经常爱抚女孩，就是对大脑的开发，可以促进女孩智力的发育。因此，女孩在身边的时候，一定要拥抱她。

有专家说：拥抱就像一个人的营养，每天给一个人 4 次拥抱，仅是生存需要。给他 8 次拥抱，他能保持好的状态，给他 16 次拥抱，他才会成长。

父母们要记住，每次拥抱对你和女孩都是有好处的。拥抱女孩，不仅是在女孩幼年要做的事，也是在女孩长大后要做的事。对小女孩来说，她们一般不缺少父母的拥抱，因为她们弱小娇嫩，父母必须用怀抱来温暖她、保护她。当女孩学会行走、学会走路、学会读书写字时，我们往往很少拥抱她们了。我们会以女孩长大了为借口，远离这种最直接的关怀方式。

其实，女孩长大了，依然需要父母的拥抱。当女孩青春期来临时，第一次经历月经的女孩可能会觉得惊惶失措，甚至产生羞耻感。这时，妈妈的拥抱是女孩最有效的安慰剂。它能让女孩从惊恐里走出来，并且能够在今后的许多年中同自己的坏情绪作斗争。无论如何，妈妈要记得给予女孩这方面的帮助。

在这一点，爸爸更应注意。当女孩越来越大时，爸爸往往感到无所适从，特别是到青春期时，他们不愿意与女孩有更多的身体接触。而青春期也是父女关系面临严重考验的时期，童年时代建立起来的父女关系，在这个时候最容易断裂。因为，女孩并不理解爸爸的“冷漠”是因为自己长大了，她往往会认为爸爸越来越不关注自己了。

这个时候的女孩，也最容易出现心理问题。女孩经常为了维护人际关系或者受人尊重而隐藏和改变自己的本性。如果一直受女孩尊敬的爸爸又改变了态度，那么女孩就会产生极大的失落感，进而对自己也产生失望。事实上，女孩非常需要从生活中的第一个男性——爸爸——这里得到信心，得到关爱。因此，在女孩青春期时，爸爸也不要忘记拥抱自己的女孩，并告诉女孩：你现在是个青年人了，爸爸为你感到骄傲。

当然，与西方父母相比，中国父母多半含蓄，不善于用拥抱的方式向女孩表达自己的关爱。那么，从现在开始，行动起来吧。多拥抱女孩，并告诉女孩：我们爱她！那样，女孩就会受到“爱”的滋润，整个身心就会快乐起来！

第九章 10项能力教育，让你的女儿出类拔萃

2006年4月，英国《泰晤士报》刊登了伦敦国王学院教授菲利普·阿迪的一份相关调查，结果表明现在的孩子远不如30年前的同龄人“聪明”，孩子们的能力正在逐年退化，如今11岁孩子的能力水平只相当于30年前的8岁孩子。

这个结果无疑令人大吃一惊，当我们借助各种方法和经验把孩子培养成材，并在现实生活中锲而不舍地贯彻着这一“宗旨”时，孩子们的能力却在退化。

这也告诉我们，富养女孩，各种能力培养不容忽视。一个智商很高的女孩，倘若动手能力、时间管理能力非常差劲，那么她将很难适应这个竞争激烈的社会，也难以为自己赢得一方舞台。

富养女孩，不仅要让女孩有出色的语言表达能力和记忆能力，还要让女孩善于理财，能掌控时间。富养女孩，要让女孩学会观察周围的人和事，对这个世界有着丰富的想象力和观察力，能逆向思考问题，细心做事，动手能力更不在话下。

细节 77：观察力让女孩更了解未知的世界

小女孩都很喜欢透过各种方式，去摸索、了解在她四周的人、事、时、地、物。这是小女孩的共同特征，由于好奇、寻找，可以使女孩更加了解已知与未知的世界。

观察是人们认识世界、增长知识的主要手段，它在人们的一切实践活动中都具有非常重要的作用。观察力是智力活动的源泉和门户，人们通过观察获得大量的感性材料，获得有关事物的鲜明特征，通过表象、经过思维的加工与提炼，上升到理性的认识，从而促进智力的发展。

雪娴上小学一年级，她是个挺乖的孩子，学习也挺认真的，但却有个坏毛病，总改不掉：在抄写拼音、生字时，常把 b 写成 p 或 d；把“红”写成“江”，把“已”写成“己”；做数学题时就更惨了，把 5 看成 2，把 6 看成 9……

妈妈很着急，请教了不少老师，最终，一位老教师一语道破天机：“孩子在抄写时常常犯错误，把张三写成李四，主要原因是孩子的观察力不强。”老教师还说，观察是孩子认识世界、增长知识的重要途径。

孩子观察力的强弱对学习的好坏有直接影响。比如在语文拼音、识字教学中，有些拼音、生字的写法只有细微差别，观察力较强的孩子一眼就能看出来，而观察力较差的孩子就常把它们认错或写错。

孩子抄写不好，原来是观察力不强，这不能不让我们深思。事实上，翻开名人传记，不难发现，人类历史上，尤其是科学发展史上的成功人物大都具有优良的观察能力。

观察力对于每个人来说，都是生活中、自身所不可缺少的一部分。对于成长中的孩子，观察力更是一种急需培养的知识。那么，怎样培养女孩的观察力呢？

方法一：利用家庭环境，培养女孩的观察力。

女孩在家里的时间比较多，对家里一切，如亲人、物品、家具比较熟悉。因此，我们可以有意识创设各种有利于女孩观察的情境与机会。比如DVD放不出图像，让女孩亲自看看，插头是否插好，碟带是否放入。天气转冷了，让女孩观察家里人穿衣有什么变化等。

此外，做家事也能够训练女孩的观察力。两三岁的小女孩，已经可以开始分担一些简单家事了。在日常生活中，我们可以把洗净晒干的衣物通通收进屋子里，然后请女孩帮忙一起做分类的工作，哪些是爸爸的？哪些是妈妈的？哪些又是自己的？别小看这些分类的工作，如果女孩从小就和你一起做这样的分类游戏，不但可以培养她的观察力、秩序感，无形中让她变成一个整洁且有责任感的人。

方法二：利用自然环境，培养女孩的观察力。

大自然是培养女孩观察力的好课堂，而小女孩大都对有生命力的小动物或者昆虫感兴趣。

如果住在城市，父母应带女孩到公园、广场、动物园、植物园去散步、游玩、欣赏；或带女孩去参观博物馆、花鸟鱼虫市场等。每隔一段时间，带女孩去旅游或在假期让女孩到农村的亲友家小住，让女孩尽情观察在城市看不到的大自然美丽风光。如果女孩住在郊区、农村，父母可以放手让女孩去观察，去动手，并有目的地加以引导。

无论女孩住在哪里，有一种小昆虫是培养女孩观察力的好办方法，它就是蚂蚁。在假日里，我们可以带着女孩到户外，找一处有蚂蚁踪迹的地方，观看“蚂蚁搬家”。

因为，蚂蚁是一种相当有组织的生物，它们的分工相当精细，每只蚂蚁各司其职。我们可以在蚂蚁出入的地方，放一些饼干屑，然后和女孩一起观察蚂蚁雄兵们把饼干屑搬入蚂蚁窝的有趣情形。我们可以一边对女孩讲解，一边让女孩独立观察，这是引导女孩最自然、且最方便的教材。

方法三：利用女孩的好奇心，提高女孩的观察力。

女孩的天性是对周围世界好奇。对于女孩的好奇心、求知欲，我们要积极保护和利用。

当女孩问“是什么”、“为什么”，除了一些不能通过观察得出的结论，我们都不必急于将答案告诉女孩，而应引导女孩自己去观察、去发现。

早上，爸爸送滢心上学，遇到了大雾天。

滢心问：“爸爸，为什么昨天路旁的树木花草、行人车辆看得很清楚，今天却看不见了？”

爸爸没直接把答案告诉滢心，而是反问：“对呀，你看看到底是为什么？”

滢心观察后说：“今天有一层东西挡住了眼睛，这层东西是什么？”

爸爸这才告诉滢心：“那叫雾。”

在日常生活中，经常让女孩自己去观察和思考，那么女孩以后遇到类似的情况会自己留意去观察，去找答案。

方法四：教给女孩正确的观察方法。

由于女孩缺乏生活经验和有系统的观察能力，我们要教给女孩正确的观察方法。

我们应当让女孩学会有顺序地观察，让女孩根据观察对象的外部特点从整体到局部或从局部到整体，从左到右、从上到下、从外到内，以及一一对应地观察。还要从不同角度进行观察，引导女孩从远处、近处、正面、侧面等各个角度进行观察。比如，观察大公鸡，可先引女孩观看鸡头、鸡身、鸡脚，以后再进一步观察公鸡和母鸡有什么异同。边看边引导，还可提一些问题让女孩回答。

为了使女孩能更准确地认识事物、发展女孩的观察力，可以让女孩对两种或两种以上的物体或现象进行比较，找出他们的不同点和相同点。比如，比较爸爸和妈妈、鹅和鸭、日出和日落……

在观察中，我们最好让女孩的多种感觉器官参加活动：看看、听听、摸摸、闻闻、尝尝、做做、写写，亲自实际操作，以增强观察效果。

比如听一听，水流声和鸟叫声有什么不同？摸一摸，真花和塑料花的表面有什么不同？尝一尝，水和酒的味道有何不同？做一做，种些花草树木、养些小动物，指导女孩留心观察：幼芽怎样破土？花蕾怎样结果？小猫怎样吃东西？最后，让女孩写写观察日记。

细节78：想象力——为女孩的思维插上翅膀

“想象力”是人类创新的源泉。因为对人类起源的想象，才有了盘古、女娲，才有了耶稣、上帝；因为对鸟类飞行的想象，才有了飞机、飞船，才有了航空、航天……人类社会的文明进步一刻也离不开想象。

21世纪，和勤奋的人相比，想象力丰富的人更有机会引领这个世界。曾拍过电影《ET》和《侏罗纪公园》的美国导演斯皮尔伯格，就是用他新奇的想象赢得了全世界观众的心。

人们常说，孩子的想象力是最丰富的。正因为孩子单纯天真，思维较少受到束缚，所以可以自由想象。富养女孩，应努力发现和挖掘生活中蕴含想象力的因素，创设想象情境，尽心呵护想象的幼苗，努力培养女孩创造性的想象。

方法一：给女孩足够的爱和自由。

女孩越自由，想象力越丰富。我们要给女孩自由的时间和空间，让女孩自由的思考。每天至少给女孩一个小时独处的时间和空间，让她独立地玩和思考。

此外，不要给女孩过多的压力，不要让女孩处于焦躁状态。

方法二：允许女孩有“奇思妙想”。

女孩虽然没有成人那么多的知识经验，但却可能更富有想象力，因为女孩更少有固定的“答案”与“思维模式”。

想象力成长所需要的土壤是宽容的、放松的、自由的与多样的。

因此，如果女孩对一个你早已认为不是问题的问题进行思考时，那么请允许她的“奇思妙想”。

妈妈正在做包子，5岁的小君坐在小凳子上看着。小君忽然提了一个问题：“星星是从哪儿来的?”

妈妈没有急于回答，而是说：“你想想看”。

小君出神地注视着妈妈揉面的动作。妈妈揉面，揪面团，擀面饼，包包子……

看了好一阵子，小君突然说：“我知道星星是怎么做出来的了，是用做月亮剩下的东西做的。”

妈妈听了先是愣了一下，然后特别激动地亲吻了自己的女儿：“宝贝，你的想象真奇特。”

爸爸听了这件事以后也非常高兴，拉过小君给她讲女娲造人的传说……

但是，在现实生活中，女孩的“奇思妙想”常常会遭到成人的打击——

“星星是本来就有的，有什么好想的，快点背书吧！”

“你就会想这些乱七八糟的东西，老师讲的却什么也不知道。”

“你去看看书上怎么写的！”

此外，很多时候，只要女孩问，我们就会赶快回答，生怕破坏了女孩的“求知欲”，生怕被女孩“看扁了”。结果，女孩习惯于得到一个“标准答案”，而懒得去思考，更不要说去想象了。

我们在不知不觉中将女孩引入一个不需要想象，只需要记忆的世界。最终，女孩也变得和我们大多数人一样，只会重复前人的知识与技能，不会突破与创造。

所以，如果你认为想象力是非常重要的，那么就留意生活中的点点滴滴，留意你对女孩“奇思妙想”的反应。

方法三：向女孩提出“想象”的问题。

“1＋1＝？”

“‘树’的英文怎么读？”

“你们班里哪个小朋友最听话？”

“今天老师讲了一个什么故事？”

“看，这有几个苹果？”

……

生活中充满了问题，我们成人也向女孩提出了无数的问题。很多时候，我们只是一味地提着“封闭式”的问题，这样的问题答案几乎只有一个，女孩只会给出一种回答。这样一来，女孩不过是重复知识的工具，问题也不过是我们检验女孩学习的手段，哪里允许女孩去想象呢？试想，如果女孩说：“1＋1＝3”，你会不会非常生气或者失望呢？

激发女孩想象力的问题，恰恰是那些“开放式”的问题，是允许女孩自由发挥的问题。女孩在思考和回答的过程中，定然会充分地发挥其想象力。

我们应当经常给女孩提一些“开放式”的问题，让女孩用多种答案来回答问题，不但可以启发女孩的想象力，更能激发女孩的求知欲。关键是，当女孩对“开放式”的问题作出回答的时候，千万不要操之过急地去打断或者“更正”。

方法四：让女孩做一些“收尾”工作。

年幼的女孩独立完成一件事情的能力有限，比如讲故事、画画等，我们可以让女孩看着自己先做一部分，然后留“尾巴”让女孩来做。比如：讲一些有启发性的故事给女孩听，让女孩想象下面的故事情节，使女孩有发挥想象力的机会。当女孩讲了一部分后，我们可以再接着讲，讲到关键的时候，再让女孩讲。

比如讲《雪孩子》的故事，在女孩理解了故事内容后，可再提一些拓展性的问题。“雪孩子遇到火后为什么会不见了？它去哪里了？”这样，女孩会从中明白一些科学道理，像雪遇热融化，变成水；水在阳光照射下又变成水蒸气升到天空中，形成云。

再比如，我们先画一只小猫的头，然后让女孩画耳朵、嘴巴等，我们再画身体，再让女孩加东西，这样不仅鼓励了女孩想象，更让女孩有参与的“成就感”。

此外，爸爸妈妈和女孩一起玩，一定要克制自己的“聪明”，尽可能保证女孩是游戏的“主人”，这样才能给女孩发挥自己的想象力留下足够的空间，而女孩也可以在自己的想象中玩得更尽兴、更自主、更活跃。

方法五：多带女孩到户外活动。

让女孩多与宇宙接触，多与自然接触，这样女孩的右脑达到最佳思维力，想象力就能得到增强。

大自然是人类的老师。在女孩的眼里，一切皆有生命，万物都会说话。大自然是孩子的乐园，大自然更是培养孩子想象力的大学堂。草丛里的一个小昆虫，树根处的一个蚁穴，已经让女孩兴趣盎然了，更不用说花儿的绽放、果子的成熟，会让女孩感受到自然界有多奇妙了。

细节79：创造力——让女孩“巾帼不让须眉”

在一项“创造力发展调查”中，结果在近5000份问卷中，约有三成的人认为自己“没有创造力”或“很没有创造力”。尤其是女性，认为自己没有创造力的比例高于男性甚多。

这项调查令人深思，女性的创造力到哪里去了呢？要知道，创造力是一个女孩智力和能力的标志，是女孩能否成才的重要因素。它取决于后天的培养。

有的父母认为女孩聪明、智商高就一定会有所发明创造，其实不然。

在现实生活中，有些女孩非常善于思考，很有创造力，但在校的考试成绩可能很一般；有些女孩的考试成绩非常好，但不善于独立思考，没有创造力，成了一个“高分低能”的女孩。

这是因为创造力的发挥除要求有正常的智力水平外，还必须具有良好的非智力因素，即兴趣、意志、性格、动作、情感等。

富养女孩，要注意发现女孩的创造力萌芽，保护女孩最原始的创造意识和创新精神，才能使女孩的创造性得以持续和发展。否则，这种可贵的创新精神萌芽，就会被扼杀在摇篮中，女孩只能在模仿顺从中长大，失去创造的机会、条件和信心，而最终很可能成为平庸的、缺乏独立见解的人，被时代所抛弃。那么，我们如何培养女孩的创造力呢？

方法一：允许女孩多动手，保护女孩的好奇心。

好奇是小女孩的特点之一，是探索知识奥秘的动力。好奇心愈强想象力愈丰富，创造性就愈高。女孩对许多事情都感到好奇，凡事都想弄个明白。比如女孩想知道手电筒为何发光、不倒翁为什么推不倒，然后会把手电筒和不倒翁拆开看个究竟。

这个时候，我们千万不要因为怕女孩弄坏了东西，而粗暴地制止，应该对女孩的好奇心给予鼓励，同时给女孩正面的解释。我们可以鼓励女孩自己动手搞一些小发明。在手指尖的触摸过程中，女孩的创造性思维也就得到了最好的发展。

方法二：利用玩具培养女孩的创造力。

购买玩具时，选择功能多，需要女孩操作的，而不要选择功能单一，以视听为主的玩具。宜买半成品玩具，不买成品玩具。

我们要先让女孩探索、尝试玩新玩具，而不应先教给女孩玩法，或先看图纸。允许女孩按自己的方式排放玩具。家里与幼儿园不同，不必过分强调整齐。

我们要允许女孩收藏不值钱的东西。要知道，并不是买来的玩具才是玩具，多提供废旧物品更能提高女孩的创造能力。

方法三：通过音乐、绘画培养女孩的创造性思维。

心理学家和教育学家一直认为音乐是促进女孩身心发展的好方

法。因为音乐会促进女孩右脑的发育。另外，音乐可以丰富女孩的精神世界，在优美的音乐中，女孩情绪兴奋愉快，这个时候，女孩的创造性思维处于最佳的状态。

而绘画最易诱发女孩的想象力，也是最为女孩所喜欢的一种形象表现形式。对女孩的画，我们不要只追求画得多么“像”，而应鼓励她“想”得越多越好。

妈妈在纸上画了许多圆，让柯柯想象着添画，看圆能“变”成什么？

柯柯想了想，把圆变成了一个太阳、一块饼干、一个头像、一朵花、一个皮球……

妈妈点点头，鼓励柯柯：“很好，宝贝，除了这些单个的圆，你能把几个圆组合到一起吗?”

过了一会，柯柯又用圆组合出了熊猫、一束气球、一群小鸡、一堆鹅卵石、天上的星球……

另外，我们可以播放不同情绪的音乐，让女孩根据音乐的表现画出自己对乐曲的理解。

方法四：扩充女孩的知识量。

我们应向女孩提供适合她们身心年龄特点的读物和视听材料，给女孩丰富的知识。要尽可能广博，上至天文，下至地理，但应注意宜广不宜深，深入浅出，以游戏的形式、故事的口吻，进行趣味讲解。

媛媛了解了有关地球的常识后，爸爸将她的头比作地球，并编成儿歌唱：“媛媛的头像地球，有山（鼻子）、有湖（眼睛）、有河流（嘴），有平原（额头）、盆地（脸）、小土丘（耳朵），茂密的森林（头发）望不到头。地球就是我们的家，大家都要爱地球”。

平时，我们应该多和女孩进行对话，多给女孩讲故事。在和女孩说话时，要因势利导，抓住机会，就女孩感兴趣的话题展开对话，这样可以促使女孩启动思维，即兴表述生动的语言。在讲故事的时候，可以给女孩一个开放式的结尾，让女孩发挥自己的创造性思维，结合之前的故事情节，进行合理又有创造性的推断，完成故事。

方法五：丰富女孩的生活。

我们可通过各种活动，丰富女孩的生活，开阔女孩的视野。

平时，多带女孩到大自然中，观赏各种树木花卉，区分它们的异同，了解植物与环境的关系；看看动物的不同形态，分辨它们的外形特征和生活习性；采集种子，捕捉昆虫，制作标本；仰望蓝天上变幻多端、漂亮浮动的白云；欣赏日出东方的朝霞、夕阳西下的美景……

方法六：培养女孩良好的个性品质。

古今中外做出巨大贡献的、富于创造的人都具有热爱事业、兴趣广泛、情绪乐观、自尊自信、持之以恒、不怕困难的特点。因此，我们在重视和开发女孩的智力时，不能忽视对女孩非智力因素的培养。

平时，我们要放手让女孩多做力所能及的事，给她“拆拆”、“装装”、“试试”的自由，即使女孩做错了，也要因势利导，使她不怕失败，勇于进取。

细节80：语言表达能力——开启女孩的交际之门

语言是智力发展的重要标志之一。语言表达能力强的女孩理解力强，更加自信，在以后的社会交往中也会更受欢迎。在生活中，许多父母有意识地培养女孩琴棋书画各种专长，却忽略了日常生活中卓见成效的技能培养——培养女孩的语言表达能力。

语言表达的流畅、敏捷、精确，一方面是女孩现有思维能力的反应，同时又对女孩大脑发育以及思维能力的发展具有很好的促进作用。那么，我们该如何培养女孩的语言能力呢？

方法一：抓住女孩学说话的关键时期。

4 岁以前，也就是学龄前期是人一生中语言发展的重要时期，女孩对语音和语法体系的掌握，基本上是在这个时期完成的。因而，我们要提高语言教育意识，给女孩创设一个良好的语言学习的环境，为女孩的语言发展打下一个良好的语言基础。

我们要充分利用女孩周围生活的人和物，丰富女孩的生活经验，为女孩提供说话的材料，培养女孩口语表达的能力。比如，节假日带女孩去公园玩，然后让女孩讲述在公园里看到了什么等。在日常生活中采用“做做、玩玩、说说”的形式，使女孩把动手、动脑、动口结合起来，培养女孩学习语言的兴趣。

我们应多为女孩提供语言交往的机会。比如鼓励女孩与邻里的孩子自由交往，女孩可以在交往中自然进行听说练习，并向同伴学习一些词语，以提高语言表达能力。

方法二：鼓励女孩把话说完整。

我们要用规范标准的普通话与女孩说话，不要用方言或模仿女孩可爱的儿语与女孩交流。

女孩说：“吃糖糖”，我们要立刻纠正：“我要吃糖”，并且要告诉女孩：“你已经长大了，要把你的想法说完整”。我们还可以追问：“你想吃什么糖？你能用一句话把自己要求说清楚吗？”引导女孩说出：“妈妈，我想吃那种黑色的巧克力糖。”

我们要让女孩学会组织语言，把多种主要信息完整地表达出来，让别人听明白。力求口齿清晰、用词准确，富于表现力。这对女孩逐步养成说完整的话——规范的语言非常重要。我们平时在说话时也尽量说长句，家庭语言不要过于简单、刻板，要生动、幽默些，为女孩提供样本。

近年来的大量研究成果表明，孩子的语言能力发展在很大程度上依赖于家庭环境，这包括父母（或者其他家庭成员）的文化修养、家庭的藏书量以及父母对子女教育的兴趣。我们通常可以通过一个女孩的语言来判断她的身份、社会地位及文化修养等。

方法三：培养女孩养成阅读的良好习惯。

要真正掌握语言，最好的办法莫过于阅读了。阅读是发展语言能力的加速器，是提高书面写作能力的重要途径。可以每周带女孩去一次书城，每次读一本、买一本。

阅读要先从亲子共读开始，在引导女孩阅读时，可以先由父母读，然后父母与女孩共同读，接着父母与女孩各读一段，最后放手让女孩自己读。

图书的选择也要逐渐过渡：字少画多的书、字多画少的书、无画的拼音书、无画无拼音的书。

经过循序渐进的阅读方式，既增加了女孩的词汇量，又积累了不少知识，为女孩将来写作文打下良好的基础。

在阅读时可要求女孩：晨间读诗，大声有感情；睡前读故事，轻声、默读，拿笔读书，边读边做记号。

方法四：用录音机培养女孩的语言能力。

我们不可能像专业老师那样来训练女孩，但可以用录音机——女孩学语言的好老师。

我们可以给女孩反复播放故事录音带，既省时间又学会了不少新词汇。既增强了记忆力，又提高了语言表达能力，可谓一举两得。

3 岁的怡悦非常喜欢听故事，几乎每天睡觉前都要静静地听上半小时。在家里的书柜里摆着上百盒磁带，分成：故事类，包括童话、寓言、科幻，诗歌类包括古诗、童谣、儿歌，知识类，音乐类等几类。

每次怡悦听完了，妈妈就会问她一些问题。比如听完《渔夫和魔鬼》的故事后，妈妈问："魔鬼长什么样子?"

怡悦说："眼睛像灯笼，嘴巴像山洞。"

渐渐地，妈妈开始有意识地引导怡悦复述故事，让她做故事接龙、续尾游戏，再鼓励怡悦自己讲故事、编故事。让怡悦多开口，想什么说什么，学会把内心感受、看法表达出来。

方法五：在大自然中学说话。

我们要让女孩多接触大自然，多观察事物、多动脑筋。这样可以扩大女孩的眼界，增长知识，说话有内容。在女孩观察时，要引导她看清楚对象，同时用语言表达清楚。

我们应多带女孩进行户外活动，在接触大自然的过程中，有意识地教给女孩一些新鲜的词汇，比如在描述天气很好时，可以教她用"阳光明媚、阳光灿烂"等词语来表述。在描述颜色多样时，可以教她用"五颜六色、五彩缤纷"等来表述，同时还教她正确的发音，向她提一些问题。

在郊外游玩时，问她天上飞的动物有哪些，地上爬的动物有哪些，水里游的动物有什么，等等，让她通过观察大自然中活生生的东西直接把它们说出来。

女孩说话的过程就是培养她的语言表达能力的过程，这样就会很自然地锻炼了女孩的口语能力，同时也培养了女孩观察事物的兴趣和能力。

细节81：培养女孩“过目不忘”的记忆力

记忆是人的心理仓库，记忆是一切智力活动的基础。一个有一般记忆力的人能过常人的生活，胜任常人的工作。但是，如果要想有所成就，或者说想在考试中取得好成绩，高超的记忆力是必不可少的。

与男孩相比，女孩的机械记忆力比较好，但逻辑记忆力差一些。富养女孩，就要进一步加深女孩的先天优势，并在后天的培养中提高女孩的记忆能力，让女孩拥有“过目不忘”的记忆能力，不仅在学习上游刃有余，也能在将来的工作上一展身手。

方法一：丰富女孩的生活环境。

有生活经历才有记忆，有的女孩年龄很小，却因为“见多识广”，能记住和讲述很多见闻。我们应当从小给女孩提供丰富多彩的生活环境，给女孩玩各种颜色、有声的、能活动的玩具，听音乐，多与女孩讲话，给女孩念儿歌、诗歌，讲故事，带女孩去公园、动物园、商店，和女孩一起做游戏等。

这些都会在女孩的耳濡目染中留下深刻印象，能在较长时间内保持记忆力。这些印象在遇到新的事物时会引起联想，更容易记住新的东西。

方法二：给女孩布置识记任务。

为了培养女孩的有意识记的能力，对2～3岁的女孩就可以布置有意识记忆的任务，最简单的可以从要女孩取一样东西或传一句话做起。

我们带女孩上街或者去公园，事先都可以对女孩提要求，要求女孩把看到的或听到的回家后通过回忆说出来。只要我们在要求女孩记忆某一事物之前，明确地提出识记目的、任务，又善于帮助女孩回忆，女孩的积极性会很高。通常，女孩会兴致勃勃地把所见所闻告诉你。这样培养记忆，效果十分明显。

随着女孩年龄的增长，布置识记的任务可以日趋复杂，如要求记住游戏规则，复述一个故事或讲出参观见闻等。其中，游戏始终是小女孩的最爱。女孩在游戏过程中身心都处于亢奋状态，这时候女孩记忆的积极性被最大限度地调动起来。

女孩可能把具体玩游戏的时间搞错，但是她会记住游戏本身。根据女孩的这一特点，我们可以自己创设一些有趣的游戏来帮助女孩提高记忆力。比如倒着说，妈妈说123，让女孩反过来说321；妈妈说电视机，让女孩说机视电。再比如，给女孩几个东西，放在她面前，让她看完以后，偷偷地拿走某一样东西，或者增加某一样东西，让女孩说出多了什么或者少了什么，等等。

方法三：让女孩欣赏更多的古典音乐。

脑智能学的研究表明，多给女孩欣赏一些优美的古典音乐作品不仅可以陶冶女孩的性情，还可以增强女孩对语言的记忆力。这种训练最早可以从听胎教音乐开始。

在女孩出生后，不管女孩是在玩玩具、做游戏、读书还是吃饭，我们都可以放一些比较轻柔优美的音乐，让女孩有意无意地欣赏就可以了。

方法四：培养女孩的学习兴趣。

成人对自己感兴趣的东西往往很容易记住，相反对自己不感兴趣的东西，则会强迫自己花力气去记住它。而年幼的女孩往往做不到这一点，对不感兴趣的东西很难记住。因此，要小女孩学习某种知识和技能，不能靠强迫命令，而是要激发起女孩的学习兴趣。

有的女孩 2～3 岁能认识很多字，有的年纪很小就成了名家，都是因为她们对所学的内容感兴趣，能孜孜不倦地去学的结果。

此外，记忆力的好坏不完全是天生的，是可以训练和提高的。

我们要注意保持女孩的自信心，有的父母常骂女孩："你什么都记不住，一点记性也没有，对你说了也白说"等话，是很伤女孩的自尊心的。我们要了解女孩记忆的不足之处，记不牢或记不正确的原因，耐心帮助女孩，要多给予鼓励。

方法五：指导女孩增强记忆力的方法。

我们要针对女孩的不同年龄段，进行记忆方法的指导。

女孩在幼儿时期的记忆保留时间短，机械记忆是记忆的主要方法。要女孩记住某种内容就要不断重复，可教女孩背诵一些儿歌、诗歌、绕口令，记住一些简单的科学常识。小女孩往往擅长具体形象的记忆，直观、形象的东西尤其是视觉应像，容易给女孩留下深刻的印象。

因此，当女孩记忆一些抽象的东西时，尽可能与就具体、形象的东西结合起来。例如：可以让女孩利用故事、图表、图画、影视、歌谣、口诀等形式形象地描绘出来，这样有助于加深识记痕迹，提高记忆效率。

入学前的女孩已会有意识地记忆，可以教女孩运用顺序记忆、归类记忆、联想记忆等识记方法。入学后，要背诵课文，可用整体记忆和分段记忆等方法。在女孩年龄再大一些时，可以教女孩运用理解记忆法。

理解是记忆的基础，对于学习内容理解的越深刻，记忆的效果就越好，在学习中要调动注意力，集中思想，进行有意识地记忆。一些适合练习的内容，可以进行多次的反复练习，尤其是一些可以通过动手操作的内容，更可以反复操练，检查正误，增强记忆。

记忆的方法是灵活多样的，比如还有一些谐音记忆法、比较记忆法、联想记忆法、规律记忆法……

富养女孩，要让女孩知道用有效的记忆方法可以快速地提高记忆能力，同时让女孩尝试创造适合自己的记忆方法，充分发挥主观能动性，不断锻炼自己的记忆能力，从而达到提高记忆的目的。

细节82：逆向思维——开发女孩的右脑

逆向思维，顾名思义，就是换一个角度看问题。平时，我们主要用大脑左半球来学习和工作，而控制创造力和逆向思维能力的右半球处于劣势。

因此，在富养女孩的过程中，我们要注意开发女孩的“右脑”，让女孩学会换一个角度看问题，从而让女孩更聪明。

方法一：3～4岁时，让女孩学会“反”着来。

3～4岁时，女孩的思维属于直觉思维，还没有深度和广度。这个时候，我们可以让女孩学会“反”着来，做一些“相反”的游戏，让女孩的动作协调起来，为今后的思维发展打下基础。

平兰3岁时，爸爸妈妈开始教她玩一些“反”着来的游戏。

有一次，平兰在幼儿园学会了“剪刀、石头、布”的游戏，回到家缠着爸爸妈妈和她一起玩。

爸爸说：“好啊，不过我有个要求，谁赢了要做出哭的动作，谁输了要作出笑的动作！做错了就淘汰下场！”

游戏开始了，平兰经常会弄错表情，没两个回合就被“淘汰”了，她那又哭又笑的表情也逗得爸爸妈妈哈哈大笑。在笑声中，平兰的“反”动作越做越好。

还有一次，妈妈受电视节目的启发，和平兰玩起了“反口令”的游戏。妈妈说“起立”，要求平兰要“坐着”；妈妈说“举右手”，平兰要“举左手”……

在这些游戏的培养下，平兰的思维也变得越来越敏捷，反应也越来越快。

这一阶段，对女孩进行逆向思维训练，主要是通过给女孩创设一个轻松、有趣、愉快的游戏环境，让她萌发思考的兴趣，并自己动手操作，让女孩经常处于积极活动的状态之中。

方法二：4～5岁时，对女孩进行重点训练。

4～5岁，是女孩思维活动发展的关键阶段，也是女孩逆向思维发展的关键阶段。这一阶段，女孩的思维已经进入具体形象阶段，女孩主要凭借事物的具体形象或她对事物表象的联想来进行思维。

这时，女孩能根据事物的本质特征对它进行概括。对于熟悉的事物，女孩开始能进行简单的抽象逻辑思维。女孩会运用分析、比较等思维形式，对事物作出判断和推理。

对4～5岁的女孩进行逆向思维训练，主要是不断丰富女孩的知识，发展女孩的语言，帮助女孩学会从正反两个方面思考问题，并作出判断。

在日常生活中，我们不妨有意积累女孩的词汇量。比如，天黑了，问女孩“黑夜”的反义词；走在路上看到一棵“大树”，让女孩说出“大”的反义词；带女孩去公园玩，看到公园有很多鲜花，让女孩说出“多”的反义词。通过这些训练，女孩逆向思维的记忆力得到了提高，思维的流畅性和敏捷性也会有所提高。

此外，我们也可以让女孩玩一些根据形状、颜色标记对图形进行双维排列的游戏，从而发展女孩的逆向思维及立体思维。比如，我们可以找一块双维排列底板，一些与图上的标记相对应的图形，如红色的方形、蓝色的三角形等。我们可以先和女孩一起猜拳，决定谁先玩。赢的一方可以随意说出一个空格，让对方找出相应的符合条件的图形放上去。如果找错了图形，就不能放上去。看一看，是谁找到的图形多呢？父母和女孩，谁比较厉害一点呢！

方法三：5～6 岁，着重发展女孩的逆向思维能力。

从 5～6 岁起，女孩的抽象逻辑思维比较迅速的发展起来了，这为她入学奠定了智力基础。这个时候，女孩已经开始能使用概念、判断、推理等思维形式进行思维活动了。

女孩的理解能力也快速地发展起来了，她不但能广泛了解事物的现象，而且开始要求了解事物的原因、结果、本质、相互关系等等。

在这一阶段，女孩的逆向思维处于高度发展阶段。女孩开始根据不同事物内部的共同特点来进行概括、分类，推理也开始由表面、直接转向内在、间接。

对 5～6 岁女孩进行逆向思维训练，主要是帮助女孩从相反的视角去看固有的观点、惯常的看法，学会正确的思维方法，并通过各种创造活动发展她的逆向思维。

访晴 5 岁时，爸爸自制了一个可以拨动时针和分针的时钟，并准备了一面镜子。爸爸让访晴看着镜子，然后爸爸拿着这个自制的时钟站在她的身后，并拨动时针和分针，让访晴看着镜子里时钟的影像，说出是几点钟。

通过这个游戏，访晴慢慢知道了，镜子中的景象与实景是相反的，如果她伸过左手，镜中的她则是伸出右手……

还有一次，爸爸拿了一套扑克牌，把梅花和方块的 1 到 9 的牌抽出来。然后，爸爸让访晴把牌洗好。随后，爸爸任意抽走一张，藏起来，把余下的牌摊开，说：“访晴，猜猜看，爸爸藏起来的哪张牌？”

第一次，访晴一张张地数过去，才猜到了爸爸藏起来的牌。渐渐地，她猜的速度就越来越越快。

细节83：动手能力——锻炼女孩的手指“智慧”

著名教育家苏霍姆林斯基说过：“儿童的智力在他的手指尖上。”心理学家也认为手指是“智慧的前哨”。

手是人重要的感觉器官，让女孩多动手是促进智力发展的重要途径。通过手的活动，可以获得更多的外部信息，这些信息能促使大脑积极活动，促进女孩的大脑发育。人们常说：心灵手巧。反过来，手巧也会促进心灵，锻炼脑子。

在现实中，许多女孩的动手能力很弱，有的女孩6岁了，鞋带开了却不会系；有的9岁了还不会穿衣服……

这样的女孩，将来能否适应社会独立生存都是问题，还谈什么成就一番事业呢？

富养女孩，要开发女孩的手指“智慧”，让女孩在看似简单的手工劳动中得到启发，受到锻炼，“心灵手巧”才不再是梦。

方法一：及早锻炼女孩的自理能力。

在家庭中，我们要及早锻炼女孩的自理能力。很多家长，觉得让小女孩做事惹麻烦还不如全包下来。长此以往，女孩的依赖性就会越来越重。

其实，生活中的许多事都是女孩力所能及的。如：拿东西、发筷子、整理玩具、扣扣子等。因此，在女孩的日常生活中，只要女孩能吃的、能做的、能讲的、能想的我们应当积极鼓励女孩自己吃、自己做、自己讲、自己想。一些较难，我们可以先教一些方法、技能后再具体指导女孩反复练习，不断实践。这样，女孩就会掌握比较复杂的手部动作。

此外，我们可以根据女孩掌握的程度，在生活中进行一些操作游戏，比如：叠衣服、钉扣子、编辫子、绣花、编织、自制玩具等游戏。这样，女孩既参加了劳动又发展了能力，还为将来做人成材走向社会做好准备，可谓一举多得。

当然，动手劳动是要付出代价的，女孩会感到疲乏和劳累。但是，劳动是会有收获的。当女孩看到自己的劳动成功时，会感到精神上的满足，这种满足感会进一步推动她喜爱动手，最终形成习惯。

方法二：做手工。

我们可以经常让女孩做一些手工，包括画图、剪贴、泥工、折纸等，这能够促进女孩手的动作协调。女孩在操作过程中，我们可帮助女孩做多种手工以提高技巧，在动手的同时也能培养了女孩的创造能力。

当发现女孩有不正确的操作时，我们应及时予以纠正。比如，要注意女孩拿剪刀、勺子、握笔、握球拍等其他工具时的方法是否正确，如果发现问题应及时给予指导纠正。

方法三：尽早学会用剪刀。

许多父母特别害怕给女孩用剪刀，怕刀尖刺伤女孩，怕刀刃划伤女孩。其实，只要处置得当，小剪刀是很安全的。用剪刀学剪画，可锻炼孩子的耐心，专注精神，手与脑的协调运转能力，使女孩手巧心灵，胆大心细。

可可 3 岁时，爷爷从四川给她寄来了一本剪画的书，上面画着各种各样好玩的动物卡通形象，比较疏朗。这是专供孩子剪下来的。

爸爸妈妈给她买了一把圆角的小剪刀，让她在画上剪。一开始，她根本不会用剪刀，剪得一塌糊涂。爸爸妈妈鼓励她不要着急，慢慢来。慢慢地，她会用剪刀了，剪得也越来越准确了。算下来，可可剪了好几大本剪图的书。

爸爸妈妈觉得，常用剪刀，使可可养成了精细的习惯，也培养了她的专注精神。因为，要剪好一条线，必须全神贯注，必须全情投入，不能马马虎虎。这也使她能坐得住，避免心浮气躁。

方法四：多让女孩玩拼装类的玩具。

我们应该给女孩购买一些操作性强的玩具，让女孩玩一些结构游戏，为女孩创造动手的小天地，如橡皮泥、拼图、积木、插塑、沙石等。

13 岁的幻薇是学校里课外活动小组的组长，她的手指非常灵活，同样的手工制作，别的同学要用很长时间，她一会就做好了。对此，爸爸妈妈很是欣慰，庆幸自己的“选择”是对的。

原来，在幻薇很小的时候，爸爸妈妈就为她买了不少拼插玩具，一来省钱，二来借此锻炼她的动手能力。

幻薇五岁时，她的两个姑妈来北京探亲，给她带来过一些电动玩具，如会摇头的大熊猫、遥控汽车、会眨眼睛的塑料娃娃等，但幻薇玩两天就没兴趣了。相反，爸爸妈妈给她买的积木、拼插玩具、拼图等，她很喜欢，回家后经常玩。后来，爸爸妈妈就经常买这样的玩具，价格也便宜。

随着年龄的增长，幻薇手里的积木、拼插拼图玩具越来越复杂。特别是拼图，从四张到六张到十几张，甚至几十张。有的非常复杂，如果大人没有耐心，都拼不出来的，她却能很快拼出来。幻蘅能很专心地坐上半天耐心地拼。这些玩具渐渐锻炼了她判断、分析、归纳、推理的能力，她有时还可创造，如拼插玩具。

事实上，聪明的父母往往会顺应女孩动手的规律，拿来一些废纸让她撕，给一些木头和棍子让她敲，买来蜡笔教她学画画，找一些不用的小瓶小盒让她配盖等。这些玩具，让女孩既动手又动脑，在动手时学会了技巧和专心去解决问提的能力和延长了专注时间，培养了独立工作的能力。

方法五：让女孩学一样乐器。

有条件的家庭，可以让女孩学习一些乐器，非常有利于培养女孩手指的灵活性。比如，键盘乐器是十个手指都要进行操作的，同时还要看着乐谱，可以锻炼女孩的手、眼、脑的高度协调能力。

细节84：细心、麻利——女孩一生受益的能力

细心在日常生活和工作中是非常必要的。然而，如今生活节奏越来越快，做事毛躁马虎的人也越来越多，生活好像也越来越缺乏安全感了。很多人还为此振振有词：我就这习惯，改不了。

事实上，细心也是一种能力，完全可以通过有意识的培养，而逐步做到有条不紊、沉着稳当、明察秋毫的。俗话说得好："千里之堤，溃于蚁穴"，粗心会带给女孩无尽的烦恼。

富养女孩，就应当在生活中培养女孩细心素质，让女孩成为生活的有心人，留住更多美好瞬间。细心作为，细心行动，就会让女孩收获更多成功与效益，感受更多安全与保障。

培养女孩的细心能力不是一件小事，将来从事任何工作都少不了细心。有的女孩天生就心细，而更多的女孩存在不同程度的粗心。

我们做父母的要坚信，粗心的毛病是能改掉的，但培养女孩的细心能力不是一朝一夕的事，讲究方法的同时，还要做到持之以恒。

方法一：让女孩养成“专注”的习惯。

排除干扰，是培养女孩细心不可或缺的因素。如果女孩在专心做事时，受到过多的干扰，就会心绪烦乱，情绪不稳，极易涣散注意力，很难做到全神贯注。

为了让女孩能够专注地做事，我们在女孩做作业时不要看电视，不要聊天，做事也尽量不弄出声音，更多的是坐下来看书陪女孩一起学习，以此来排除干扰，给女孩创造一个良好的学习环境，使女孩能够集中注意力。

如果发现女孩情绪烦躁、不稳，就及时与女孩谈心，消除她的心理困惑，把女孩的精力拉到她该做的事上来。

另外，父母的表率作用也是不可忽略。我们要做出细心的榜样，以成人的细心来感染女孩。整个环境是细心的，女孩就会自然而然地细心起来。

方法二：让女孩养成“有序”和“条理”的习惯。

我们可以从身边的小事做起，比如要求女孩早晨起床洗漱过后，就叠被子、整理床单；每天整理自己的房间；用过的物品做到“物归原处”；学习资料摆放有序；写完作业要检查一下有没有错误；做完作业就整理书包，并且一样一样检查。

在女孩做这些事的同时，我们要不断地提醒、指导，并配以适时和恰当的鼓励。

我们要学会让女孩负责任，平时可让女孩承担一些家庭事务，比如出门前让她负责检查门窗插头煤气的情况。此外，我们要教育女孩做生活的有心人，引导女孩仔细观察发现生活，善于思考，明辨是非。我们可以通过一些哲理故事告诉女孩怎样做生活的有心人。这样，在培养女孩细心的同时也造就了一颗懂得生活的心灵。

方法三：学会鼓励，提高女孩细心做事的兴趣。

任何人都有这样的体会：一旦自己对某事有了浓厚的兴趣，不仅会细心，而且有自主性，常能乐此不疲，流连忘返。因而，为了培养女孩的细心能力，要特别注意提高女孩做事的兴趣。

女孩都喜欢听表扬的话，但类似的话说多了，她可能就没什么感觉了。最开始，女孩有细心的表现时，我们的表扬会提升女孩的兴趣，增强女孩的自信心。

一段时间后，如果女孩对表扬没什么反应了，粗心的毛病还出现了反弹，那么我们就要针对女孩喜欢表现自己的特点，改为鼓励的方式。比如说："今天我跟你们老师通电话了，你们老师说你比以前更细心了。"或者有朋友来做客时，就请他们说一些女孩很细心之类的话，还要故意让女孩听到；或者请女孩小伙伴的家长借小伙伴之口来表扬她。

通过这些办法不断提高女孩做事的兴趣，从而树立女孩的自信心。

方法四：向女孩求助，使女孩有成就感。

女孩细心做事、学习的能力如果在生活中得不到运用，她就会感到乏味，原先粗心的毛病还会死灰复燃的。这个时候，我们不妨故意向女孩求助，让女孩有成就感。

妈妈对梅梅说："我想看一下电磁炉的说明书，可找了很长时间没找到，你能帮我找出来吗?"

梅梅跑到书柜前，很快就找了出来，还和妈妈开玩笑："妈妈真粗心，还是我细心。"

此后，妈妈经常向梅梅求助，梅梅觉得把房间整理整齐，物归原处是很有用的，渐渐地，她做这些事更细心了。

又有一次，妈妈说："同事家一个和你同年级的孩子今天问妈妈一个题目，但妈妈怎么也做不出来，你能教教妈妈吗？"

梅梅很快就解答出来了，她的心里乐滋滋的。

在妈妈的"求助"下，梅梅做事、学习的兴趣始终很浓厚，责任心不断增强。有了浓厚的兴趣和强烈的责任心，做事、学习也更加努力、细心了。

方法五：千万不要给女孩贴负标签。

即使女孩有粗心的毛病，我们也不能总说："你为什么这么粗心啊？""以后不要再这样粗心大意了！"我们一遍一遍地说女孩粗心，其实是在强化女孩的粗心。女孩听得多了，她就会认为自己就是这个样子了。这样一来，女孩的粗心就会越来越严重。

如果我们反过来做，在女孩偶尔不粗心的时候马上表扬她，强化她的细心，那么女孩就会慢慢地向着细心方向发展了。一段时间后，女孩就能感觉到自己其实是可以很细心的，慢慢地细心的能力也就培养出来了。

我们也可以让女孩自己指定惩罚粗心，奖励细心的措施。女孩会在奖惩中培养自己的自制力，时刻用高标准来要求自己的行为，从而使细心的能力在不断自我完善中得以养成。

我们要对女孩提出要求，并坚持要求，不能时松时紧，不能无原则的心软原谅，更不能代替女孩收拾残局。

细节85：教女孩学会高效管理时间

俗语说："时间就是生命。能够管理自己的时间，就是掌握自己的生命。"

富养女孩，我们必须时时记住一句话："你可以把财富留给孩子，但是你没法给他们留下一秒钟。"

因为年幼的女孩还不能理解时间是怎么回事，更不懂得生命对于自己只有一次。一般要到少年期，女孩的抽象思维变得比较发达，自我意识逐渐成熟。这时，女孩才逐渐明白时间的无限性和人的生命的有限性。但是，我们不能消极地等到女孩到了少年期，必须从小对女孩进行珍惜时间的教育。

因为，"开窍"表面看来是突然发生的，其实是对生命的热爱，对效率的体会，对无限和有限的理解，都有一个量变到质变的过程。没有早期的充分准备，就不会有"开窍"的到来。

只有一个懂得珍惜时间、把握时间的女孩，才不会在空虚中度日，更不会把有限的时间消磨在无用的琐事上。因此，培养女孩时间管理的能力，是一件十分重要的事。

方法一：从童年时期开始培养女孩的时间感。

要培养女孩的时间意识，就要培养女孩的时间感。所谓时间感是指女孩对时间的感知能力。要培养女孩的时间感，首先要教会女孩认识事件，包括日期、四季、时分秒的认识。同时，时间感的培养不仅是对时间的认识，更重要的是对时间的把握和支配的能力。

出生没多久的女孩不必刻意调整其作息时间。1个月大时，帮助女孩形成按时睡眠、按时吃奶的"生物钟"。1岁左右，着手调整活动时间，如安排固定的玩耍、午睡时间等。2～3岁，用数数感受时间流逝，可以把"等一下"这样抽象的概念换成数几个数。还可以让女孩看时钟指针，并告诉女孩当指针转到某一位置时，表示某些活动该进行了。3～4岁，认识时间词汇，使时间具体化。通过日常琐事，加强对白天、中午、夜晚的印象。5岁至学龄前，简单了解"过去"和"未来"。我们可以利用故事书中事件的进展来讲解时间。5～6岁的女孩已经能够使用基本的时间单位来描述事情，对1秒钟、1分钟可能还不会“计较”，但10分钟、半小时、1小时的时间量已有初步的概念，她知道1小时有60分钟，也开始对月、日、星期有了基本的概念或感觉。

在“顺序”的概念上，上幼儿园的女孩已经懂得“以前”、“以后”、“现在”、“刚才”的概念，也都能够掌握。上了小学，女孩就该学会用“几点钟的时候”该做什么事的顺序概念。

当然，小女孩还很难建立时间的“连续性”的概念，所以不必过于苛求；但在女孩上小学以后，因为会看时钟，了解时间是不会因为睡觉或其他事情而停止的。这时候，就该帮助女孩建立一天24小时的规划利用，还必须延伸到第二天。

方法二：把抽象的时间“具体化”。

在培养女孩时间管理能力的时候，最重要的是将抽象的时间“物化”，让女孩的时间感与她日常生活的具体事件联系起来，使之有可以感知的具体内容。

瑶婷5岁了，做事总是拖拖拉拉。妈妈想了很多方法也无济于事，爸爸知道后，便对瑶婷说：“瑶婷，你能从1数到60吗？”

“能啊。”

“那好，你现在数数看。”

瑶婷数完后，爸爸说：“你知道吗，一分钟就等于60秒，你能不能告诉我，一分钟能做哪些事呢？”

瑶婷想了想，说：“喝水、上厕所、洗手、穿衣服、画画、搭积木……”

妈妈听了，忍不住笑了，瑶婷不解地看着妈妈。爸爸也笑了，让瑶婷去把这些事付诸于实践，爸爸在一边看着时间。

等到瑶婷实践完后，爸爸告诉她：“喝水这件事在一分钟内完成了，不过其他的事都超过一分钟了。”

经过几次这样的训练后，瑶婷对一分钟有了具体的认识，慢慢就知道了一分钟和十分钟大概有多长，并且也知道哪个长、哪个短了，做事拖拉的毛病也改了不少。

方法三：帮女孩制定时间表。

女孩在幼儿阶段，对时间的感觉是和具体的生活事件连系在一起的。比如：“晚上吃完饭后就看电视”，这是很容易记住并做到的。那么，吃完饭是几点钟？事实上，女孩并不一定理解“几点钟”的含义，但因为爸爸或妈妈说，“我们七点钟吃晚饭”，于是她也会说：“七点钟以后我就可以看电视了！”这是一种模糊的概念。

同样的道理，“吃完早餐后要上幼儿园”、“爸爸回家的时候就会和我玩一会儿”等，都是一种很模糊的概念。

尽管如此，女孩会习惯成自然：如果吃完早餐后妈妈没带她上幼儿园，爸爸回来的时候没陪她玩一会儿，她都会觉得不习惯，觉得怪怪的，甚至会说妈妈、爸爸“不乖”，说过要做的事没有做到。这就是“时间管理”意识的产生。

如果我们细心一些，把每天要女孩做的十件事依照这样的方式列出来，让孩子记住，并严格遵守，协助孩子完成，这样，她的“初步时间管理”的习惯就养成的。

比如：

第一，早上闹钟响的时候就起身。

第二，刷牙、洗脸后开始吃早餐。

第三……

坚持女孩必须在固定的时间做好每天必须做的事，这是训练的第一步。然后，我们再进一步细化，让女孩制定自己的“活动时间表”，如几点钟看动画片、几点钟玩游戏、几点钟刷牙、几点钟上床睡觉。

我们可以协助女孩在表示时间的地方画上生动、直观的时钟，并且在家里放一个真正的时钟当参照。刚开始按表执行时，我们需要在某个活动快要结束或开始的时候，提前几分钟告知女孩，让女孩有心理准备。时间长了，我们可以放手让女孩自己去看时间、把握时间。

在“时间管理”的原则上，我们最好保持一种习惯：每天晚上在和女孩互动时抽出十分钟时间，和女孩讨论两件事：第一件：今天要做的事做完了吗？完成的，给予表扬。没完成的，该怎样处理？如果可能，还得让女孩把这个检讨写出来或画出来，张贴在显著的位置，让女孩第二天一早就可以看到。第二件：明天要做哪些事？这样，女孩第二天就会按时间表去做事，而不至于一拖再拖。

总之，在幼儿时代，我们尽量让女孩养成有规律的作息时间，自己也必须做出良好的示范。这样，就能让女孩学习从容面对生活事件，拥有“有条不紊”的规律化生活。

细节 86：出色的理财能力——把女孩培养成“小财女”

高职毕业的名女人何丽玲，曾经在一次访谈中说：“如果女人懂得理财，人生就是你的。女人无法在厨房中要求独立，学会理财才是追求自主的基础。”

何丽玲八岁时，她的祖母就开始训练她的理财能力，丢给她一本账簿，教她如何记账。祖母的训练为何丽玲日后的成功打下了良好的基础，与那些只会在经济上依赖别人的女人相比，她过得更独立、更幸福。

富养女孩，不能忽略了对女孩进行理财能力的培养。纵然家财万贯，我们也难以保证女孩的一生衣食无忧。

何况，女孩能漂亮多久？能无忧无虑多久？倘若一个女孩从小就没有任何金钱观念，依赖家人成了习惯，日后依赖丈夫成了习惯，一旦发生意外，女孩有没有能力自给自足呢？

正如何丽玲所说："总有一天我们必须靠自己想办法过日子，只有自己才能保障自己的未来。"

因此，女孩是否具备出色的理财能力，决定了她能否拥有美满幸福的生活，也决定了她能否把握生命的尊严。

少儿期是女孩价值观、财富观形成的重要阶段，在这段时期，体验式的理财教育将有助于培养女孩正确的财富观、掌握科学的理财方式，这将使女孩终生受益。

方法一：教育女孩正确认识金钱的含义。

要让女孩从小懂得钱是什么，钱是怎么来的和怎样正确地对待钱财。女孩的消费行为是由被动逐步走向主动的，从小学低年级开始就应该教孩子买东西，如何用钱，如何选择物有所值的物品。

教女孩把钱保管好，防止丢失、被窃。让女孩养成先认真思考再花钱的习惯，避免盲目消费。

最好以女孩的名义开设一个银行账户，让女孩把自己的压岁钱、零花钱都存进去，让女孩懂得钱放在家里不会"长大"，但存到银行可以变多一些，也就是取得利息收入，让钱自己去生钱，从而培养女孩的"主人翁"意识。

女孩手里的零用钱、压岁钱应该计划使用，适当积累。让女孩在存钱、用钱的过程中养成节俭的好品质。

方法二：教女孩学会记账。

记账的根本并不在于这一形式本身，而在于培养女孩规划金钱的本领。父母通过这一过程也可以直观地检视女孩的消费倾向，了解女孩对金钱的感受，万一发现偏差，也可以适时纠正。同时，记账本也可作为奖励女孩节俭的依据。

当女孩收到压岁钱后，我们可答应女孩让其保管，不过要事先声明：以后买东西，要列清支出的项目和金额。这样不仅可以让女孩对金钱有个具体概念，也可防止女孩乱花钱。

方法三：教女孩懂得量入为出。

我们要让女孩明白，花钱必须有经济来源，花钱要看支付能力如何。即使家庭经济富裕，也要坚持这一点。

要给女孩灌输正确的财商理念：挣钱必须付出劳动，有劳才有得；另外，也要注意培养女孩的意志力，教女孩学会坚持。

方法四：带女孩一起购物。

我们从小就要带女孩一起去购物，而且购物时最好把钱交给女孩，父母在旁只作参考。购物过程中，我们要告诉女孩“为什么要买这个东西”，引导女孩不要乱花钱。

同时，我们可教女孩怎么还价，把还价下来的钱交给女孩自己支配。这招会让女孩终身受用，长大后女孩买东西也会货比三家。

方法五：帮助女孩设定理财目标。

如果女孩的零花钱、压岁钱较多，我们可向女孩提出建议，成立一个“基金”，以后买东西、上学用的书本费的钱一律从这里开支，并告诉女孩“钱自己掌管，以后家里不资助”。这样可以减轻我们的经济负担，也能培养女孩的自立精神和家庭责任感。

如果条件允许，可以带女孩出去旅游，增加女孩的社会阅历和实践能力。我们可询问女孩是否想达成某种目标，并监督女孩通过自己的理财达到这样的目标，最终让女孩体验到目标实现后的快乐。

当然，在体验这种快乐的同时，女孩也就体会到理财的快乐，从而树立相应的理财观。在帮助女孩实现短期理财目标的同时，我们需要引导女孩建立中长期的理财目标，让女孩知道自己以后的人生道路上还有很多开支的地方。

方法六：让女孩学会给予。

在培养女孩理财能力的同时，还应该教会女孩学会给予。虽然我们说要重视女孩的理财教育，但也要注意，我们的目的在于培养女孩一定的理财意识和能力，但绝不是让女孩变成金钱的奴隶，更不要让女孩形成“金钱至上”的意识。因此，我们一定要有意识把握好“度”的问题。

比如，逢年过节，家里的老人总要女孩一些红包，数额较大的主要是过年分到的“压岁钱”。我们当然可以教育女孩把钱存入银行，可是当女孩为自己存款账户上的数字着迷时，我们就要稍微调整一下女孩的心态。比如，在爷爷、奶奶、姥爷、姥姥生病时，告诉女孩也要尽一份孝心，问问女孩是否能够把自己存折里的钱取出一小部分，买点水果给亲爱的老人？这样，一方面是培养女孩对于亲人的感情，一方面也是教育女孩钱能用来买东西，钱能帮助生病的老人。这样，不仅不会让女孩偏执地关注自己“资产”的增长，还能增加女孩的情商和财商。

此外，要让女孩知道不是每个人都有机会上学念书、都有温暖的家、都能穿上漂亮的衣服。

要培养女孩关心他人、关心社会公益事业的品质。因势利导，教育女孩献爱心，搞手拉手活动，向希望工程和灾区捐款，使零花钱用得更有意义。我们是要让女孩懂得“钱”很重要，钱能“美化”生活，但不要让让女孩以为生活里最重要的就是钱，更不要让女孩以为钱比学习、工作都更重要。因为，金钱只是一种生活的工具，而不是我们生活的最终目标。

第十章 陪女孩一起走过“危险”的青春期

青春期，指的是12～18岁期间，这个时候的女孩进入了一个“危险期”。因为，青春期女孩会有一种前所未知的恐慌与焦虑。

由于身体的奇妙变化，青春期女孩对周围世界的感知方式发生了很大的变化，她们对自己的身体和心理都会感到困惑。月经的初潮给女孩带来强烈的成人感，日趋突出的乳房使女孩感到羞怯。女孩一方面想把自身的变化封闭起来，一方面又把自身的变化与别人实行比较，并且在穿着上日趋向成年女性接近。

富养女孩，就要及时给女孩心理上的安慰和生活上的指点，让女孩平安、快乐地走过这段心理迷茫期。

同时，青春期女孩对外界的感知有所偏颇，这会影响她们的处事方式，进而造成对自己的伤害。富养女孩，就要避免这种无谓的伤害，给予女孩更多的关怀和支持，尽快抚平女孩内心的伤痛。

细节87:“我家有女初长成”——如何面对女孩的反抗期

青春期，是女孩的一个情感发展的关键期，也是一个危险期。

女孩进入青春期后，会出现种种“另类情绪”：烦恼、忧愁、惊悸、恐慌、焦虑……

青春期又被称为“心理断乳期”，除了身体上的变化，青春期的特有的思维方式和看待问题的态度，也会影响女孩的情绪。

女孩往往会采取极端的方法看待世界，这使得青春期女孩的视线多少有些扭曲。

青春期的女孩往往变得很过激，情绪情感容易两极化，逆反心理较强，处理不好独立与依赖的关系，极易出现心理问题。

因此，我们要正视女孩的“另类情绪”，及时给予女孩指点。

方法一：给予女孩足够的情感安慰。

在青春期时，女孩表面上要主权，凡事喜欢自作主张，但内心深处女孩仍然希望得到爸爸妈妈的安慰、支持和帮助。其实，女孩要求独立不过是一种虚张声势，女孩其实非常害怕独处。女孩的这种独立只是一厢情愿，不管女孩多么“趾高气扬”，在情感上和物质上，女孩还是非常依赖爸爸妈妈。

也因此，女孩在这一点上显得很矛盾。一方面，女孩对自己的依赖性之强感到很“愤怒“，经常暗暗指责自己不争气，埋怨爸爸妈妈看不到她的成长，像对待小孩子一样对待她；另一方面，女孩又非常感激爸爸妈妈对自己无微不至的关怀。

因此，爸爸妈妈要给予女孩足够的关爱和支持，让女孩感受到浓浓的亲情，从而对周围的人和事有足够的安全感。

方法二：和女孩保持开放式的沟通。

心理教育学家认为，如果父母能够同女孩保持密切的联系，那么女孩在青春期的其他问题就可以迎刃而解了。

12 岁的寻梅和妈妈的关系非常好。平时，不管有什么事，寻梅都会告诉妈妈，而且妈妈也能读懂她的心事，因为妈妈说自己也有过类似的经历。

和妈妈在一起，寻梅感到很自在，很亲切，不再有孤独的感觉。

与妈妈相比，寻梅感觉自己和爸爸的关系不像妈妈那么亲密无间，但爸爸在她进入青春期后，似乎变成了一个“密友”。

有一次，市里要举行演讲比赛。寻梅很想去，但又拿不定主意。爸爸知道后，就鼓励寻梅：“没关系，你可以去试试。结果不重要，重要的是过程。”

寻梅有些犹豫：“参加比赛的都是些高手，有的还很有经验。和他们相比，我的实力太弱了，顶多参加过学校里的演讲比赛。”

“我们可以准备一下，多参考一些资料，多自我排练一下。卡耐基说过，没有人天生会演讲的，只要你愿意努力嘛。”

寻梅被爸爸的话逗乐了：“那好吧，我就努力一把。”

接下来，爸爸每天忙完工作，就陪着寻梅到处找资料，准备演讲题目，还给寻梅当听众，帮助她分析演讲的各个动作、语气。

比赛那天，寻梅虽然有点紧张，但一想到爸爸的鼓励，她就信心百倍了。最后，寻梅夺得了二等奖。

在开放式的沟通中，女孩愿意倾听爸爸妈妈有关青春期的建议，比如喜欢听妈妈讲讲相似的经历，也喜欢听爸爸对自己的评价，尤其是良性的评价。

对爸爸妈妈而言，在这种朋友式的谈话中，才能放下架子去接纳女孩的种种“出格”举动：古怪的发型、服装，奇怪的语言模式。然后，我们才能及时给予女孩各种指点，让女孩学会为她自己负责，相信女孩的正确判断和合理选择。

方法三：让女孩学会倾诉。

尽管女孩得到了父母的爱，但女孩还是很容易受伤，这和女孩的敏感性是分不开的。

13岁的易槐这几天非常难过，因为她和最好的朋友莫丽因为一点小事闹翻了。原来前几天竞选班干部，易槐给另一个叫凡可的同学投了一票，而莫丽为此非常生气，因为她一直很讨厌凡可。为此，莫丽对易槐不理不睬，形同陌生人。

妈妈看出了易槐的不对劲，安慰了半天，易槐伤心地说自己和莫丽闹翻了。

妈妈拍拍易槐的手："是很让人伤心，你有没有和别的好朋友说起这事？"

"说过，不过我还是难过。我想不明白，就因为我给凡可投了一票，莫丽就不理我了，她怎么能这么做呢？"

"易槐，你可以和莫丽好好谈一谈，告诉她，她的行为已经伤害了你。如果她不是有意的，那你就不用这么伤心了；如果她是有意的，那你通过谈话也能把自己的情绪宣泄出去，而不是埋在心里，自怨自艾。"

几天后，易槐放学回家，对妈妈说："妈妈，我和莫丽谈过了，你知道她说什么吗？"

"说什么？"

"她居然说，她就是故意的，还说我不配做她的朋友。"

妈妈摇摇头："易槐，你可以仔细考虑一下，你还要不要和莫丽保持关系？你看她现在这么不尊重你，如果你继续和她交往，以后可能还会发生类似的事，那样一来，你是不是更伤心了？"

在妈妈的开导下，易槐开始认真地考虑这段友谊，最后决定不再和莫丽来往，因为她"太小心眼"。

对青春期的女孩来说，感情受到伤害是一件非常痛苦的事。因为女孩还没有成熟的逻辑思维能力，女孩可能无法判断事情的对与错，只是感到委屈、无奈。这个时候，她可能想躲在自己的房间里大哭一场，也可能想跑到没人的地方大声吼叫一气。也有一些女孩还可能出现一些极端的想法，比如希望跑到火星上开始一种没有人知道的生活。

无论如何，这都是女孩在向我们传递一种信号：她受到了伤害。这个时候，我们千万不能嘲笑女孩，而是要鼓励女孩把心事说出来。如果女孩实在不愿意和我们沟通，那么我们也要帮助她找到可以发泄不良情绪的渠道。比如，找朋友谈心，或者写写日记。

细节 88：父亲是座山——爸爸的关注对女孩至关重要

最近，美国和新西兰心理专家的一项联合研究发现：父女关系的好坏会直接影响到女孩青春期的发育。研究人员发现，没有爸爸的女孩或受到爸爸辱骂的女孩其青春期发育较早；而父女关系较好的女孩青春期发育较迟。

这表明，爸爸在生活中对女孩关心程度的高低和情感投入的多少，不仅影响了女孩的生理发育，还会影响到女孩的心理发育。虽然妈妈与女孩的关系也会对女孩青春期发育产生影响，但结果却远不及爸爸对女孩的影响大。

研究人员认为，女孩青春期发育的提前，正是爸爸对女孩关心程度不够的一种反馈。父女关系糟糕，女孩想远离家庭男女之间的亲密关系，也是绝大多数女性离开父母后必需的。而父女的亲密关系主要是情感联结，而不是肉体的联结。因此，青春期的到来是一个分水岭，其投射的象征意义很明显：父女关系糟糕或缺失的女孩，想要早点离开父母去寻找另外一个男人；而父女关系良好的女孩，则不急着离开自己温暖的父母家庭去面对不测的外部世界。

这是不是另一种形式的“穷人的孩子早当家”——精神上的相对贫困引发生理上的提前早熟呢？

青春期提前的女孩会在生活中遇到很多麻烦。因为提早发育，女孩和女伴之间的关系容易疏远；而同龄的男孩子更是懵懵懂懂，无法理解这个早熟的女孩。因为和父母的关系不好，女孩很有可能被大龄的男孩吸引而早恋。与此同时，女孩过于早熟将会伴随过早的性生活和生儿育女，这也是各个国家少女母亲增多的原因之一。这种情况既不利于下一代的成长，也不利于少女母亲本身。

富养女孩，爸爸应该学会和懂得如何与女孩相处。

方法一：从父女关系中检视自己的心理问题。

如果父女关系出了问题，不要马上把责任推在女孩头上，而要勇于把责任挑起来，以女孩做自己的镜子，看看自己在女孩这面镜子里到底有哪些毛病。单方面的反思还不够，要请女孩对父亲做直率的评价甚至批评。

17岁的诗茵正在读高一。在家里，诗茵和爸爸的关系特别紧张，就在前几天，父女二人就爆发了一场战争。

那天晚上十点，诗茵打开电视等着看最喜欢的电视剧。爸爸见状，厉声责令：“作业都没写完就看电视，写作业去！”

诗茵却不理睬爸爸的话，继续看着电视。爸爸一看诗茵这么不听话，非常生气，走到墙角，一把扯下了电视机的电源插头。诗茵一看，毫不示弱，又固执地把插头插了上去……

妈妈一看父女俩起了争执，就劝道：“她刚补完课，你就让她看一会儿吧！”

“你就会护她！”一看妻子也站在女儿这边，爸爸勃然大怒，随后夫妻俩就吵了起来。

诗茵见状，哭着跑回了自己的房间。

当妈妈去找诗茵时，发现坐在电脑桌前的诗茵全身发冷，旁边放着“毒鼠强”的包装盒……

等诗茵醒来时，班主任李老师正坐在她的病床前。李老师一看她醒过来了，连忙说：“诗茵啊，你可急死我们了，怎么能做出这种傻事呢！”

李老师又和妈妈聊了很久，这才知道诗茵的爸爸文化水平不高，从来不懂得什么叫沟通，一出现问题只知道打和骂，一生气就丢女孩的书。

诗茵自己也表示，爸爸的脾气十分暴躁，她有“这个”想法已经有半年了，药是她一个月前从地摊上买的。

而爸爸则向李老师表示：“我和她根本无法沟通，我说她不听，她妈妈还和我吵。”

爸爸也显得很后悔，他没想到诗茵会服毒自杀。他只是觉得自己吃了文化不多的亏，不希望女儿这样。为此，他把所有的希望都寄托在了诗茵身上。出了这种事之后，他也该真正考虑一下如何和女儿沟通，如何去教育女儿了。

方法二：在情感上给予女孩支持。

青春期以后，爸爸对长大的女孩往往会感到不自在，开始疏远，不再像女孩小时候那样一起玩、时常有亲昵的动作。但是，爸爸不能断然拒绝女孩的亲热，因为女孩会感到难以理解，认为爸爸不再爱她，并为此掉眼泪。心理学家也指出，爸爸的这一举动会让女孩感到威胁、疏远、不关心，会让女孩失去安全感，也会影响女孩的人格发展。

因此，在这个阶段里，爸爸不能疏远女孩，要尽可能地在情感上给女孩应有的支持。在女孩需要做一些事时，爸爸要出面给女孩一些必要的建议和鼓励，这会让女孩对自己充满信心，并增强自尊和能力。

方法三：做女孩最要好的朋友。

中国人传统的父亲角色是“权威、教导者、财务保障、家庭主心骨”，而非“女孩最要好的朋友”。

要成为女孩最要好的朋友，做爸爸的需要很大的心理调整：在把自己的威严大大降低的同时，要大幅提高女孩的地位。尤其是当女孩挑战爸爸的权威，或做出爸爸难以接受的事情时，爸爸依旧要心平气和地面对女儿，真正用一个成熟男性的智慧、宽容和慈爱打动女孩的心。

要做好这个新角色，并非说要天天拍女孩的马屁，放任女孩任性胡来。搞好父女关系是一件不可疏忽的事，既然心理学家指出父女关系那么重要，爸爸就要把提高父女关系当成一件大事来做，不断地和女孩坦诚交流和沟通。与此同时，爸爸在和家庭的其他生活伴侣保持健康而完整的关系，为女孩营造温馨的家庭环境，让女孩感受到足够的安全。

如果搞好了父女关系，那么不但为女孩将来的生活奠定稳固了的心理基础，女孩对爸爸的甜蜜爱心难道不是对做爸爸的最好奖赏吗？

细节 89：教女孩保护好自己的“秘密花园”

女孩青春期的卫生保健非常重要，它关系到女孩一生的身体健康。如果不注意保健，轻则会引起乳房发育以及月经方面的病变，重则会影响日后的婚姻生活与生育。

作为父母，要注意这一时期女孩的身体保健，为女孩排忧解难。

方法一：教女孩学会正确的身体清洁。

随着女孩青春期的来临，性器官也逐渐发育，这时妈妈要教女孩细心呵护，保持其卫生清洁。唯有如此，方可一生平安无烦恼。

告诉女孩经常注意外生殖器的卫生。女孩外生殖器皱褶较多，很容易藏垢纳污；外阴道口靠近肛门，也容易使阴道污染。所以应经常清洗，洗时注意清洗大小阴唇和阴蒂附近的垢腻，特别是经期，最好早晚各洗一次。一般说，淋浴较好，不宜盆浴。让女孩穿宽松易透气的内裤，不穿化纤内裤。化纤内裤不透气，易引起异味或外阴炎、阴道炎。

让女孩平时多注意观察白带的颜色、性状、量的多少、气味等。如果白带过多、色黄、有臭味，有可能是性器官炎症引起的；若白带中有血，则阴道或宫颈可能有肿物。平时让女孩注意腹部是否有包块。若在下腹部发现有包块，可能是卵巢有肿物。

方法二：让女孩注意经期卫生。

月经是子宫内膜在卵巢所分泌的雌、孕激素的直接作用下，增长在先、脱落在后而引起的周期性子宫出血，是下丘脑——垂体——卵巢三者相互调节与制约的结果。

月经第一次来潮，称为初潮。初潮年龄一般在13～15岁之间，可因环境、气候、生活条件、营养及全身健康状况的影响而提早或推迟。两次月经相隔的时间，即从月经来潮的第一天起于下次月经来潮的前一天止，称为月经周期，大多为28～30天，正常范围为25～35天。

妈妈要教女孩注意观察月经的情况。如果月经过频、量多或淋漓不净，有可能有子宫病变。正常经血呈暗红色，混有子宫内膜碎片和黏液，偶见小凝血块。经期大多为3～5天，正常范围为2～7天，出血量平均50毫升。

行经期间，女孩机体免疫力较差，易于感染疾病，我们要教育女孩注意以下几点。

◆ 注意清洁，预防感染。

月经垫或卫生巾宜用质地柔软、吸水性能好的材料，以勤换为原则。经期必须保持外阴清洁，清洗外阴用的毛巾不能与洗脚的混用。洗澡时，只能淋浴而不可盆浴，以防脏水进入阴道。

此外，大便后，要从前向后揩拭，以防污染阴道。

◆ 注意保暖，避免受凉。

经期必须注意保暖，尤其是下半身的保暖更为重要。应避免用冷水洗头、洗澡和洗脚或淋雨、涉水。因为，突然或过强的冷刺激有可能使子宫及盆腔内血管痉挛而引起痛经或月经骤停。此外，经期身体抵抗力下降，受凉后易感染疾病。

◆ 保持心情舒畅。

精神紧张或情绪波动都能影响中枢神经系统的调节功能，从而引起月经失常或加重经期反应。脾气急躁的女孩，更需注意克制，不要过于激动或发怒。

◆ 避免剧烈运动。

行经期间，女孩参加一般体力劳动或户外活动对身体无害，反而可促进盆腔血液循环，减轻腰腹坠胀感。但是，过重的劳动及剧烈的运动，可使盆腔血流过快，引起经血过多或经期延长。

◆ 保证睡眠时间与饮食营养。

女孩要避免辛辣食物，多饮开水，多食蔬菜以保持大便通畅，从而减轻盆腔充血。注意劳逸结合，入夜早眠。

方法三：让女孩学会乳房保健。

乳房发育是女性最显著的第二性征，体现女性的成熟。但青春期女孩大多不习惯也羞于显露自己的健康美。

因此，很多女孩往往不愿或不敢挺胸而躬身驼背或穿紧身衣，日久易造成体态姿势不良，穿紧身衣则影响乳房发育，可致乳头内陷。

为避免上述问题，当女孩的乳房发育至一定程度（大约 16 岁）已基本定型时，我们应教育女孩佩戴胸罩以支托乳房，使其不致因本身重量下垂而影响血液循环，有碍继续发育。我们要教女孩要经常做乳房自我检测，同时要至少每年到医院检查一次乳房，如果发现有硬结，应排除乳腺癌的可能。必要时应做活体组织检查。

方法四：注意女孩的心理保健卫生

青春发育间身体生理方面的变化必然引起精神心理方面的反响。对青春期女孩必须着重于正面教育，以免过早恋爱，影响学业；必须适当地传授性知识，以免因好奇、朦胧无知而产生不良后果。

青春期少女多有独立意识，希望自主，过多的管教易引起逆反心理。因此，我们要尊重女孩的意见，保护她们的独立意识，当好参谋，但不要一味迁就，要帮助她们提高分析、识别能力，而不强迫命令。

细节 90：尊重女儿的隐私权

一个女孩在给某青少年心理咨询所的信中写道：

老师，我是一名初二学生，我有一个很大的烦恼，那就是妈妈老是私拆我的信件。我有不少朋友，比如小学里的、外面辅导班里认识的、一起排练节目的，等等。

平时学习太紧张了，我们就写信联系。可是信一寄到家，我妈妈就要拆开，先看看，然后才肯给我。我说了她好几次，她就是不听。我感到自己已经不再是过去的小孩子了，应当拥有自己的交友隐私，所以我感到妈妈这样做是不尊重我。

那天，妈妈拆看了我的来信后，一边把信扔给我，一边说："哼，你现在什么也不告诉我了，我看你瞒得了我。"

天哪！我有什么东西要瞒着她呀！老师，你说我妈妈这样做，我该怎么办？

这个案例十分典型，很多十四五岁花季的女孩都十分反感父母偷看自己的日记、私拆自己的信件，为此干脆在家中给自己使用的抽屉上锁上了一把锁。

父母开始担心：女孩是不是有什么不宜公开的秘密，或者有什么见不得人的事情？其实，这是女孩独立意识和自尊意识的一种体现。"锁"，在向我们宣告女孩已长成一个有个人行为秘密的成年女性。这种自尊意识的增强，是女孩走向社会的前奏曲，对处于青春发育期的女孩的身心健康关系重大。

然而，一些父母出于对女孩所谓的关心和爱护，千方百计窥视探测女孩的隐私，一旦有发现便粗暴干预，强迫女孩按照自己设置的理想模式和个人愿望来塑造其人格。殊不知，父母的这种"爱心"严重侵犯了女孩的私人空间，成为阻碍女孩健康成长的绊脚石。

人本来就是群居动物，需要社会，需要与人交往。处于"心理断乳期"的青春期女孩，强烈需要有自己成长的空间，希望别人把她当作成人看待。如果这时父母还把她当成小孩子，就会引起女孩的厌烦，产生对抗心理。

富养女孩，就需要父母学会对女孩的引导，学会尊重女孩的隐私，一起走过这段迷茫的青春期。

方法一：承认女孩也有隐私。

所谓隐私就是每个人心中不愿告诉他人的秘密。

童年期的女孩思想单纯，行为透明度高。随着年龄的增长，女孩的生活领域开始宽广起来，知识信息种类繁多，情感世界逐渐丰富。与此同时，女孩的自主意识、自尊意识不断增强。于是，女孩原先敞开的心扉便渐渐地关闭，把内心秘密隐藏起来，开始有了自己的隐私。从此，女孩便希望有独立的，受到社会和家庭尊重的人格。

世界著名教育家斯特娜夫人说："自尊心是一个人品德的基础。若失去了自尊心，一个人的品德就会瓦解。"

是的，自尊心，每个人都有。女孩，作为一个独立的个体，同样也具有自己敏感的自尊心。尽管女孩内心世界的秘密有正确的也有错误的，但这毕竟是女孩成长、成熟的表现，是女孩成长过程中的正常现象。因此，我们应承认女孩有隐私权。也就是说，我们要允许女孩"保密"，内心的秘密是每个正常人具备的基本内容，从这个意义上讲，尊重女孩的"隐私"，就是尊重女孩的人格。

我们要了解女孩对"受人尊重"的需要，保护女孩的自尊心，尊重女孩的隐私和秘密。

方法二：理解沟通，尊重女孩的自尊自由。

随着年龄的增长和独立人格的形成，女孩的"保密性"越来越强，如写日记和书信，与同学交往和谈话内容，都不愿主动地向父母透露。

一些父母对女孩的隐私往往采取粗暴干涉的强制手段，比如拆信、偷看日记，以至打骂等。这种方式的效果不但不佳，而且还会让女孩产生厌恶感。

在复杂的社会环境中，当然也有一些不健康的因素影响到女孩，我们理应警惕女孩受到不良影响，但不应过分干涉。因此，我们在掌握女孩的心灵动态时，不应随意践踏女孩的隐私权。

我们对此应该予以尊重，千万不能因为女孩不再像以往那样和自己说心里话、有事瞒着自己或给抽屉上锁而心急、焦虑，更不要采取“偷看”之类的方法。否则，只会给青春期女孩的心灵蒙上沉重的阴影。因为青春期的女孩本来就敏感、自尊，很难忍受别人的误解和偏见。

这个时候，我们可以经常主动找女孩谈心，达到与女孩情感上的沟通，才能减少女孩对日记本的“感情依赖”，让女孩感到父母不仅是血缘上的亲子关系，更是生活中可以信赖的朋友。只有这样，女孩才愿意把自己心中的秘密告诉父母。

方法三：有的放矢，引导女孩健康成长。

尽管女孩的自主意识增强，但正确的人生观尚未形成，是非观念不强，缺乏自我克制的能力。

青春期的女孩正值成长的心理危险期，所以在处理诸如学业、情感、人际关系、生活等许多方面，还不可能把握好尺寸。因而，我们在细心观察女孩的思想动态，掌握女孩内心隐秘的同时，要根据其性格、爱好等有针对性地采取措施，培养女孩分辨是非的能力。

当女孩有了自己的爱好、理想甚至异性朋友时，更应循循善诱，加以引导，让女孩自己悟出为人处世的真理，提高女孩按规范要求调整自己行为的能力。有了这种自我教育能力，一些隐私中的危险倾向，都有可能自我解决。

细节 91：引导青春期的女孩树立正确的审美观

对女孩来说，审美的开始通常都是从对自身的关注开始的。即使很小的女孩子，照镜子的频率也会比男孩高。

进入青春期后，女孩在学习、生活中，通过各种渠道正在逐渐形成自己的审美情趣和追求美的方式。在青春期时，女孩的生理和心理都在经历着前所未有的变化，对外界的认知也在进一步扩大，对“美”要求也越来越高。

一些女孩对那些奇装异服、古怪的发式产生了兴趣，还有的女孩则迷上了“浓妆艳抹”，甚至有的女孩认为“性感”就是美……

此情此景，让父母们大为紧张，认为自己的女孩“变坏”了。其实，这只是青春期女孩在表达一种信息。我们要做的，就是与女孩多沟通、交流，让女孩知道怎样的美、怎样的表达才符合这个社会的道德规范，引导女孩建立正确的审美观。

方法一：引导女孩适当关注自身美。

我们要让女孩明白，青春期的美最重要的是健康美，一个充满朝气与活力的女孩，才是最美的。

健康是人生的第一财富，只有身体健康、精力充沛的女孩，才能充分施展才华，可以说“健康是美的生母”。健康的几个因素包括：充足的睡眠，适量的运动，正确的饮食，良好的心态。

青春期的女孩要适当关注自身美，也就是仪表美，包括面貌精神、发式、服饰等。契诃夫说：“人的一切，面貌，衣裳，心灵和思想都应该是美好的。”面貌就是女孩的精神气质等。如果一个染发、烫发的女孩出现在中小学教室里，会让人感到别扭造作，因为这打扮与其年龄不相符。

至于服装，我们要让女孩明白美的服装是多样化的：华丽是美，淡雅清秀是美，衣冠楚楚是美，朴素大方是美。一般而言，整洁大方，明朗和谐，与自己的体型及身份相符合的服装便是美的。女孩在学生时代的着装，应是自然、整洁、得体，和自己的年龄、身份相符才美。

古人说得好："清水出芙蓉，天然去雕饰"，也就是强调一种自然美。在学生时代，女孩如果刻意打扮，盛装华饰、浓妆艳抹往往会掩盖了原有的青春美。

方法二：让女孩看到自己的本质美。

在现实社会中，男人过多地看到女人的物性，也就是表面上看她美不美。社会文化也受到这种影响，从"物"的角度来看待女性的身体，这也扭曲了女孩看待自己的方式。社会文化老是在告诉女孩她们不漂亮，那么女孩就会把注意力放在自己的身体特点上，而这会直接影响女孩的婚恋生活。

因此，我们有责任教导女孩看到自己的本质的美，而这其中最重要的就是对身体的爱惜。

事实上，女孩的自信正是从爱惜自己的身体开始的。同时，自我意识的正确性又是对自己本质的充分认识。

在美国的教育中，当女孩向父母亲要芭比娃娃时，父母会告诉女孩：她的身体比芭比娃娃的漂亮多了。这种教育的目的，就是为了教女孩接纳自身。任何一个女孩都会有很多不完美的地方，但是每一个女孩在性格或外貌方面，都有其独特的优点和气质。

富养女孩，要让女孩学会扬长避短，增加自身的吸引力，而不是总盯着自己的"缺陷"不放。当然，我们并不是要让女孩成为一个"花瓶"，而是要双管齐下，因为只有本质美才能支持外在美。

方法三：让女孩学会欣赏美。

歌德曾经说过："为了不失去神给予我们的对美的感觉，必须天天听点儿音乐，天天朗诵一点儿诗，天天看点儿画儿。"

事实上，无论是音乐、绘画还是文学，总能给人创设一种轻松、活泼、和谐、愉悦的氛围，让人从内心深处感到一种"美"。

因此，我们要多为青春期的女孩准备一些美的作品，引导女孩去欣赏，培养女孩健康的审美观。

方法四：让女孩看到生活中的美。

我们要让女孩明白，所谓美并不限于艺术领域，生活中到处都是美。

一只可爱的小猫，一抹天边的晚霞，一片在眼前飘过的红叶，都可能引发我们的愉悦之情，这就是美的作用。

当女孩进入美的境界时，女孩就会感到生活是美好的，生命是可贵的，就会激发女孩奋发向上，向着人生的目标努力。在这一点，我们要注意，父母的审美观对女孩是有影响力的。也许是不经意的一句话，就可能让女孩形成对某件物品的喜恶。比如，妈妈很厌恶狗，那么她的女儿可能认为所有的狗都难看，这就形成了一种不良的引导。因为小狗长什么样，都是天生的，怎么能用"难看"来定义呢？

方法五：让女孩学会体验美、创造美和评价美。

美无处不在，就看我们有没有发现的能力。要培养女孩的审美观，就要培养女孩的发现能力。

一位哲人曾说过："你与我擦肩而过，并不是因为我们素不相识，而是因为我们没有从对方身上发现美。"

是的，清风是美的，月亮是美的，就连草地上正在打架的两只小狗也是美的，只要我们能够看到那里的美韵。美总是不经意间从我们的身旁溜走，是那样的安静，没有丝毫痕迹。如果我们教会女孩用欣赏的眼光看待周围的一切，那么她就能够发现美、认识美、感悟美。

在这个不断欣赏美的过程中，女孩就会有了自己的感悟，形成自己的观点，有了评价美的冲动。这个时候，我们要积极支持女孩，让女孩学会创造属于自己的美感，写下自己对美的评价。

细节 92："妈妈，我要减肥"！

近些年来，减肥已成为一种不分年龄、不分性别、不分国籍、长盛不衰的"时尚"，肥胖者为了健康要减肥，身材苗条的人为了"保持身材"要减肥。

爱美之心人皆有之，特别是女孩子们更是不惜一切代价，吃药、节食，甚至用吸脂等有创减肥手术来达到减肥的目的，而不考虑这些方法是否伤害身体。

15 岁的冬灵，听同学说自己胖，就下定决心节食减肥。从家里带到学校的午餐，全部扔掉，只吃水果，晚上回家吃得少，就说中午吃得太饱了。一个多月后，身高 160 厘米的冬灵体重不到 35 公斤，瘦成了皮包骨。

最初，家里人还以为她学习辛苦。后来，妈妈发现冬灵吃一点东西就会呕吐，才觉得事情严重了，带着冬灵来到了医院。经过诊断，医生发现过度减肥不但使冬灵的肠胃功能紊乱，甚至连内脏器官都变瘦了，肠道壁也变薄了。

其实，冬灵不是不想吃，而是因减肥过度已经发生了神经性抑制反应，根本没办法吃下去。最终，医生不得不把冬灵的病当作精神病来治疗。

可见，少女时期的盲目过度减肥所带来的不良后果很可能会造成终生的遗憾。富养女孩，要让女孩明白健康是人生的第一要素，拥有一个健康的身体才能成就一生的幸福。

方法一：让女孩认识过度减肥的害处。

青春期是女孩长身体、长知识的黄金时期。此时，女孩生长发育的速度很快，器官日趋成熟，因此机体对各种营养物质的需求要比成人高许多，尤其是蛋白质、矿物质以及维生素等。

如果此时控制饮食，就会使各种营养物质的摄入量减少，满足不了机体生长发育的需求，机体处于一种饥饿状态，继而影响到各组织器官的发育。从而导致器官功能低下，机体抵抗力下降，容易感染各种疾病。

单纯的节食减肥还会造成身体免疫力降低，人会感到疲倦、虚弱和易怒。其实节食只会造成人体失去更多的水分和肌肉组织，减掉的并不是脂肪。

青春期的脂肪发育很不稳定，因此不应盲目减肥。脂肪对女孩的身体健康是有益的。美国哈佛大学爱里希特指出：女孩有无月经初潮和月经是否正常，主要决定于体内脂肪的含量。当女孩体内脂肪少于标准体重的17%时，就会影响性成熟，以致月经初潮延迟或停经。

方法二：让女孩正确看待体重的增长。

进入青春期以后，身体发育很快，呈现出明显的第二性征，如身高、体重明显增长，女性乳房发育，身体逐渐丰满。

要注意的是，这一时期体重的增长，不仅包括脂肪细胞的体积增大，还包括细胞的继续分裂而导致的脂肪细胞数目增加。而增加的这些脂肪细胞将不再消失。所以，这一时期的体重管理对以后的体重有直接的影响。

我们要教育女孩正确看待青春期的体重增长。只要体重指数在允许的范围内，都属于健康的，这也是正常的生理特征。

体重指数＝体重（公斤）/身高（米）的平方

正常体重：体重指数＝18—25

超重：体重指数＝25—30

轻度肥胖：体重指数＞30

中度肥胖：体重指数＞35

重度肥胖：体重指数＞40

同时，要教育女孩平衡膳食，合理运动，适当控制体重。但是，一定不要盲目减肥，比如不吃主食，只吃蔬菜水果，或采用其他对身体有害的减肥方法，从而影响正常的发育。

方法三：引导女孩建立健康的人际关系。

青春期处于人生心理的一个转型期，也是人的性格定型的关键时期，而这一时期女孩的心理更是趋于复杂。德国儿童心理学家夏洛特·彪勒称这一时期为“消极反抗期”。而这种反抗倾向，会涉及到家人、朋友、老师等，导致人际关系紧张，无形中增加了女孩的心理负担。

对女孩来说，首先是荷尔蒙引起的生理上的变化，比如身体外观的变化、月经的来临等带来了自我感受的困扰。其次，流行文化对于青春期女孩的巨大影响，使得女孩很容易对体重的增加产生情绪化的极端对策。而渐渐苏醒的对异性关注的渴望，与身体的渐渐成熟也使很多正在发育的女孩不知所措。另外，由于两性智力水平发育上的差异，使这一时期的女孩在学习上不再有明显的优势，甚至呈现出弱势。这些变化都给这一时期的女孩造成了一定的压力。

青春期是性格和健康身体形成的关键时期。在体重方面，我们应该让女孩了解自然生理变化的必然性，不要为体重的增加而忧心忡忡。对于女孩子在体重方面产生的心理波动，也不要单纯地认为只是数字变化引起的，它伴随的可能有自信心、两性交往的隐藏问题。我们应当教育女孩学会通过运动和广泛的社会交往等积极的途径缓解压力，多与家人、朋友沟通，建立一个良好的人际关系。

方法四：引导女孩养成良好的生活方式。

其实控制体重最重要的是要建立良好的生活方式，采用科学的健身锻炼和饮食。

女孩在青春期时，由于身体的发育，食欲旺盛，尤其喜欢吃零食。课后几个女生凑一块儿，买点零食，这对女孩来说无疑是课余最大的乐趣之一。同时，为了缓解各方面的压力，食物往往是女孩发泄的对象，暴饮暴食也是经常的事情。

在运动方面，进入青春期后的女孩明显偏好安静。而体重、体型的变化和月经来潮等使女孩更加不爱运动，宁可整天坐在教室，也不愿出去走走，更不用说到操场运动了。

因此，我们要引导女孩少吃零食，即使不为以后的身材考虑，从眼前来说，长胖也不是大家所希望看到的。我们也可教女孩把零食换成水果，既满足了嘴巴的需要，又吸收了对身体有益的多种维生素。同时，要让女孩少吃含脂肪多的食物，多吃富含优质蛋白、维生素和矿物质的食物，如鱼、禽、蛋、奶、豆制品、蔬菜、水果等。

至于运动的益处，自然不用多说，但大多数女孩很少能能坚持规律运动，并长期坚持一项运动。事实上，处于这个阶段的女孩，大都在学校有很好的运动条件。我们可以鼓励女孩利用学校的体育课或其他课余活动时间，进行一些体育锻炼，培养一项或多项运动技能，作为自己一生的体育爱好，这将会使女孩一生受益。

细节93：如何正面引导女孩的追星情绪

20世纪末，随着港台风刮进大陆，“追星族”现象开始受到人们的关注。我们经常看到电视上有这样的镜头：女孩因为见到心中的偶像而激动地掉下眼泪。

虽然追星有其合理性，但有些女孩自控力差，追星追到失去理智，变得偏执、疯狂。这样触目惊心的例子屡见不鲜——

2002年，浙江温州一名17岁的初中女生因没钱亲眼见到偶像赵薇而服毒自尽。

2003年6月21日，大连一位16岁的少女自杀，起因是母亲没给她买偶像张国荣的CD碟。

四川一位13岁的女孩在连看8遍《流星花园》后，独自离家出走，下落不明。

而杨丽娟苦追刘德华13年，老父跳海自杀一事更是闹得沸沸扬扬，让大众为之震惊：人生能有几个13年，居然全部用来做一件虚无的事？

面对追星的女孩，我们应该怎么做？

方法一：不要全盘否决女孩的“偶像”。

一位15岁的女孩在网上诉说对母亲的不满：

我喜欢一位新加坡男歌星，他的歌声特别美，让我忘掉了所有的烦恼。

可是，妈妈却不理解，甚至嘲笑我：“喜欢个唱歌的真没出息，还喜欢个男的，真肮脏！”

妈妈的话让我难受极了。我只是喜欢听他唱歌，看他纯净的笑容，怎么就肮脏了？妈妈为什么这么侮辱我，还侮辱我心中的偶像？

从这段话中，我们可以看到对于追星，两代人在观念上的差异。香港城市大学的岳晓东博士对青少年追星有专门的研究。岳博士认为，偶像崇拜是青少年时期的过渡性需求和标志性行为。

青春期的女孩的心理状况往往非常复杂，一方面渴望得到同伴的认可，另一方面需要形成自我确认，而追星恰恰能满足女孩这两方面的心理要求。在一定程度上，追星对于女孩的成长是有意义的，我们要给予理解，没必要把追星当成“十恶不赦”的坏事严加禁止。

方法二：狂热追星不宜放任。

虽然追星追到疯狂的例子只是少数，但是我们仍不能忽视沉迷于追星给女孩带来的负面影响。

有的女孩为了见到喜欢的明星，不惜旷课、离家出走、骗取父母的钱财。如此追星可能会造成女孩情绪失控、违反纪律、弄虚作假，久而久之发展成为问题学生。

方法三：引导女孩理智行事。

青春期的女孩需要引导，在追星方面尤其如此。

书彤正在上初中，特别迷恋周笔畅，还在学校里组织“笔迷”团，支持心中的偶像。

回到家，书彤还鼓动爸爸妈妈为周笔畅投票。看着书彤如此疯狂，妈妈有些不解：这么狂热地喜欢明星，是不是有点儿过头了？虽然有很多疑惑，但妈妈并没有对书彤发难。

一天晚上，书彤在看超女比赛，电视里周笔畅正深情地演唱，书彤看得目不转睛。

妈妈悄悄地坐到书彤身边，说：“我也来看看，我女儿这么喜欢的歌手一定有她的过人之处。”

书彤马上兴奋起来：“笔笔的歌唱得一级棒，有一次她唱的歌把评委都感动得哭了。她的粉丝团叫‘笔迷’，我是超级笔迷……”

听着书彤滔滔不绝的话，妈妈知道了周笔畅在书彤心中的位置。

于是，妈妈认真地听了周笔畅的歌，发现她的唱功很好，感情也很真挚，妈妈也对这个女孩萌发了好感。

周笔畅成了妈妈和书彤经常谈论的话题。她们了解到周笔畅不仅歌唱得好，而且还精通钢琴、架子鼓、小提琴，字写得也非常漂亮。更让人佩服的是，她高考时的成绩是681分，广东省第二名，大三就过了英语六级，是个全方位的才女。

渐渐地，书彤从最初迷恋周笔畅的歌声深入到钦佩周笔畅的多才多艺，而且妈妈发现书彤学习比以前认真了。妈妈还看见书彤常常练习书法，说既然自己那么喜欢笔笔，字不应该写得太差了。

妈妈和书彤成了无话不谈的好朋友，谈论的话题从周笔畅开始，逐渐延伸到她成长中的很多方面，她们谈到了理想、未来这些以前从未谈过的话题。

妈妈对书彤多了很多了解，书彤也对妈妈多了很多理解。

前段时间，超女来书彤家所在的城市举办演唱会，书彤说想去现场一睹笔笔的风采，妈妈马上答应了。

书彤说：“妈妈，我们家并不富裕，不要买那么贵的门票，因为笔笔告诉笔迷：‘即使大家买的是50块钱的票，我也看得到大家。’”

这一刻，妈妈觉得书彤真的长大了。

这位妈妈很了不起，她尊重女孩、理解女孩，在和女孩共同了解偶像的过程中，挖掘了偶像的榜样作用，让偶像的力量激励女孩成长进步。

作为父母，完全可以像这位妈妈一样正确引导女孩，让女孩在追星中健康成长。

细节94：一起和女孩讨论“爱是什么”

青春期来临之后，女孩开始关注起异性来。

这个时候，我们都会感到莫名的紧张，担心女孩会早恋，恨不得把女孩放在“保护套”里保护起来。然而，这样做对女孩爱情观念的形成没有一点好处。

在现实生活中，女孩很容易对爱情产生玩世不恭或者极度悲观的想法。这种对爱情专一、持久的怀疑，大部分来自对自身家庭和周围家庭的观察。

霏羽小时候，一直认为自己很幸福。在她眼里，爸爸妈妈的婚姻很幸福，家里充满欢声笑语，霏羽一直生活的无忧无虑。在霏羽上大学一年级时，一件意想不到的事给了她很深的打击：爸爸妈妈离婚了！

这件事让霏羽特别伤心、难过，她一点儿思想准备都没有。她甚至想：很可能爸爸妈妈关系本来就不好，只不过是看在她的面子上才一直没有离婚。现在，她已经长大了，他们没了太多的顾虑，才彻底结束了这段婚姻。

家庭的破碎让霏羽对爱情不再抱希望，她一直不敢与身边的异性建立深入的关系，也无法再相信什么“天长地久”。她担心，即使恋爱的感觉非常美好，但最终还是要破裂。并且，关系越深，打击越重。

为此，大学毕业时，霏羽拒绝了那个令她心仪的男孩的求婚。男孩很难过，霏羽更难过。因为，她不是不喜欢他，而是不敢和他进一步发展关系。

我们不知道等待霏羽的将是什么样的人生，但有一点可以确定，那就是她并没有弄懂“爱是什么”。很可能，在她的青春期中，爸爸妈妈也没有给她相关的教育，以至于父母的离婚就让她对爱情产生了深深的恐惧，把自己封闭起来，不敢去触摸幸福。

富养女孩，就要及时和女孩讨论“爱是什么”，让女孩认识到爱情的美好，同时也要培养女孩对感情危机的承受力，不是绝对地避开情感关系，而是正确地对待它。

方法一：告诉女孩要保持自我。

很多女孩经常把“爱”等同于“占有”，认为“爱”就是对方一直同她在一起，甚至难以忍受片刻的分离，否则就认为这是对方变心的表示。然而，这样的“爱”有几个男孩受得了呢？一个整天以男友为中心的女孩，不仅没有了自己的生活圈子，还会把自己变成一只“井底之蛙”，让男友为之生厌，并且急于“甩掉”这个“沉重的包袱”。

我们要让女孩明白，健康的恋爱关系是两个人都有属于自己的空间，彼此独立又彼此分享一些东西。如果女孩在恋爱关系中不能保持自我，总是以对方为中心，连穿什么样的衣服、梳什么样的发型、保持什么样的体型、周末的时间如何安排都要由对方说了算，那么她很容易丢了自尊，也没有自立的能力。一旦对方“移情别恋”，女孩往往会受到致命的打击，甚至冲动之下做出傻事。

方法二：保持平等和个性。

很多女孩在恋爱时会有一种“托付”的心理，希望对方对自己负责。然而，男孩真的能担当起这个责任吗？甚至，他能够对自己负责吗？如果一个男孩只能吃炸酱面，而女孩却想吃法国大餐，那么男孩如何去满足女孩的愿望呢？

我们要让女孩明白，人在这个世界上唯一的依靠就是自己。父母会离你远去，未来的丈夫也会离开你，只有你自己才是自己最好的朋友，只有你自己才能为自己的一切而负责。

同样的道理，一个有个性的女孩才是富有吸引力的。很多时候，男孩喜欢上一个女孩，往往是她的“与众不同”之处。正如我们前边所说，女孩是一个高贵的公主，因为女孩懂得倾听自己内心的声音，并信守它。一个“自己决定做什么”的女孩，才能把握自己的命运，并能握住属于自己的幸福。

方法三：让爱情、事业保持相对的平衡。

很多时候，女孩往往会面临爱情和事业的两难选择。

要事业还是要爱情？这的确是一个令人头痛的问题，但并不是一个无法解决的问题。

我们要让女孩明白，爱情和事业都是女孩人生中的一部分，要让它们保持相对的平衡，而不是绝对的为了爱情放弃事业；或者为了事业拒绝爱情。没有爱情，人生会失去很多美好的东西；没有事业，我们的心灵难以找到一方归属地。我们要让女孩明白，确立了恋爱关系并不意味着自己就能够以爱情为生，而放弃所有的追求。即使有时候它们会有冲突，但总有办法可以找到一个平衡点。

方法四：引导女孩正确认识身边失败的婚姻和感情。

当女孩因为身边失败的婚姻和感情而对爱情产生怀疑的时候，我们要让女孩明白爱与被爱是一件美妙的事情。

当爱情来临时，你会感到生活是那样的充实和美好。真正的爱情是心灵的沟通，是心与心的交融，是相互间精神上的寄托和拥有。我们要让女孩敢于接受“被爱”，也要敢于去“爱”，尽管在爱情中可能会充满了无尽的痛苦，但幸福总是在苦难之后。身边那些失败的感情故事，并不能绝对地证明全世界的婚姻和爱情都是一种悲哀。如同每天都有车祸发生，但我们会因此而拒绝坐汽车吗？

因此，我们不能因为这些失败的感情故事，就否认世界上还有真正的情感。世界上确实有一些对感情玩世不恭的人，但他们自己也非常空虚，没有安全感，不断地在一段又一段感情中迷失自己，最终伤害的还是自己。

细节 95：趁早让女孩知道“什么是性”

青春期的女孩就像是一朵含苞欲放的花朵，需要爸爸妈妈更多的呵护。由于身体和心理发展的不协调，这个时期的女孩很容易做一些傻事，这就需要我们提前打好“性”的预防针，让女孩有保护自己的意识。

青春期的女孩，不仅身高体重迅速增加，同时性器官也逐渐发育成熟。1999 年的调查显示，我国女孩子首次来月经的平均年龄是 12.54 岁。

同时，这是性信息十分开放的时代，文学作品、影视作品、模特表演、广告宣传、互联网等关于爱情与性的表现非常普遍。

人是环境的产物，因此，女孩会对异性产生爱慕，表现出对性的好奇，并产生性的要求和试探的愿望。这是一个正常的过程，就像春天来了草会绿、花会开一样，是自然、美好的。相反，如果女孩总是对异性没有好感反而不正常了。

富养女孩，要趁早告诉女孩“什么是性”，让女孩学会保护自己。

方法一：尽快回答女孩的性问题。

当女孩提出性问题的时候，一定要及时坦率地回答，发现问题就解决。如果问题堆积在一起，就更难对付了。而且，还可能让女孩渐渐对父母失去信任，再有问题也不会再找父母。

很多父母担忧，如果告诉女孩一些性知识，不是等于允许女孩进行尝试吗？国外有关的研究表明，在青春期，科学的性知识教育并没有导致青少年性行为的增加，相反女孩因为了解了更多的性知识而放下包袱，不再对性感到神秘。

她们也能坦然面对异性，那些能够经常与男孩正常交往的女孩，也很少有赔上自己青春的案例发生。

方法二：告诉女孩“可以做什么”。

多数父母总是担心女孩做一些出格的事情，因此，父母往往爱告诉女孩“不要这样”“不要那样”，还总是喜欢把问题说得极其严重。实际上，父母的话反而给女孩一些刺激，让她觉得很神秘，或者感到很有趣，她们更想去试一试。

建议在给女孩讲解各类性提问的时候，可以告诉女孩“能做什么”，如可以和异性握手、与异性一起游玩等。

当然，有些原则是需要父母强调的，如恋爱不宜太早，对感情问题要有责任心。我们要让女孩明白，尽管现代的观念有了新的进展，爱的结合便已足够支持性行为的合法合理性，不需要婚姻的维系。但是，女孩过早尝试禁果，对女孩的身心都是一种极大的伤害。我们应该严肃地表达这些原则，让女孩知道在性问题的处理上，是有原则的，但不要过于唠叨。

方法三：在女孩“犯错”之后及时拉女孩一把。

正在读高二的静柏怀孕了，妈妈发现这件事后，一下就蒙了。

静柏的爸爸正好出差了，连个商量的人都找不到，这可如何是好呢？经过反复思考，权衡再三，妈妈觉得最明智的办法是把胎儿打掉，把这件事的影响控制在最小范围内，把对静柏的伤害降低到最低限度。

在这个过程中，妈妈对静柏没有任何责怪，而是把她当成一个生病的孩子悉心照顾，像朋友一样陪她聊天，给她讲生理卫生和避孕常识，讲父母年轻时的恋爱经历，讲小时候的趣事……

静柏终于放下了心理包袱，把事情始末告诉了母亲。原来静柏上高中后由于英语口语不好，常被同学讥笑，唯有一位男同学不仅不歧视她还热心帮助她。两个人之间慢慢产生了一种莫名的情感，最终两个情窦初开的孩子由于冲动而越轨。

知道真相的妈妈没有批评静柏，也没有去责怪男孩，而是把所有心思放在静柏身上。妈妈知道身体康复的静柏在心理方面的康复还需要一段时间，于是她加倍给静柏以关爱。

妈妈对静柏说："爱慕一个优秀的异性，这是正常的，是一种美好的情感，妈妈十几岁时也有过，但只是在心里偷偷地爱，因为还不到谈情说爱的年龄。你也一样，现在还是学生，对爱慕的人必须把握在同学友谊这个尺度，否则会一时冲动，越了雷池犯了错。但犯了错知错能改为时不晚，妈妈允许你犯一次错误，但同样的错误不能犯第二次。"

妈妈还向静柏道歉，因为只注重静柏的学习而没有把必要的性和避孕知识告诉静柏，并保证这件事永远都是母女俩的秘密，不让外人知道。

静柏被博大的母爱深深感动了，她说："妈妈，您放心吧，我一定会成为让您骄傲的女儿！"

静柏在妈妈的鼓励和引导下，身体康复后勤奋学习，严格自律，和那位男同学正常交往，并保持着同学间的友谊，而且听从妈妈的嘱咐没有再和他单独接触，也没有告诉他怀孕这件事。

最终，静柏成功考取了国外一所名牌大学。大学毕业前，又收到三所外国名牌大学的研究生录取通知书。

毫无疑问，当女孩怀孕之后，最能给予她有效帮助的人莫过于父母。在这方面，这位妈妈做出了榜样，她用事实真切地告诉我们：女孩的早恋早孕并非好事，但处理得当，或许会变为健康成长的重要转机。

反过来想想，如果犯错的女孩没有得到亲人呵护，没有母爱的循循善诱，那么她的人生从此会走向何处？

细节 96：正确对待女孩的“早恋”情结

早恋，一个不容忽视的问题，也是父母非常关注却又很难解决的问题。

在青春期时，女孩对情感和异性的依赖性增强，这也是早恋出现的原因之一。由于生理变化导致情绪波动大，在常人看来很小的事情，这些女孩会表现得非常敏感。

正因为这样，面对早恋的女孩，我们教育时要特别耐心细腻，千万不能打骂不休，以免出现意外。

方法一：让女孩感受到足够的爱与关心。

17 岁的优璇正在一所重点中学读高二，学习成绩在班里也是数一数二的。

可不久前，爸爸妈妈发现她居然逃学了。从老师那里才知道优璇和班上的一个男生相约去北京玩了。

三天后，优璇才回到了家。回家后，爸爸第一次动手打了她，希望她能吸取教训。没想到，优璇虽然意识到自己错了，也和那个男生提出了分手，可她已经没有心思学习，最后竟选择了休学。

为了让优璇重返校园，爸爸妈妈向心理专家求助。在专家的耐心询问下，爸爸妈妈才明白，优璇找男朋友的原因是因为“他能为自己带来快乐”，还表示自己“和爸爸妈妈很少沟通，甚至也不想和他们沟通”。

这个时候，爸爸妈妈才发现这么长时间以来，他们一直看重优璇的学习问题，反而忽略了亲子关系与情感的培养。

事实上，很多女孩早恋都是为了得到友情或关怀。她找男朋友，其实是她没办法与父母交流自己的痛苦或压力，需要向另外一个人去宣泄。那么，这个人实际上是在补偿父母的部分功能。正如案例中的优璇，父母做不到的，实际上是这个男孩子在替她做，给她一点安慰、一点快乐、一些放松来释放压力。

对女孩来说，我们要让女孩感受到家庭的爱，这是最重要的。当然，这不是说作为父母要整天说“我爱你，我喜欢你”。父母对女孩的爱，需要从小建立。如果我们从小就把女孩交给长辈带，那就是不正确的抚养方式，不利于与女孩建立亲密关系，更不利于教育女孩。在女孩进入青春期后，我们更要要主动了解与把握女孩内心的感受，从生活上、情感上多加关心，让她在以后的亲密关系里如鱼得水。

方法二：爸爸要承担起责任。

其实，女孩最初对于异性的看法来自于爸爸。爸爸要教育女孩如何看待对男孩的好感，告诉女孩如何对待来自男同学的“表示”。

一般来说，女孩的早恋与父亲有很大关系。对女孩来说，如果小时候跟爸爸的关系特别好，在早年对爸爸就形成了一种依恋，那么在她的成长过程中，很可能与爸爸无话不谈，有什么想法都会与爸爸分享，爸爸也完全能够理解她。

对爸爸来说，如果在5岁前没有与女孩形成这种亲密感、信赖感的话，爸爸往往会在一个所谓正确教导女孩的面具下，把女孩推得很远。女孩感觉不到爸爸的爱，彼此就会有距离，从而缺乏信任。

现在很多家庭，爸爸不管女孩的教育问题。但是，到了青春期，爸爸一定要经常跟女孩沟通。女孩对异性的价值判断，往往是从认识爸爸开始的。爸爸务必以身作则，并教给女孩一些与异性交往的技巧。事实上，那些与爸爸关系好的女孩，在她青春懵懂的时候，会无意识地把爸爸的一些价值观内化在自己心里。比如，爸爸说女孩早谈恋爱会伤害自己或影响学习，女孩自然而然会把爸爸的这种价值观内化过来，早恋的危险性就会相对减小，甚至化解。

方法三：利用情景向女孩渗透观点。

我们可以充分利用电视、报刊及生活中的情景，自然、恰当地进行教育，也可通过讲述发生在朋友或同事孩子身上的故事影响女孩。这就是说，遇到这样的问题时，不要正面向女孩发难，而要旁敲侧击，利用各种情景向女孩渗透正确的观点，从而让女孩意识到早恋的不成熟之处。

小曼读初三，老喜欢跟成绩差的同学交往，还经常躲在屋里不停地发短信、上网，这让爸爸妈妈很担心。爸爸和妈妈商量了很久，决定采取别的方式来提醒小曼。

一月一次的家长会又到了，开完会回到家里，爸爸用轻松的口气对小曼说："你们老师说班里有人谈恋爱，真的吗？"

小曼说："哦，艳艳就和隔壁班的一个男生谈着呢，那男生长得还挺帅。"

“是吗？多长时间了？”

“没多久吧，一个月吧。”

爸爸一听，笑了：“那估计也长不了。你们现在还小，随着年龄和阅历的增长，以后对异性的要求和现在肯定不一样。要是现在就锁定目标了，那不等于限制了自己的视野了。”

小曼听了，若有所思。

此后，爸爸在看报纸和电视时，遇到这样的情节，也会拿出来和小曼交流。慢慢的，爸爸注意到小曼不再像以前总把自己关在房间里做“小动作”了。

有一次，爸爸随口问起娜娜的事，小曼说早就分了，娜娜觉得那个男生太没长进了。末了，小曼还说了句：“爸爸，你说对了，人是会变的。”

此外，我们也可以写一封信给女孩，让女孩明白早恋的坏处，并让女孩学会自我保护。或者，我们可以上教育网站下载一些类似的案例给女孩看，那样更容易触动女孩的心。书面语言能让女孩反复体味，供女孩思考、记忆，常常成为面谈的补充、修正，也可增加当面难以启齿的内容。

方法四：采用多种方式来关心女孩。

青春期男性和女性的生理变化、生殖器官构造和卫生保健，一般父母难以启齿。我们可以买些适合青少年阅读的青春期科普读物，放在桌上让女孩自己看，告诉女孩一些安全知识，保护自己。

我们可鼓励女孩学摄影、绘画、弹琴等，让女孩的注意力、兴奋点转移，为女孩充沛的精力找到用武之地。此外，为人父母要有健康的生活态度。如果大人在私生活上表现得很随便，口无遮拦，说些粗俗低级的话，会对女孩起到负面影响。

细节97：让女孩远离诱惑的技巧

这是一个美丽的世界，但也是一个充满诱惑的世界。“诱惑”一词，出自《淮南子》。“诱”是诱导的意思，“惑”是给人以假象之意，就是要诱导别人离开自己的思维方式与行动准则，步入歧途。

人在红尘，风软花香。可以说，诱惑无时不在，无处不有：名利的诱惑、金钱的诱惑、声色的诱惑、美食的诱惑……

进入青春期之后，女孩所见到的、所接触到的东西越来越多。这其中，不仅有好的东西，也有一些肮脏的东西。

富养女孩，重在提前预防，让青春期的女孩明白这个世界充满了各种各样的诱惑，任何一种诱惑都可能对她造成致命的伤害。因此，我们要保护好女孩，让女孩睁大双眼，远离那些形形色色的诱惑。

方法一：让女孩牢记“不该拿的绝不能拿”。

人都有欲望，女孩的欲望表现得更为直接，好吃、好看和好玩的东西对女孩的诱惑非常大。我们要让女孩记住，该要的可以要，不该要的绝不能拿，要学会把握并控制住自己的行为。

当然，这对还未成人的女孩来说是一件困难的事情，我们有责任帮助女孩抵御这些诱惑。

有一天，12岁的香彤放学回家，脱外衣时，突然从口袋里掉出一包零食。

妈妈很奇怪，因为妈妈从小就要求香彤不要随便吃零食。

妈妈就问：“咦，你哪来的零食？”

香彤支支吾吾不敢说。在妈妈的反复追问下，香彤才说：“我和同学在放学回家的路上捡到 10 元钱，不知道是谁掉的。然后，我们就把钱平分了，我把分得的钱拿去买了零食。”

妈妈听了，没有生气，而是说：“这钱不是你的，就算你捡到了，暂时没找到失主，你也不能乱花。如果你乱花了，那是一种很不道德的行为。”

香彤的脸红了。

妈妈又耐心地给她讲道理，告诉她如果一个人经不住诱惑，就会犯错误，犯了错误就要承担相应的后果。最后，妈妈严厉批评了香彤和同学分钱的事，并要求香彤从自己的零花钱中拿出 5 元钱，拿到学校交给了老师。

生活中的诱惑是多种多样的，有的会使人误入歧途，有的则可能成为催人上进的动力。我们应在适当的时候给女孩讲些道理，引导女孩认清诱源的是与非。在给女孩讲道理时，要避免讲空洞的大道理，最好是针对具体事件做分析讲解，让女孩设身处地地想一想，使女孩明辨是非。同时，要及时对女孩的相关行为进行奖惩。

方法二：让女孩远离丑陋的东西。

黄色书刊、淫秽光碟、色情游戏软件等的出现都污染了女孩的成长环境。对这些“精神鸦片”，青春期女孩往往有一个从不了解到了解的过程。在这个过程中，父母的引导作用非常重要。

女孩如果经常受到淫秽东西的刺激和侵蚀，又没有得到父母正确引导和教育，往往无法控制自己，造成严重的后果。我们在和女孩相处的过程中，应当教导女孩抵住诱惑，自觉地远离那些丑陋的东西。

方法三：远离名利“陷阱”。

名利，也是古往今来不少人向往和追求的。《史记·货殖列传》

中说："天下熙熙，皆为利来；天下攘攘，皆为利往。"

传说乾隆皇帝微服私访江南的时候，有一次在山上眺望风景，看见许多帆船在湖上驶行，往来如梭。他便问身边的大臣，那几百只船在做什么，你想大臣怎样回答？他说他看到两只船，一只叫"名"，一只叫"利"。

名利的诱惑力非常大，它往往能够让没有自制力的人一头栽进陷阱，并且还自以自己是在挖掘金子。很多人把名利作为一种目标，用尽各种手段，不择目的地去追求，在名利场上争得你死我活。然而，这样的目标如同水中月、镜名花一般，到头来也是一场虚空。

富养女孩，就要告诉女孩名利到底是什么，它与我们最终的价值观虽然有着一定的联系，但绝不能成为我们唯一的精神目标。一个淡泊名利的女孩，才能远远离开喧哗的人群，安静地过好自己的生活。这不光是一种品质，更是一种生存的智慧。如果一个女孩没有识别名利"陷阱"的能力，如同一个盲人开汽车，以自己的生命做赌注，在马路上疯狂地奔跑，结局可想而知。

方法四：父母要给女孩做榜样。

女孩的模仿能力强，易受身边的人的影响，这就要求父母行得直、走得正，给孩子做榜样。如果父母都做不到拾金不昧这一点，那么女孩也是难以做到的；如果父母痴迷于吃喝享乐，那么女孩也会一生为这些身外之物所牵绊。此外，父母不宜过分压抑女孩对诱源自然流露出来的兴趣。

这一点至关重要。许多父母都习惯粗暴地对待女孩的错误，致使女孩产生过于强烈的畏惧感，不敢面对自己感兴趣的事物，这很容易使女孩形成抑制性心理障碍或欺骗性格。如此一来，女孩就会背着父母去占有、谋取自己不该得到却想要得到的东西。

因此，要培养女孩抵御诱惑的能力，就得正确对待女孩在诱惑面前表现出来的软弱性，让女孩敢于将“心病”充分显露出来，我们才能对症下药，帮助女孩战胜诱惑。我们要告诉女孩，无论是什么样的诱惑，都要有拒绝的勇气，离得越远，越安全。也就是说，我们一定要让女孩有平和的心态，正确地看待名利得失，理性地对待锦衣美食，把握住自己的目标与追求，不为外界的一切诱惑而心动。唯有如此，女孩才能很好地保护自己。

细节98：教女孩学会正确上网

网络时代的到来，让人们的学习、生活和工作都离不开网络。网络给我们带来的便捷、及时和高效是有目共睹的。而网络对青春期女孩的伤害也是有目共睹的，如浏览黄色网站，“网聊”见网友引发刑事案件，沉迷于玩网络游戏而荒废学业，甚至过度紧张而猝死等事件频频发生。

对此，父母们忧心忡忡，“谈网色变”，有的采取强制手段，不让女孩上网。然而，青春期的女孩叛逆心强，父母越是禁止做什么，女孩越想做什么。如此一来，“网络”就真的成了众矢之的了。其实，网络也并不是绝对的“糖衣炮弹”或“精神鸦片”，就看我们如此引导，让女孩学会正确上网，用好网络这个工具。

方法一：让女孩尽量在家中上网，电脑最好摆在客厅里。

这是健康上网的最重要的经验，无论女孩拿什么借口要求把电脑摆进卧室，都不要答应。放在客厅里面，女孩上网的一些不健康的潜意识都会自动收敛。

方法二：让女孩有计划地上网。

网络是个大千世界，漫无目的地浏览网页非常容易在不知不觉间浪费了大把时间。

所以，我们应该要求女孩在上网前明确自己要干什么，比如查找学习资料、发邮件、看新闻报道等，哪怕就是为了玩游戏，也要明确一下自己要玩多长时间。

方法三：引导女孩的上网兴趣。

昭雪的爸爸很喜欢上网，常和朋友一起在网上聊天、游戏，看一些文学作品，特别喜欢在网上看新闻。昭雪耳闻目睹，也喜欢上网。

最初，昭雪总想玩游戏。爸爸不动声色，既没有禁止她玩电脑，也没有像有的家长那样限制她上网的时间，而是想方设法设法对她的兴趣进行巧妙地转移。爸爸给昭雪找了一些儿童网站和动画片荟萃的"卡秀"。昭雪很快成为"丫丫"社区的小明星，很受叔叔阿姨的喜欢，交到了许多好朋友。经过一段时间的锻炼，昭雪也给自己的QQ做了一个漂亮的空间。慢慢地，她上网时再也不玩那些无聊的游戏了。

昭雪喜欢阅读，有时爸爸帮她把平时的一些趣事放到博客上，配上活泼的生活照片，有不少网友看了之后都会写下赞美的语言。对此，昭雪越来越开心，主动要求学习使用博客。

因为网络，爸爸和昭雪的心灵更加贴近，感情更加亲密。现在，爸爸基本上不用担心昭雪迷恋于电脑游戏。

方法三：指导女孩上网聊天。

网络聊天的自由随意和网络语言特有的魅力，是吸引女孩的主要原因。面对网络聊天，有的成人都无法自持，何况青春期的女孩。

因此，我们首先要在自我节制的前提下，对女孩进行一定的引导。比如，可以让女孩和网友制定一个明确的谈话主题，选择情趣相投的聊天对象；还可以指导女孩用外语聊天，在轻松的氛围中提高外语水平。

另外，和女孩一起参与专家聊天室也是一个不错的办法。现在很多网站都会有计划地邀请专家、学者或知名人士坐客聊天室，这种聊天一般都会就某个领域的某个话题深入交流，既解决问题，又增长见识。

方法四：让女孩注意保护隐私。

社会很复杂，网上的人群更是良莠难辨，很多人通过网络骗财骗色。我们不能让女孩抱着“这种事情怎么会发生在我头上”的侥幸心理。如果女孩疏忽大意，那么这种事怎么就不可能发生在女孩头上呢？

所以，我们要教育女孩一方面不要轻信别人的话，一方面要注意保护个人隐私。

女孩上网时，我们要告诉女孩不要告诉别人诸如家庭地址、电话、学校和班级、家庭经济状况、父母姓名、职业等个人信息，这些都有可能被对方利用来做坏事。如果女孩已经给出这些信息，那么一定要告知父母，以防万一。

方法五：让女孩慎见网友。

近年来，因为女孩私见网友而发生各种悲剧的例子层出不穷。因此，我们应当要求女孩尽量不要见网友，尤其是下面几种情况下一定不要见网友：

◆ 当女孩单独在家时，网友欲来访问。

◆ 异性网友约女孩去他的住处或人很少的地方。

◆ 网友请求经济援助。

此外，无论什么情况，第一次见网友时，要有朋友或家人陪同为宜。

方法六：保护好自己的上网信息。

我们要让女孩保护好自己的密码，不要把自己在网络上使用的名称、密码（比如上网的密码和电子邮箱的密码）告诉网友，也不要告诉生活中的人。否则，别人就可以利用女孩在网上的信息和身份做很多事。所以，要让女孩记住，不论别人用什么方式来问你的密码，你都不要告诉他。

如果女孩在学校、公共场所上网，那么上网后要记住关闭浏览器。因为，有些个人信息会保留在计算机里，所以离开时一定把浏览器关上。

此外，还要让女孩注意不要打开陌生的邮件，不随便下载软件，定期升级杀毒软件和杀毒。

方法七：上网之余，丰富女孩的生活。

许多父母怕女孩长时间的操作电脑影响身体健康，以家长的威严、命令式的口吻，强迫女孩关掉电源，离开电脑。

其实，我们可以从电脑的辐射对人身体的危害、电脑显示屏对视力有较大损害等多方面与女孩交流，使女孩认识的电脑的利弊，有效引导女孩上网。

因此，我们可以带女孩去打乒乓球、外出游玩等，这些活动可以是固定的也可以是随机的，还可以“见缝插针”。我们还可以培养女孩看书、画画、写日记等兴趣，或鼓励女孩参加一些适宜的社会活动或公益劳动。

这样，女孩的业余生活就过得充实而快乐，健康的爱好也在不知不觉间培养起来。并且女孩的心情能够得到调节，视野也会更加开阔。

细节99：必备！一定要教女孩的安全知识

这是一个广阔的世界，自然免不了良莠不齐，杂草丛生。

据报道，一名24岁的拾荒男子，用给食物、饮料等方法强奸了多名9岁、13岁、14岁的女孩。案发后，犯罪嫌疑人被绳之以法，警方提醒女孩的父母要监护好自己的孩子。

其实，类似的报道层出不穷，都有一个共同的关键词：陌生人。富养女孩，要教女孩学会明辨是非善恶，更要把我们的经验告诉女孩。

正所谓“知人知面不知心”，即便是成人，面对我们十分熟悉的人，也免不了上当受骗，何况是还未成年的女孩呢？当然，这并不是我们要把女孩装在“保护套”里，不让女孩接近任何人。这样做，实际上是剥夺了女孩自我保护能力的锻炼机会。那么，我们应该怎么做呢？

方法一：让女孩对陌生人有戒备意识。

我们要教育女孩，不要占别人便宜，不要和陌生的大哥哥、叔叔、伯伯说话，不能吃人家东西，更不能无缘无故地接受别人的礼物。

要让小女孩记住，只能吃爸爸妈妈、爷爷奶奶、姥姥姥爷买的东西，不要随便吃别人的东西。在女孩长大后，我们要告诉女孩在外不可随便食用陌生人给的饮料或者食品，谨防里边有麻醉药物。

19岁的天蓝是一名大学新生。课余时间，她经常做家教。那时，她的学生是一个15岁的初中生，看样子显得文静而儒雅。在家教过程中，天蓝也发现这个学生很认真，也很喜欢提问题，这使得天蓝对他喜爱有加。

上过几堂课后，两个人比较熟悉了。有一天，天蓝正在给他讲关于现在进行时的用法的时候，觉得有点口渴，就问学生有没有纸杯。学生很热情地从厨房给她拿了一听百事可乐，还帮她揭开了盖子。等天蓝喝完可乐，想继续讲课时，发现这个学生的表情非常怪异。过了一会，天蓝感觉眼皮发紧。她揉了揉眼睛，以为是眼睛太累了，站起来想去包里找眼药水。但她刚站起来，就觉得脑袋里嗡嗡作响，眼前一片昏花。

这时，隐隐约约地，她感觉有人从身后搂住了她，还伸出一只手在她胸前乱摸。天蓝这时有些明白了，一定是这个学生在捣鬼，就拼命挣扎，把胳膊也划了一个口子，脑袋一下就清醒过来了。她用尽力气挣脱了学生的手，跌跌撞撞地向门口跑去，拧开门，冲出了屋子，歪歪斜斜地冲进了电梯，就什么也不知道了……

醒来时，天蓝发现自己已经在医院了。原来，那幢楼的保安发现了她，把她送了过来。因为她脸上和胳膊上有很多血，保安还报了案。见她醒来，警察问她是不是遇到了强奸犯，因为医生检查后，没有发现被强暴的迹象，但她的血样里有明显的安定剂成分。

我们很难想象，一个19岁的女大学生竟然被一个初中的孩子下药，然而这又是事实。案例中的天蓝，显然没有足够的戒备心和防范意识，差一点遭到不幸。这就提醒我们，一定要教育女孩提防陌生人，“害人之心不可有，防人之心不可无”。

此外，我们要避免让女孩单独和陌生男子在家里或者是偏僻、封闭的环境中会面，尤其是到男子的家里去。在这一点上，尤其要注意不能让女孩单独到男老师的家中去。女孩独自在家时，要注意关好门窗，拒绝陌生人进屋。

方法二：告诉女孩外出时要走安全路线。

女孩外出时，告诉她尽量在安全的路线上行走，避开荒僻和陌生的地方。在行走时，注意周围动静，轻易不要和陌生人搭话。如果有人盯梢或者纠缠，尽快向人多处靠近，必要时可呼救。

如果女孩晚上必须外出，那么我们应当让女孩与别人结伴而行，衣着不可过于暴露，打扮不能过于夸张，以免引起不良之徒的注意。

方法三：教会女孩设立警戒线。

12 岁的雅竹在放学回家的路上，遇到了邻居的大哥哥，20 岁的小勇。小勇很热情地说："我送你回家吧！"

雅竹和同学们说了声"再见"，高高兴兴地坐上了小勇的车。但是，小勇没有送她回家，而是将车开到郊外一个偏僻的地方，对她进行了性侵犯，还威胁她不许告诉家里人，否则就要杀了她。

女孩经常会有遭到性侵害的可能。据调查，在强奸案中，侵害对象主要是 25 岁以下的女性，而 14 岁以下的女孩也占了相当的比例。据报道，在美国至少有 25％的女孩在 16 岁前受过性骚扰，其他西方国家报道的发生率也与此大体相似。近年来，我国青少年中性冒险行为也逐渐增多，少女怀孕以及感染性病、艾滋病的事例屡见不鲜。

这是一个混乱的信息时代，在这样的时代里，女孩应该怎么做呢？我们的一个重要责任就是：要教会女孩设立警戒线，在必要的情况下说"不"。这些警戒线包括：

当男孩要求你脱衣服的时候；

当男孩给你看色情录像和书刊图片的时候；

当男孩要跟你做让你觉得好笑和奇怪的"游戏"的时候；

当男孩要带你单独外出或回家，并且不让你告诉爸爸妈妈的时候；

……

这样的警戒线还有很多，我们要教会女孩及时说不，学会防卫，防备任何人对自己身体的侵害。面对不良的性诱惑，我们要教会女孩学会拒绝，并且是理智地拒绝；面对不良的性误导，我们要教会女孩懂得辨别。

当女孩一天天长大成人时，对自我的性冲动，我们要教会女孩学会抑制，以免“一失足成千古恨”。我们要让女孩记住，人对自己的性行为是要负责任的，要受道德与法律的约束。

在遭遇性侵害后，要让女孩及时向爸爸妈妈求助，千万不要做“沉默的羔羊”，以免招来更大的不幸。

细节100：给女孩补上“生命教育”这一课

青春期正是一个肆意挥霍阳光的日子，本来和死亡没有太多的关联，可恰恰这个时期，很多女孩对“死亡”开始着迷，自杀现象也是层出不穷。

2005年，山西省一名年仅12岁的女孩在留下这样一份遗书后，自缢身亡。“敬爱的父母：你们好！我十分感谢你们十二年来对我的养育，可是我的压力太大了，我只有一死，因为作业太多。女儿绝笔”。

2003年，北京一名12岁的女孩慧慧（化名）因学习成绩不理想，遭到父亲的批评而吞服“毒鼠强”自杀。虽然经过医院的紧急抢救脱离了危险，但此事件带给女孩的心灵创伤却是永久的。

2005年5月，辽宁本溪市16岁少女小宇（化名）因为一部丢失的手机、几位老师的询问、隐约的怀疑，最后走上了绝路。

……

据了解，如今青春期女孩普遍漠视生命，在青春期的13～14岁、15～18岁两个阶段最危险。其中，78%的青少年认为“自杀”是对父母最大的惩罚。由于这个阶段的女孩不能正确理解死亡和对待死亡，女孩被父母打、考试失败后，会学习电视、书刊上的离家出走、自杀等方式对抗。

有调查表明，大多数小学生几乎不能和大人谈论死亡是怎么回事，有的学生对死亡“无所谓”的态度已经到了令人不安的地步。在他们的眼里死亡就是活得没意义，活得没意义就去死，很可怕。

为什么青春期女孩对死亡表现出与成人不同的看法？在青春期，女孩在内心会提出大量的关于存在的问题，特别愿意通过电影、时尚、科幻来描绘死亡。为了习惯死亡的存在，女孩喜欢寻求刺激，试图找到身体的极限。

青春期女孩的自杀多是为了验证自己对别人的重要性，试图验证生命对自己来说有多重要，并没有认真思量过生命的价值。但是，不论女孩是因为什么样的原因自杀，有一个问题是无法回避的，这就是暴露了我们教育中“死亡教育”的空白和无力。

对青春期女孩在现实生活中碰到的所有问题，我们都应该给予严肃认真的回答，这是教育者的义务。但是，我们的教育一直在回避死亡这个题目，我们不敢也不知道如何与女孩谈论死亡。值得注意的是，进入青春期的女孩已具备抽象思维能力和理智判断能力。一方面，女孩很难接受死亡造成的既成事实，另一方面死亡带来的惊恐会造成情感上的长期困惑。

富养女孩，就要根据女孩的具体情况，教女孩正确理解死亡和正确对待死亡，让女孩珍惜生命，珍爱自己，才能尽情享受美好的人生。

方法一：尊重青春期的女孩，避免女孩发生过激行为。

青春期时，女孩生活的环境大都发生了变化，老师、同学都是陌生的，从而使女孩出现了不适应性。同时，青春期激素水平不稳定，也易出现烦躁、过激等行为。这个年龄段的女孩具有很强的自我保护意识，有话愿意和朋友说，不愿意和父母讲。

如果父母不了解这一点，就会产生一种失败感，觉得以往乖巧懂事的女孩变了。有时候，女孩学习成绩不理想，父母与女孩又没有及时的语言交流等原因，使矛盾逐渐加深，就容易导致女孩出现过激行为。因此，在女孩进入青春期后，我们的教育方法也应该随之改变，不要损伤女孩的自尊心。

平时，我们应和女孩多进行沟通，为女孩创造愉悦的精神环境，遇到问题要耐心、冷静，以表扬和鼓励为主，给女孩以充分的理解与信任，帮助女孩顺利度过青春期。

方法二：让女孩明白“死亡”游戏玩不得。

我们要让女孩明白死亡不是好玩的游戏，轻佻的随时想要自杀死亡是对生命不尊重的表现。

我们要告诉女孩，人的生命不仅仅属于自己，还属于所有的亲人、朋友。因为一点小事而自杀，不仅是对生命的漠视，更会给所有爱你的人带来无尽的伤痛和精神折磨。

方法三：让女孩学会接受“死亡”。

对青春期的女孩来说，“死亡”是一个难以讨论的话题，尤其对于第一次目睹这一人生过程的女孩，更是一件痛苦的事情。

要接受亲朋好友离去的事实，青春期女孩常常会经历一些强烈的情感。女孩会感到悲伤、恐惧、愤怒、愧疚或压抑，却不知如何来处理这些情感。

这个时候，我们要及时安慰女孩，让女孩明白死亡只是生命的一个过程，每个人都要经历。从我们出生的那一刻就注定要有一天死亡，这就是生命的规律。

方法四：让女孩尽情体验“生”和“活”的价值。

死亡，一直都是我们不愿提及的话题，特别是在东方文化的影响下，“死亡”更是晦气的别名。

正是我们如此的不接纳死亡，所以在面对失去的时候，才会显得格外的恐慌和焦虑。甚至现在很多表面的焦虑、恐惧都是由于内心对“死亡”的恐惧引发的。

要让女孩意识到，既然知道有一天我们都要失去，就该珍惜每一天，充分体验“生”的价值。在有生的时间里，努力实现自己的梦想，确实“活”得精彩。